böhlau Wien

Alexander Solschenizyn

Rußland im Absturz

BÖHLAU VERLAG WIEN · KÖLN · WEIMAR

Ins Deutsche übertragen von Gennadi E. Kagan

Titel der russischen Originalausgabe:
„La Russie sous l'Avalanche"

Die Deutsche Bibliothek – CIP-Einheitsaufnahme
Solženicyn, Aleksandr I.: россця в обвале
Rußland im Absturz / Alexander Solschenizyn. [Ins Dt. übertr. von Gennadi E. Kagan]. – Wien ; Köln ; Weimar : Böhlau 1999
ISBN 3-205-99064-1

Gedruckt auf umweltfreundlichem, chlor- und säurefreiem Papier
Druck: Imprint, Ljubljana

Inhalt

Vorwort

»Die Uhr des Kommunismus hat ihren letzten Schlag getan. Aber noch ist das Betongebäude nicht zusammengebrochen. Und es könnte sein, daß wir, anstatt es befreit zu verlassen, von seinen Trümmern erdrückt werden.« – Mit dieser Besorgnis begann ich 1990 mein Buch »Wie können wir Rußland wiederherstellen?«

In demselben Jahr verfolgten die Menschen, an ihre Fernsehgeräte gefesselt, gebannt und in der ungeduldigen Erwartung, daß dort irgend etwas geschieht, das ihnen den Weg zu einem neuen Leben weist, die Sitzungen des Obersten Sowjets. Einen noch größeren Jubel lösten das Jahr 1991 und, bei manchen, das Jahr 1992 aus.

Heute jedoch müssen alle erkennen, daß Rußland völlig am Boden liegt.

Die stetigen Besserwisser behaupten, daß es anders auch nicht hatte kommen können, daß es keinen anderen Weg gegeben habe, daß das alles *Probleme des Übergangs* seien. Aber diejenigen, die auf den gesunden Menschenverstand bauen, sind davon überzeugt, daß es besonnenere Wege gab und daß es sie im Leben eines Volkes immer geben wird.

Mögen die letzteren für mich auch offensichtlich im Recht sein, so ist doch dieser Streit schon bis zur Unsinnigkeit getrieben worden, und wir haben alle nur daran zu denken, wie wir uns aus den Trümmern herausarbeiten können.

Angesichts der schon zwölf Jahre andauernden neuen und tiefgehenden, das politische Leben und das die ganze Gesellschaft erfassenden Krise Rußlands habe ich, diese Arbeit vorlegend – und es soll meine letzte zu all diesen Themen sein –, nur wenig Hoffnung, daß meine Überlegungen in absehbarer Zeit dazu beitragen können, einen Ausweg aus der schmerzlichen Aushöhlung unseres Lebens zu finden. Ich schreibe dieses Buch nur als einer der Zeugen und Leidtragenden des unendlich grausamen Jahrhunderts Rußlands und um das, was wir gesehen haben, was wir sehen und durchleben, für alle Zeiten festzuhalten.

Natürlich bin ich nicht der einzige, der das alles weiß und sich darüber Gedanken macht: Es gibt in unserem Land nicht wenige, die genauso oder ähnlich denken. Eine Vielzahl einzelner und detaillierter Aufsätze über unsere Leiden und Verunstaltungen ist publiziert worden. Aber es muß sich doch jemand daranmachen, über alle Stürme des Lebens hinweg Bilanz zu ziehen und das alles in seinen Zusammenhängen darzustellen.

Mit dieser Arbeit setze ich eine frühere Arbeit (»Die russischen Probleme am Ende des 20. Jahrhunderts«, 1994) über die aktuelle Situation und über das Schicksal des russischen Volkes fort.

In den Klüften der russischen Räume

Im Verlauf der letzten vier Jahre gelang es mir, mich in 26 russischen Gebieten aufzuhalten. Manchmal führten mich die Reisen nur in die Gebietsstädte, doch häufiger noch in die Bezirkszentren und noch weiter in die Tiefen Rußlands. Ich habe dort an bis zu hundert öffentlichen Begegnungen teilgenommen (bei denen 100–200 und manchmal sogar 1500–1700 Menschen anwesend waren und von niemandem behinderte Aussprachen über die unterschiedlichsten Themen geführt wurden), und nach jeder dieser Begegnungen scharte man sich um mich und setzte den Austausch von Gedanken und Anregungen fort, und so sprach ich mit Tausenden von Menschen. Dazu kamen noch persönliche Begegnungen und im weiteren Diskussionen in kleinerem Kreis (nicht selten mit Verantwortlichen der Gebiete.) All das zusammengenommen hinterließ in mir lebendige und unvergängliche Eindrücke vom Leben und von der Stimmung unseres Volkes in seinen verschiedenen Schichten. (Wieder und wieder haben mir

Tausende von Briefen aus allen Ecken des Landes diese Eindrücke vervielfacht bestätigt). Ich schreibe auch dieses Büchlein, als wäre ich umgeben von der Vielzahl derjenigen unserer Menschen, die in den heute auseinandergerissenen Räumen Rußlands verstreut leben, aber auf ähnliche Weise wieder und immer wieder die gleichen Probleme, die gleichen Sorgen, die gleichen Ängste erdulden – Rußland bleibt, gleichviel, wie oft man es auch noch in Stücke reißt, doch immer ein einziger Organismus! Ich schreibe und vernehme um mich her das Getöse all dieser Ermahnungen, dieser wohlmeinenden Worte, dieser Bitten, dieser Abschiedsworte. Nie mehr wird es mir beschieden sein, mein Vaterland in seiner ganzen Ausdehnung zu erblicken, aber das, was ich von ihm in mich aufgenommen habe, wird mir für den Rest meiner Tage bleiben. (Und dennoch: Hätte es mich, unersättlich, noch weiter durch Rußland getrieben, an jedem Ort hätte ich mein Herz gelassen.) Ich schreibe dieses Buch und sehe noch immer diese Blicke auf mich gerichtet, in denen ich all diese Forderungen, die Bitten, die Verwirrung, den Zorn und das Flehen lese.

Ich vermag hier nicht einmal einen nennenswerten Teil dessen wiederzugeben, was ich gehört habe: Das würde einen umfangreichen Band erfordern. So sind es denn nur einige verstreute Notizen:

»Alles schlägt man uns aus den Händen.« – »Niemand kümmert sich um etwas. Die Regierung hat kein Programm.« – »Wir haben auf die Demokratie gewartet, nun glauben wir niemandem mehr.«

(In einem Mähdrescherwerk in Krasnojarsk) – »Wer ehrlich arbeitet, dem ist es jetzt unmöglich zu leben.« – »Wir arbeiten nur noch aus Gewohnheit, niemand sieht einen Weg.« – »Von uns hängt nichts ab.« (Bijsker chemisches Kombinat. Die Trauer und Demütigung in den Augen der jungen Männer, die man ihrer qualifizierten Arbeit beraubt und zu Hilfsarbeitern gemacht hat, zerreißen einem das Herz.) – »Wer jetzt nicht arbeitet, lebt besser. Bringst du etwas zum Markt, um es dort zu verkaufen, mußt du dort Abgaben entrichten. Weniger produzieren bringt dir weniger Verlust« (der Dorfälteste aus einem Dorf am Ussuri). – »Das Gesetz über den Boden wird von denen gemacht, die nie auf dem

Lande gelebt haben« (ein anderer Ältester aus der gleichen Region). – Die Forscher des Instituts für Ozeanographie klagen nicht nur über ihre Misere, sondern auch darüber, daß wir mit den Emissionen die niederen Organismen zerstören und damit für die Zukunft ganze biologische Gattungen mit den Wurzeln ausrotten. (Sie kommen mit eigenen Instrumenten und sogar mit eigenen Bleistiften in das verarmte Institut.) – Auf dem mit importierten chinesischen Stoffen dekorierten Krasnojarsker Flohmarkt sagte mir eine ältere Frau, ein sogenanntes »Webschiffchen«[1]: »Ich bin Lehrerin und schäme mich, aber ich bin gezwungen, mir auf diese Weise ein bißchen Geld zu verdienen.« Ich antworte ihr: »Rußland sollte sich schämen.«

Studenten: »Werden wir jemals erleben, daß bei uns die Wissenschaft mehr als der Handel geschätzt wird?« – »Kinder fallen in der Schule vor Hunger in Ohnmacht.« – Und es gibt *ausgestoßene* Kinder (die von ihren Eltern verstoßen wurden). – Ein Alter: »Das ganze Leben habe ich gespart, und nun haben sie das Geld in Nichts verwandelt. Was habe ich getan, daß man mich beraubt?« Und überall: »Woher soll man das Geld für ein Begräbnis nehmen?« – »Für ein Begräbnis ist kein Geld vorhanden.« – »Ein Veteran des Zweiten Weltkriegs starb – man sammelte bei allen Geld.« – »Was sollen wir machen?« – »Wie weiterleben?« – »Wie soll man weiterleben??« – Und das viele Male, sogar auf den Zweiminutenstationen.[2] – Ein Eisenbahner im Ruhestand wendet sich an mich: »Helfen Sie mir, noch ein paar Jahre zu leben!« – In Irkutsk und auch in anderen Städten: »Jetzt leben wir hinter Gittern« (alle Fenster sind wegen der Diebe vergittert).

Aber unvergeßlich ist die Ust-Ilimsker »Höhe«. Das war der Ort des ersten »Vortrupps« der »Erbauer«, als man daran ging, gigantische Wasserkraftwerke zu errichten. Damals hatte man für die Bauarbeiter provisorische Unterkünfte zusammengezimmert. Nun, dreißig Jahre später, drängen sich an der gleichen Stelle neben der »sozialistischen Stadt« noch immer diese Baracken, und in ihnen hausen nun diejenigen, die sich dort nicht mehr herausarbeiten konnten oder aus der »Chemie«[3] gekommen waren. An den wichtigsten Straßenkreuzungen erheben sich Müllberge aus Eisen und

Glas (»Seit elf Jahren stellt man uns kein Auto, um diese abzutransportieren«). Wasser bekommt man nur gebracht und muß dafür bezahlen, man trinkt es nur, wäscht sich nicht und auch die Gärten werden nicht gegossen: Wäsche kann man nur weit entfernt, an einem Hydranten waschen, aber in ihm gibt es im Sommer keinen Druck. Telefon gibt es in der Siedlung nicht, und das Lebensmittelgeschäft ist zwei Kilometer entfernt. Und wie viele solcher »Höhen« mag es im heutigen Rußland geben?

Bereits im Sommer 1994 klang und stöhnte es durch ganz Sibirien: »Wie können wir überleben? Wozu leben wir noch?« (eine Begegnung in Ulan-Ude). – »So viele Unglücke sind über uns hereingebrochen, von denen Rußland sich nicht erholen kann« (eine Begegnung in Tomsk). – »Wie oft hat man uns schon belogen?« – »*Weshalb* wird das alles getan?« (Iskitim, Seelenverfinsterung). – »Man möchte gar nicht darüber reden – wir gehen zugrunde und sterben« (ein Arbeiter in Tumen). – »Ich will nicht, daß mein Sohn in diesem Land zum Sklaven wird, möge er wegfahren!« (auf dem Bahnhof von Tschita). – Und ein Jahr später, im Pensker Gebiet (Kusnezk): »Es braucht nur noch wenig Zeit zu vergehen – und nichts wird mehr zu retten sein.«

Das ganze Jahr 1994 hindurch erhoben sich in unzähligen Orten zahllose Stimmen: »Man beraubt das einfache Volk.« – »Ich habe kein Vertrauen mehr zu dieser Macht.« – »Jetzt glaubt bei uns kein Mensch mehr der Obrigkeit, den Abgeordneten, dem Präsidenten«. – »In der obersten Macht bei uns vertreten Schurken das Gesetz.« – Und im Herbst 1995 reiste ich an der Wolga entlang, dort erklang dieser Zorn noch inbrünstiger. Jedesmal, wenn bei den Begegnungen jemand die »vergangene« Zeit (die kommunistische) im Vergleich mit der heutigen lobte, applaudierten ihm grob geschätzt zwei Drittel des Saales. Und wenn ich zu entgegnen versuchte, daß die Anwesenden ihrem Alter nach nichts von den vielen Schrecknissen der Vergangenheit wüßten, ertönte ein Murren im Saal. Das war drei Monate vor den Wahlen zur Duma, und ich war schon damals davon überzeugt, daß die Kommunisten die Mehrheit erhalten würden …

Aber wohin man auch blickt: »Die Seele wird schwarz angesichts dessen, was da geschieht« (sowohl mit den Menschen als auch mit der Natur).

Die Menschen trinken fauliges Flußwasser (Tara). – »*Gelbe Kinder*« (die Krankheit der Neugeborenen im Altai). Die Zahl der deformierten Kinder, der Taubheit bei den Kleinstkindern, der Schilddrüsenerkrankungen nimmt zu (Woronesh; die radioaktiven Ausläufer Tschernobyls gelangten bis dorthin). Die Schulen werden von den Eltern selbst repariert, aus dem Budget kommt keine Kopeke. Eine in ein Klassenzimmer verwandelte Toilette. Der Unterricht wird in drei Schichten durchgeführt, die Pausen dazwischen dauern nur fünf Minuten – damit die Kinder die Plätze tauschen können. Eine neu angetretene Lehrerin erhält umgerechnet zwölf Dollar im Monat (soviel verdient ein minder qualifizierter amerikanischer Arbeiter in einer Stunde). Aber auch eine bewährte Lehrerin mit großer Erfahrung und 30 Pflichtstunden in der Woche vertraut mir an: »Wenn ich krank werde, habe ich nichts, um mich zu kurieren« (Nowaja Kortschewa). – »Ich schäme mich vor den Schülern, ich habe nichts zum Anziehen« (Nowosilsker Bezirk). Die Lehrbücher in den Schulbibliotheken zerfallen einem in den Händen, und die Schulbuchvertriebe schicken nichts mehr. »Wir ächzen unter dem Büchermangel« (und trotzdem entscheiden sich die Schüler in den obersten Klassen der Bezirksschulen, Hochschulen zu beziehen, die für fünf Studenten jeweils nur einen Platz anbieten können). Es schmerzt, eine Gruppe von Einberufenen zu sehen, die man zum Militärkommando fährt (auf der BAM[4], bei den Padunsker Stromschnellen): schwächliche, ungesunde Halbwüchsige mit hoffnungslos traurigen Augen und ohne irgendeine Perspektive. Und andere (im Stawropoler Gebiet): die nicht schlau genug waren, nicht die Polytechnische Schule beendet haben und nun in die Fänge der Armee geraten sind. – Jetzt herrscht »die Vergötterung der grünen Papierchen«[5] (Rostow). – »Jetzt ist moralisch, was profitabel ist« (Rjasan). – »Jetzt herrscht bei uns die Ideologie des Raffens und des Neides« (Kinel). – »Die Kinder sehen: Wer stiehlt, lebt besser, aber mein Vater versteht es nicht und will ehrlich bleiben.« – »Zwölfjährige Mädchen gehen für Geld Liebe machen.«

Und die Erregung steigerte sich: »Der Staat hat sich ans Ausplündern gemacht!« – »Keinen einzigen Beamten kann man bei Gericht anzeigen.« – »Die Demokraten haben sich als die Korruptesten herausgestellt.« – »Wie konnten sie aus dem Nichts so rasch Millionäre werden?« (Jaroslawl). Ein alter Rentner (in Twer): »Solange ich mich erinnern kann, haben wir immer irgend etwas *gebaut*, nun bauen wir einen Rechtsstaat, aber niemanden kann man zur Rechenschaft ziehen.« – »Sind wir wirklich frei geworden? Was ist das für eine Freiheit, wenn man seine Arbeit verliert und in einen aufgezwungenen Urlaub gehen muß?« (Nowosibirsk). – »Und wie zählt man die Stimmen? Man hat die Verfassung mittels Betrug durchgesetzt!« (Omsk). – »Der von Moskau diktierte Kurs bringt die Menschen auseinander« (Kimry). – »Moskau gleicht nicht mehr einer Stadt des russischen Staates« (eine Greisin in Uglitsch). – »Wie kann man in zwei Jahren all das zerstören, was in Jahrhunderten aufgebaut wurde?« (Kostroma). – »Die Macht vollbringt maßlose Dummheiten.« Und auf meinem langen Weg wurde der Chor der Stimmen an den verschiedensten Orten immer nachdrücklicher: »Das alles kann nicht aus Unüberlegtheit geschehen!« – »Das ist speziell ausgedacht worden!« – »Ohne Zweifel wird eine bewußte Politik der Vernichtung Rußlands praktiziert!« – »Wie lange noch werden unwürdige Menschen das Land regieren?« (Pensa; starker Beifall im Saal). – Ein Abiturient in Nowosibirsk: »Das Fernsehen ist eine Widerwärtigkeit!« – In Samara: »Bei uns im Werk rufen die Kameraden dazu auf, sich wie im Siebzehner-Jahr zu bewaffnen.« – In Perm: »Wir brauchen eine harte Hand, wenn es nicht zur Katastrophe kommen soll.«

Aber es gab auch nicht wenig besonnenere Stimmen: »Wir sind selbst schuld: Wir sind alle Schmarotzer, jeder sollte die Initiative zum Handeln ergreifen.« – »Aber was geschieht? Man redet und redet, aber niemand weiß, was zu tun ist.« (Und in der Tat: Von einer *Selbstverwaltung* und darüber, wie sie zu bewerkstelligen wäre, spricht fast niemand, man kommt nicht einmal auf den Gedanken; ich mußte die Menschen erst darauf bringen.) – »Man wartet immer nur darauf, daß einer kommt, der uns vereinigt.« – Und man sucht in der Tat: »Wie können wir uns zusammenschließen?«

Ach, und eben das, gerade das fehlt uns Russen!

Und wie viele gibt es, die sich ohne Zorn, aber in beharrlichem Suchen Gedanken machen: »Gab es also tatsächlich keinen dritten Weg?« – »Und was für einen Ausweg gibt es jetzt aus der stümperhaften Politik?« – »Gibt es überhaupt einen Ausweg aus der allgemeinen Korruption und dem Absturz?« – »Die junge Generation geht doch moralisch zugrunde!« – »Ein zerstörtes Werk kann man wieder aufbauen, aber ein Mensch, der den Geschmack eines nicht verdienten Rubels erfahren hat, ist endgültig irreparabel.«

»Wir haben noch schwere Zeiten vor uns.« – Das hat das Volk überall sehr wohl begriffen, allen aufmunternden Versicherungen der Regierung zum Trotz. Was das Volk äußert, ist ungleich vernünftiger als das, was die Minister oder die Duma-Abgeordneten im Fernsehen stotternd von sich geben. Und noch etwas ist charakteristisch: Je weiter man reist, nicht in eine Gebietsstadt und nicht einmal in die eines Bezirks, sondern in ein fernes Staatsgut hinter der Wolga oder in eine tiefgläubige Pensker Siedlung wie Poim oder an die Angara, in die Siedlung Eidutschanka, die aus einem überfluteten Tal umgesiedelt wurde – der politische Eifer der Diskussionen erlahmt, die Reden klingen nicht leidenschaftlich, nicht gekränkt, sondern überlegt. In Sibirien gibt es besonders viele vollkommene, gesunde und unzerstörte Charaktere. (Ich habe mich, Sibirien durchquerend, mit Erleichterung davon überzeugen können, daß die ganze Propaganda der sibirischen Separatisten, sich von Rußland abzuspalten, die einige Jahre hindurch allwöchentlich von dem amerikanischen Sender »Radio Liberty« ausgestrahlt wurde, vorübergegangen ist, ohne nachhaltigen Schaden anzurichten.) »Gebt dem Volk die Möglichkeit, sich selbst auszudrücken!« – »Hätte uns nur jemand gehört ...« Aber man hört auch solche Fragen (Twersker Universität): »Was tun, um *heute ohne Lüge zu leben*??« Und noch direkter: »Wie ist Rußland zu retten?« (Ulan-Ude). Was darauf antworten ...

Und so glimmen kleine Feuer. Allenthalben und überall. »Nein, Rußland ist nicht am Ende! Aber was kann man tun, um den Weg zu seiner Wiedergeburt freizumachen?« (Stawropol). In einem Wladiwostoker privaten Gymnasium ergreift einer der privilegierten Gymnasiasten das Wort: »Aber muß man nicht für die Kinder aus den minderbemittelten Familien sorgen? Wo können sie lernen?« – In Krasnojarsk mache ich die Bekanntschaft eines Biologen (vier Kinder; die Mutter hat einen Schlaganfall erlitten); seine Besorgnis: Der Nomenklatura-Clan verweigert allen Ehrlichen und Talentvollen verantwortungsvolle Positionen. Und er vertraut mir an, daß er darüber nachdenkt, wie man ein System schaffen kann, das talentierten Menschen eine Chance gibt. (Aber braucht denn unsere Regierung talentierte Menschen …?) – Menschen wie dieser Einzelgänger (die Briefe verschicken) und kleine Gruppen, die unter der Alltagslast ächzen und von der Armut niedergedrückt werden, rackern sich ab, damit diese kleinen Feuer nicht erlöschen. In Stawropol, an der Wolga, gibt es eine »Kulturschule« für Kinder von der fünften Klasse an. (Und ein Lehrer im Saratower Gebiet hinter der Wolga: »Wie kann man jungen Menschen das Gute und Ewige vermitteln, wenn das Fernsehen und alles ringsum dagegen spricht?«) In Nowaja Kortschewa (Twersker Gebiet) wird ein außerschulisches »Kulturzentrum« für vierhundert Kinder aufrechterhalten, und in Kaljasin eine »Kunstschule« (mit über 60 Schülern). In Kimry hat man im »Haus für Handwerk und Folklore« innerhalb von fünf Jahren fast zweihundert Kinder zu Kunsthandwerkern herangebildet. »Die Leute sehnen sich danach, an einem gemeinsamen Werk mitzuwirken. Man muß die Seele des Volkes retten!« (W. I. Beljakowa). In Kaschino wird mit aller Kraft ein »Festival der Wiedergeburt Rußlands« für die Jugend durchgeführt. Die Kaschinoer Bibliothek (sie ist schon 100 Jahre alt und war nicht immer Bibliothek) vermittelt den Menschen Wissen und Kultur – denn Klassiker kann man jetzt nicht kaufen. »Wir werden ausharren bis zum Letzten!«, sagt die Direktorin G. B. Wolkowa. (Die Stadt Kaschin ist wahrhaftig eine kleine Perle … und völlig heruntergekommen!) Ein dort ansässiger Graveur: »Eine Perle, die in eine Müllhalde verwandelt worden ist« – Unsere »kleinen Städte«, wieviel Vergangenes lebt in jeder von ihnen! Aber auch so viel Reichtum für die Zukunft.

Und allenthalben, in ganz Rußland – woher nehmen die Bibliothekare die Kräfte, um halbverhungert auszuhalten in diesem Verfall? ... Nein, das Volk ist noch lebendig, man hat es nicht zugrunde richten können.

Aber ich bemerkte dort noch etwas. Eine Nuance? Nein, einen nicht zum Schweigen zu bringenden Ton. In Wladiwostok sagte man mir: »Die Russen kümmern sich nicht um ihre ureigenste Kultur. Aber retten wir nicht die Kultur, werden wir auch die Nation nicht retten.« – Auf einer Zusammenkunft der Chabarowsker Intelligenz: »Wird das russische Volk sich seine geistige Identität erhalten können?« – In Blagoweschtschensk eine bejahrte orthodoxe Frau: »Sollte unser Staat nicht rechtgläubig sein?« In Rostow: »Ohne Gott brauchen wir auch Rußland nicht, ohne Rußland brauchen wir auch die Freiheit nicht«. – »Wenn wir keine Reue zeigen, ist ganz Rußland keinen Groschen mehr wert«. – Und diese Stimmen waren bei fast jeder Begegnung zu hören, stets isoliert zwar, doch nie völlig unterdrückt. »Nein, heute ist die Orthodoxie eine unzureichende Stütze für den Staat, sie ist zu instabil.« Ein Verladearbeiter in Samara: »Die Russen werden überall unterdrückt. Aber wenn sie sich verteidigen wollen, heißt es sofort – Faschismus!« Und an der Saratower Universität: »Kann man denn vom russischen Volk wirklich nichts mehr erwarten?!« – Ein junger Mensch in Uglitsch, der ganzen Versammlung zuvorkommend: »Sagen Sie, was heißt es heute, ein Russe zu sein?«

Das, meine Freunde, sind Fragen, auf die ich mit diesem Buch antworten will. Ich will es versuchen, so gut ich es kann.

Die Zone der Macht

Die ersten Jahre einer sehnsüchtig erwarteten Demokratie

Die Tage vom 19. bis zum 21. August 1991 hätten zu einer Sternstunde in der Geschichte Rußlands werden können. Die Ereignisse trugen die Züge einer wahrhaften Revolution: eine Begeisterung, die nicht nur massiv die öffentliche Meinung, sondern in großem Maße auch die Bevölkerung der Hauptstadt ergriff (und das gleiche auch in der Provinz). Die Menge brachte auf den Straßen frei ihre Meinung zum Ausdruck. Das Gefühl einer sich vollziehenden großen historischen Wende schnürte allen vor Freude geradezu die Kehlen zu. Die ohnmächtigen, ängstlichen Aktionen des GKTschP[6] hatten bereits den Kräfteverfall und die völlige Hoffnungslosigkeit der kommunistischen Macht in der UdSSR offensichtlich gemacht. Die Anführer des Umsturzes hatten die glorreiche Möglichkeit, durch einige energische Maßnahmen, denen sofort der »Chor der nationalen Souveränitäten«, der Unionsrepubliken, zugestimmt hätte, die gesamten Verhältnisse im Innern Rußlands und die äußeren Bedingungen seiner Existenz zu ändern. Den neuen Staatsmännern wäre, wenn sie sich von der Liebe des Volkes hätten leiten lassen, in jenen Tagen keinerlei Widerstand entgegengeschlagen, hätten sie beschlossen, augenblicklich die ganze Kommunistische Partei zu verbieten und aufzulösen, den Weg für die sechzig Jahre lang verbotenen kleinen und kleinsten Unternehmen freizumachen, ohne die die sowjetische Bevölkerung erstickte, und, was zum natürlichsten und richtigen ersten Schritt zu einer ökonomischen Reform geworden wäre, die realen Rechte einer örtlichen Selbstverwaltung zu verkünden, wie sie die Räte unter den Kommunisten nie besessen hatten, und gerade jetzt, da man sich endgültig vom Bolschewismus löste, entschieden die Unrichtigkeit der künstlichen, von Lenin und seinen Nachfolgern veranlaßten Grenzen zwischen den Republiken zu erklären: Ein solcher Schritt hätte keine weiteren sofortigen konkreten Aktionen erforderlich gemacht, aber er hätte eine Grundlage für spätere Verhandlungen geschaffen, gleichviel, wie lange diese dann auch angedauert hätten. (Wir wollen hier nicht zu einem Rundumschlag von historischen Ausmaßen ausholen: etwa daß der Sturz der bolschewistischen Macht logischerweise die Wiederherstellung der staatlichen Institutionen von 1916 erfordert hätte. Denn die Februarrevolution mit ihrem Durcheinander von guten Absichten und allgemeiner Freude hatte keine juridischen Grundlagen für den Staat zustande gebracht.)

Nichts von all dem, auch nichts nur annähernd Ähnliches wurde getan. Die Führer des Umsturzes haben schon nach wenigen Tagen die Hoffnungen der ihnen applaudierenden Massen betrogen und verraten. Die erste Aktion, mit der diese neuen Führer und all jene, die sich ihnen angeschlossen hatten, den Sieg der Demokratie begingen, bestand darin, die Büros im Kreml und auf dem Alten Platz[7], die Dienstwagen und Dienstwohnungen mit Beschlag zu belegen. Das waren die Angelegenheiten, mit denen sie sich in den überaus entscheidenden Tagen, als man das Schicksal Rußlands wie heißes Wachs hätte formen können, beschäftigten. Es erweist sich, daß die Führungsriege der Sieger, die sich rasch zusammengefunden hatte, bevor sie in den folgerichtig verhängnisvollen Akt der Geschichte Rußlands eintrat, an nichts anderes als an die Macht dachte, die ihr wie ein unvermutetes Geschenk in die Hände gefallen war. Und was die *Grenzen* des Staates anging, wurde der damalige russische Vizepräsident sofort nach Kiew und danach nach Alma-Ata entsandt, um die Abtretung von einem Dutzend ethnisch vorwiegend russischer Gebiete mit 18 Millionen Menschen zu unterzeichnen. (Diese Kapitulation wurde später immer wieder bestätigt, indem man, angeblich unter der Ägide des Helsinkier Abkommen von 1975, die in der UdSSR administrativ geschaffenen inneren Grenzen als staatliche Grenzen anerkannte.) Der Zerfall der UdSSR war unausweichlich und schon 1991 in der Ferne sichtbar, aber es wäre noch Zeit genug geblieben, um den Schaden für die tiefen ökonomischen, alltäglichen und millionenfachen persönlichen Bindungen zu begrenzen, und es gab keine Gründe dafür, den bevorstehenden Zerfall zu beschleunigen. Daran aber war der ukrainische Präsident interessiert, doch auf keinen Fall sollte der russische Präsident Anteil an dem Anstoß dazu haben.

So zeigte sich bei der neuen Macht in den ersten Tagen auch ein politischer Wirrwarr in den Köpfen (und wäre das nur ein Wirrwarr gewesen!) und Gleichgültigkeit dem Leben der russischen Bevölkerung gegenüber. Angesichts des Verlaufs der Ereignisse befand sich die Macht in völliger Verwirrung, aber das wurde ihr, die mit egoistischen Interessen beschäftigt war, nicht einmal selbst bewußt.

Und das behielt sie auch die nächsten sieben Jahre bei. Und es gibt Anzeichen dafür, daß sie das auch weiterhin tun wird.

Brach also in Rußland die Ära der *Demokratie* an? Jedenfalls wurde das verkündet. Und das bedeutet, daß nahezu augenblicklich eine Vielzahl, geradezu Mengen von *Demokraten* auftauchten. Diese Vielzahl erstaunte um so mehr, als unter den an der Spitze Neuaufgetauchten nur fünf bis sechs Menschen herausragten, die einst gegen das kommunistische Regime gekämpft hatten. Die übrigen schwangen sich aus dem hauptstädtischen Küchengelaber in den nun gefahrlosen Himmel auf – und das war noch nicht einmal die schlimmste Variante. So mancher Adler der neuen Demokratie kam direkt von den Höhen der »Prawda«, der Zeitschrift »Kommunist«, der Kommunistischen Akademien, der Gebietskomitees und sogar aus dem ZK der KPdSU herbeigeflattert. Mit den gestrigen politischen Funktionären erhielten wir nicht nur einfache, sondern die radikalsten Demokraten. Und einige erklärten sogar: »Wir haben uns nur deshalb auf den Höhen der kommunistischen Macht befunden, damit diese Positionen nicht von noch Übleren eingenommen werden konnten.« Und nun waren sie, um das neue Rußland zu retten und zu festigen, abermals aufopferungsvoll bereit, die Macht zu ergreifen. Dazu kam noch das mächtige Argument: Wer, wenn nicht sie, die Professionellen, verfüge über die Erfahrung der Administration? ... (Professionalismus beweist sich nicht durch den Dienststatus, sondern durch das Resultat der Tätigkeit – und die Resultate, die diese Wendebetrüger erbrachten, erwiesen sich sichtbarlich als katastrophal.) Als Rechtfertigung für alle Mißerfolge der neuen Macht bekamen wir zu hören: Was für eine wirkliche Demokratie kann man unter den Bedingungen einer ökonomischen und sozialen Anarchie, einer politischen Instabilität errichten? ... Aber diese tausendmal verfluchte »politische Instabilität« ist lediglich die Konsequenz dieser unsinnigen Reformen.

Worin die Neodemokraten wirklich als Professionelle erschienen – das war die ideologische Sicherung und Unterstützung des neuen Regimes. Was aber die neuen bürokratiebeflissenen Demokraten nicht fertigbrachten, das war Barmherzigkeit dem Volk gegenüber und die Sorge für dessen Bedürfnisse. Die heute von »Schocktherapie« reden, haben das Recht verwirkt, sich als Verteidiger der »Menschenrechte« zu präsentieren.

Wohl zum Wichtigsten der politischen Elite des neuen Regimes wurde es, so rasch wie möglich ein künstliches *Mehrparteiensystem* zu etablieren.

Und in einem Jahr, im darauffolgenden und in einem weiteren wucherten (ohne reale Gründe dafür) immer neue Parteien, Bündnisse, Blöcke, Fronten und Vereinigungen heran, zersplitterten, schlossen sich zusammen und brachen wieder auseinander – und niemand konnte sie mehr zählen und erinnert sich noch an ihre Namen: die Namen vieler liberaler, demokratischer und radikal-demokratischer Führer leuchteten am politischen Himmel auf, tönten, aber ebenso rasch verdunkelten sie sich wieder und verschwanden in der Versenkung. Das *Mehrparteiensystem* – das war der erwartete und begehrte Preis für den Umsturz des Jahres 1991, aber die Parteien vermehrten sich, bildeten Blöcke und berauschten sich an der Politik – obwohl die einzig tatsächlich fortexistierende dieser Parteien die kommunistische war. (Nicht zufällig erklärte Jelzin 1992, daß der 7. November unser »Nationales Fest« bleibt.) Und es ergab sich die verhängnisvolle Situation, daß die insolventen russischen kleinen Parteien die Gunst und die Unterstützung der Kommunisten suchten – und für die Kommunisten, die Nachfolger der Leninschen »Antipatrioten«, erwies es sich am profitabelsten, sich als »russische Patrioten« darzustellen. Eine Ironie der Geschichte?

Aber in der Gestalt des Chasbulatowschen Obersten Sowjets begann sich eine reale zweite politische Kraft zu etablieren. Sein Zweikampf mit der Macht des Präsidenten nahm die Form eines Kampfes um die Artikel der neuen russischen Verfassung an, der im Verlauf der Monate immer bedrohlicher wurde. Die Arbeit an der Verfassung ging nur träge voran, doch der Zweikampf war grimmig, und in Rußland entstand eine äußerst gefährliche Doppelherrschaft, die um so gefährlicher war, weil die beiden widerstreitenden Seiten sich mit politischen Bestechungen an die nationalen autonomen Gebiete wandten, um bei ihnen Verbündete zu gewinnen – und je mehr, desto besser. Die Privilegien der autonomen Gebiete stiegen stürmisch an: Diese russischen Gebiete erklärten sich daraufhin, um nicht länger die großen Verlierer zu bleiben, fortlaufend eines nach dem anderen zu eigenständigen Republiken. Auf diesem hektischen Trödelmarkt wurde, wie es scheint, außer von mir, der ich mich noch in der Ferne befand, nur von wenigen deutlich und ohne Zweifel bemerkt, daß damals durch diese Doppelherrschaft und diesen »Wettlauf in die Republiken« Rußland selbst der *Zerfall* drohte, wenn nicht in Wochen, dann in Monaten. Es drohte eine Wiederauflage des Chaos, das einst die provisorische Regierung unter Kerenski ausgelöst hatte.[8] Und die Rettung ganz Rußlands konnte nur eine *sofortige Beendigung* der Doppelherrschaft sein, gleichviel, welche Seite den Sieg errang.

Diese Kollision, die schon ein halbes Jahr früher vernünftig hätte gelöst werden müssen, fand ihr Ende in den blutigen Tagen des Oktober 1993 (und mit dem Tod von hundertfünfzig oder noch mehr Menschen, die in der Mehrzahl nicht an dem Konflikt teilhatten und unschuldige Opfer waren). Sie wurde von einem die eigene demokratische Zukunft mißachtenden, einhellig zustimmenden Chor der Neodemokraten begleitet: »Das Scheusal vernichten!« – mit Waffengewalt. Und sie übernahmen als Erbe des Kommunismus die Formel: »Wenn der Feind sich nicht ergibt ...«

Drei Monate danach begannen Gaidar und Kosyrew offen das Bündnis mit den Kommunisten zu suchen, luden sie ein, sich an der »Antifaschistischen Liga« zu beteiligen. Und bald darauf rief man einen Vertrag über die »staatsbürgerliche« (auf die Oligarchie der Nomenklatura bezogene) Übereinkunft aus – eine Übereinkunft innerhalb der Oligarchie – einen Vertrag, der sich danach nicht ohne Folgen in den obskuren Korridoren der Ministerien einnistete.

Also wurde der Oberste Sowjet zerschlagen, dessen erster Vorsitzender gleichzeitig Präsident und beide Male gemäß ein und derselben Verfassung gewählt worden war. Und diese Verfassung wurde nun zusammen mit dem zu leistenden Eid abgeschafft, aber die in ihr verankerte Amtszeit des Präsidenten blieb aus irgendwelchen Gründen erhalten. Allein schon diese juridischen Symptome vermochten nicht, zu einem allzu optimistischen Glauben an die neue Verfassung beizutragen – man ließ auch die Bevölkerung nicht über sie diskutieren, und auch die Unklarheiten in einigen ihrer Artikel wurden nicht korrigiert. Nach späteren offiziellen Angaben hatten an der Abstimmung 53% der Wähler teilgenommen (ein Analytiker der »Demwybor« veröffentlichte eine Berechnung, nach der es nur 47% gewesen waren), von denen 58% für die Verfassung gestimmt hatten, d. h. 31% von denen, die das Stimmrecht besaßen, also weniger als ein Drittel. (All das bestätigt annähernd auch unser vielköpfiges Verfassungsgericht, das von Ländern übernommen wurde, die eine hohe juridische Kultur besitzen, aber angesichts der Schroffheit unserer Probleme könnte auch das Oberste Gericht leicht damit fertig werden.) Nach dieser republikanischen Verfassung erhielt der russische Präsident weitgehende Vollmachten, weitergehend als die vieler ehemaliger Monarchen und heutiger Präsidenten. Und die für das Land schicksalsträchtigen Entscheidungen werden niemandem erklärt und mit niemandem erörtert – sie werden mit unverfrorener Bestimmtheit für absolut erklärt.

Bei den Wahlen zur Duma von 1993 gab es viele Klagen über die Verletzung der Prozedur. Allein schon die Tatsache, daß man die Hälfte der Sitze den Parteien überließ – eine künstliche Förderung des gewünschten »Mehrparteiensystems« – war eine Verletzung der Gleichberechtigung der Kandidaten. Aber jedesmal bestrafte dieses System auch seine Schöpfer: 1993 mit dem großen Erfolg der Partei Shirinowskis und 1995 mit dem ebenfalls großen Erfolg der Kommunisten. In dieser Wahl der in Verzweiflung geratenen Wähler hatte sich der Zorn des beleidigten und ausgeplünderten Volkes Luft gemacht, um auf diese Weise sein Schicksal durch eine ohnmächtige Geste zu verbessern.

Zerfall als Folge der Reformen

Es ist nur recht und billig, die ökonomischen Reformen des neuen Regimes und im weiteren natürlich auch die Gorbatschows einer näheren Betrachtung zu unterziehen. Hierher gehört auch das Anwachsen der Staatsschulden gegenüber dem Ausland von 20 auf 80 Milliarden Dollar während der Gorbatschow-Periode. (Übrigens wird diese Vervierfachung der Schuldenlast nur wenige Jahre später als geradezu harmlos erscheinen.) Den ersten Reformen ist auch das Auseinanderfallen aller Beziehungen innerhalb des nationalen ökonomischen Systems zuzurechnen, von Beziehungen und Wechselwirkungen, die durch nichts ersetzt wurden – der ganze Zerfall eben. (Sagt man doch bei uns: *Trenne nicht auf, wenn du nicht zu nähen verstehst.)* Dazu kam die Verkündung des wundersamen »sozialistischen Marktes« und der Schaffung von Pseudokooperativen, die mit den staatlichen Unternehmen zusammenwuchsen und auf deren Kosten existierten. Aber die wenn auch noch zögerlichen, *einzig* richtigen Maßnahmen zur Beseitigung der kommunistischen Hindernisse durch das Kleinunternehmertum (darunter auch auf dem Dorf, und wie wohltuend wäre das gewesen und der einzig richtige Weg) wurden sofort (1987) von der Pranke der Partei als »unehrliche Einkünfte« unterdrückt.

Und weiter – aus den immer unsichereren Händen Gorbatschows gingen die reformatorischen Ideen in ziemlich sichere Hände über.

Ich will Gaidar nicht neben Lenin stellen, der Unterschied ist zu groß, aber in einer Hinsicht haben sie etwas gemeinsam: Wie dieser war er ein von einer fixen Idee besessener Fanatiker, der keine nationale Verantwortung kannte, skrupellos nach seinem Skalpell griff und den Körper Rußlands in vielfache Stücke zerschnitt. Und noch heute, sechs Jahre danach, sieht man in dem selbstsicher grinsenden Gesicht des Politikers keine Spur von Bestürzung: Mit der Vernichtung der Sparguthaben stürzte er Dutzende von Millionen seiner Landsleute in Armut, indem er die Grundlagen ebenjener »Mittelklasse« zerstörte, die zu schaffen er angetreten war. Und nun, mit sechsjähriger Verspätung, beginnen Erörterungen über die »Schaffung einer Mittelklasse« … – und mit diesem Kleinunternehmertum sollte man auch beginnen und nicht unersättliche Monopolmagnaten heranwachsen lassen.

Das Privateigentum ist die sichere und natürliche Voraussetzung für die Aktivität des Menschen, es bildet aktive und interessierte Arbeiter heran, aber es muß unbedingt von strengster Gesetzlichkeit begleitet werden. Verbrecherisch jedoch ist die Regierung, die den nationalen Reichtum der Ausplünderung preisgibt und seine Bürger angesichts des Fehlens aller Gesetze den Fängen von Raubtieren überläßt.

Geradezu kopflos machte man sich daran, die Wirtschaft Rußlands zu erschüttern und zu zerschlagen. Und diese Erschütterung nannte man die so sehnsüchtig erwartete Reform – doch haben wir weder eine klare Konzeption für sie, noch haben wir jemals ein ausgearbeitetes und in sich stimmiges Programm zu sehen bekommen, und wie sich nun herausstellte, hat es das auch nie gegeben. (»Alles wurde aus dem Lauf heraus entschieden, wir hatten nicht die Zeit, uns nach einer besseren Variante umzusehen.«) Man akzeptierte, daß das eine »Schocktherapie« sein würde (ein Terminus übrigens, der von den westlichen ökonomischen Theoretikern ohne weiteres übernommen wurde), doch am Vorabend dieses Programms (am 29. Dezember 1991) versicherte uns der Präsident: »Wir werden es schwer haben, aber diese Periode wird nicht lange dauern. Man muß mit sechs bis acht Monaten rechnen.« (Gaidar machte eine noch rosigere Voraussage: Die Preise würden innerhalb von etwa drei Monaten sinken – *woher* aber sollte dieses Sinken der Preise überhaupt kommen, nachdem er sie angesichts des Fehlens jeglicher Konkurrenz für die *monopolistischen* Produzenten freigegeben hatte?) Man versprach uns soweit zu gehen, daß man sich bei einem Mißerfolg der Reform »auf die Eisenbahngleise legen« würde.

Das durch diese unaufhörlichen Elektroschocks handlungsunfähig gemachte Volk verlor angesichts dieser Ausplünderung allen Mut. Und nur so (es sei denn, daß Ergebnisse des Referendums manipuliert wurden) läßt es sich erklären, daß es im März 1993 den »Reformen«, die ihm eine deutliche Ausplünderung und Armut bringen sollten, zustimmte. (Oder präziser ausgedrückt: Desto deprimierender ist unsere Verlorenheit und Bewußtlosigkeit.) Natürlich, unter dem Schock der plötzlichen Kollision mit der dynamischen »Marktwirtschaft« hätte unser Volk, das eben erst den Kommunismus hinter sich gelassen hatte, in jedem Fall leiden müssen, aber nicht unter einer derartigen brisanten Spannung.

Doch die Prüfungen, die mit einem hundert- und tausendfachen Explodieren der Preise begonnen hatten, waren erst der Anfang. Das Volk wurde mit der verkündeten gleichmäßigen Aufteilung des nationalen Reichtums unter allen Bürgern vermittels der an jeden erfolgenden Ausgabe einer Obligation mit der fremdartigen Bezeichnung »Voucher« geködert, mit diesem Papier sollte es möglich sein, sogar zwei der besten Autos im Lande zu erwerben oder sich ein ungefährdetes ständiges Einkommen zu sichern. Es begann gewissermaßen eine Auflösung der Vernunft, nicht wenige Einfältige glaubten dieser Verheißung, und Millionen zerbrachen sich die Köpfe darüber, was sie mit diesen Vouchers anfangen sollten. Doch es zeigte sich keine Möglichkeit: Gleichviel, in welchen »Fond« oder in welches Unternehmen die Unglücklichen diese Vouchers auch investieren würden, sie konnten nur in eine heruntergewirtschaftete Industrie gelangen, die keine Gewinne abwarf. Und deren neue Besitzer, habgieriges Diebsgesindel ohne jegliche Produktionserfahrung und sogar ohne jedes Interesse, investierten nicht nur keine Mittel für die Entwicklung in die Unternehmen, sondern entzogen diesen die letzten Säfte und gaben sie später auf. Eine kleine Anzahl von gerissenen Spekulanten mit einem wenn auch bescheidenen Grundkapital kaufte den skeptisch Gewordenen große Partien dieser Vouchers zu Spottpreisen ab, um damit danach Stücke aus dem nationalen Besitz, die ihnen ins Auge stachen, aufzukaufen.

Aber auch das war erst der Beginn der Verhängnisse, denn wie man leicht erraten kann, war der Wert der Gesamtheit aller Vouchers im Vergleich mit dem nationalen Eigentum des reichsten Landes geringfügig: Die dem Volk versprochene »Aufteilung« machte kaum »den Bruchteil eines Prozents« des Besitzes aus. Und Mitte 1994 demonstrierte der hochgeschätzte Vizepremier Tschubais den vor kurzem noch sowjetischen Menschen seinen ihnen noch aus der Vergangenheit vertrauten »eisernen Willen« und verkündete die »zweite Etappe der Privatisierung«, nach der das Staatseigentum in die Hände *einer kleinen Gruppe* von Finanzleuten übergehen würde (dieses Ziel wurde auch von den Mitgliedern seines Apparates verkündet). Dabei hob er das *Lawinenhafte* der Privatisierung hervor: das heißt, daß sie augenblicklich und überraschend vollzogen würde – und er erklärte voller Stolz, daß »die Welt ein derartiges Tempo der Privatisierung noch nicht gesehen« hätte! (Ja, natürlich, eine solche verbrecherische Dummheit hatte es in der Welt tatsächlich noch nie gegeben. *Die allzu hurtig laufen, stürzen oft.)* Die Privatisierung wurde im ganzen Land mit derselben rasenden Besessenheit, mit der gleichen zerstörerischen Geschwindigkeit eingeführt wie 1917–18 die »Nationalisierung« und 1930 die Kollektivierung – nur mit umgekehrten Vorzeichen.

Ließen sich die führenden Privatisierer von der falschen Theorie leiten, daß, nachdem das Eigentum sich in private Hände zerstreut hätte, sozusagen von selbst und aus dem Nichts eine Konkurrenz entstehen müsse, daß die Produktion allein durch den Wechsel der Besitzer effektiv werden würde? Gingen die Tschubaisschen und Gaidarschen Reformen von der Marxschen These aus: Es genügt, die Produktionsmittel an Privatpersonen zu verteilen, und sofort erscheint der Kapitalismus und beginnt tätig zu werden?

Diese »zweite Etappe« begann im Sommer 1994, und in nur

wenigen Monaten fand eine durchgängige und praktisch kostenlose Ausgabe staatlichen Eigentums an einige ausgewählte Valutaschweine statt. Von Zeit zu Zeit erschienen in den Zeitungen Berichte über die sensationelle Ausplünderung des dem gesamten Volk gehörenden Gutes. Doch das Volk hatte mit dem ihm eigenen unbestechlichen Blick auch so, ohne jene geheimen Transaktionen und Geschäfte zu kennen, deren Wesen erfaßt und nannte den ganzen Prozeß »Prichwatysazija«[9].

Aber angesichts des gewaltigen Umfangs der sozialistischen sowjetischen Kombinate war es unmöglich, diese einem einzelnen Besitzer zu übergeben. Ohne Skrupel teilte ein Befehl Tschubais' diese Kombinate in 20 bis 30 Teile auf (er zerstörte damit den einheitlichen technologischen Zyklus und entzog folglich jedem Teil die Möglichkeit, überhaupt produzieren zu können) und überantwortete sie verschiedenen Händen. (Dieses Schicksal erfuhren auch einige Rüstungsbetriebe, und auch sie wurden durch die Zerstückelung paralysiert, worauf man sie mit interessierten ausländischen Firmen zu »Joint Ventures« zusammenschloß. Welche Folgen dieser Prozeß für die russische Verteidigung hatte, kann man sich leicht vorstellen.)

Ein unerwartetes Sandkörnchen im Getriebe dieser Ereignisse hilft uns, sie noch deutlicher zu verstehen. Dieses kapriziöse Sandkorn war im November 1994 die Ernennung des Gouverneurs der Amur-Region, Wladimir Polewanow, eines langjährigen Kolymsker Geologen, zum Vorsitzenden des Komitees zur Verwaltung des Staatsbesitzes. So erhielt er Einblick in alle Papiere darüber, wie dieser Besitz in den vergangenen Monaten weggeflossen und dahingeschmolzen war. Und als pflichtbewußter und ehrenhafter Mensch reichte W. P. Polewanow dem Vorsitzenden der Regierung am 18.1.95 eine entlarvende Mitteilung über die stattfindenden Verbrechen ein. (Diese Mitteilung wurde jetzt veröffentlicht.[10] Sie ist mit ihren Fakten, Zahlen und den Ausmaßen der Verbrechen, die den allgemeinen Zerfall der Volkswirtschaft herbeiführten, geradezu himmelschreiend. Hier einige Beispiele: Eine einzige Person erhielt 51% der Anteile von »Uralmasch«, eine andere kaufte für Dutzende von nahezu wertlosen Rubeln, also umsonst, Aktien im Werte von 250 Millionen von »Gasprom«. Das gewaltige Lichatschewer Autowerk wurde um das 250fache billiger »verkauft« als sein Wert ausmachte: statt für eine Milliarde Dollar – für vier Millionen. Das Krasnojarsker Aluminiumwerk wurde 300mal billiger, als sein eigentlicher Wert betrug, an die Brüder Tscherny »verkauft«.) Und was war das Resultat dieser niederschmetternden Mitteilung? Nach drei Tagen, am 21.1.95, wurde Polewanow, damit er »die Reformen Tschubais' nicht störte«, seines Amtes enthoben.

Immerhin hörten wir nach einem Jahr und einem Tag, am 22.1.96, von dem Präsidenten das Eingeständnis, daß während der Tschubaisschen Privatisierung »alles, was nur möglich war, zu einem willkürlichen Preis verkauft wurde und der Staat nichts davon erhielt«. Dieses Eingeständnis erfolgte übrigens nur einmal, gewissermaßen nebenbei, und wurde nie wiederholt. Es wurde nicht einmal der Versuch unternommen, die räuberische Privatisierung zu revidieren, was die Zustimmung zu der grandiosen Ausplünderung des nationalen Besitzes illustriert. Und nie hat unsere Macht in Erfahrung bringen wollen, *woher* diese ehemaligen Sowjetbürger Milliarden von Rubeln und Millionen von Dollars haben. Doch nur durch die aufgrund von persönlichen Bekanntschaften und Bestechungen ebendieser Behörden großzügig erteilten Exportlizenzen: Das zu den alten Rubelpreisen im Lande Aufgekaufte wurde mit ganzen Zügen gegen Valuta-Millionen ins Ausland geschafft. (Innerhalb dieses Prozesses wurden viele ehemalige und wendige kommunistische Parteibürokraten zu kriminellen Geschäftemachern und Privateigentümern. Früher hatten sie nur begrenzt über das Staatseigentum verfügt – nun aber konnten sie es bedenkenlos.)

Ja, wir steckten noch mit beiden Beinen in dem kommunistischen Babylon! – Aber man hätte sich auf verschiedene Weise da herausarbeiten können. Doch der Weg, den man uns auferlegte, war der übelste, der widernatürlichste und in sich niederträchtigste.

Und nicht nur einmal konnte ich überzeugende Argumente hören, die durch persönliche Zeugnisse von Menschen untermauert wurden, die eine nähere Beziehung zu dieser Küche hatten: Alles, was man als »marktwirtschaftliche Reformen« präsentierte, war durchaus nicht das Resultat einer unglaublichen Dummheit, sondern ein wohldurchdachtes System zur Bereicherung einzelner Personen. Der schwindelerregende Absturz des Rubels (eine derartig andauernde Entwertung hatte kein einziges Land gekannt) erfolgte nur, damit man den russischen Besitz für ein Minimum von Dollars aufkaufen konnte, und die Behörden waren nicht einmal in der Lage, die Sparguthaben auszuzahlen. Die Unterdrückung der nationalen Landwirtschaft erfolgte, damit man sich am Import von Nahrungsgütern bereichern konnte. Die Verzögerung der Verabschiedung notwendiger Gesetze schließlich erfolgte lediglich, weil unter gesetzlosen Bedingungen die Ausplünderung leichter möglich war. Die niederschmetternde Hast bei der Privatisierung hatte den Sinn, eine rasche Formierung derjenigen, die das neue Regime unterstützten, zu befördern. Die der Staatskasse und der Gesundheit des Volkes abträgliche Beseitigung des Alkoholmonopols (die Freiheit für die Verfälschung) wurde eingeführt, um unter den Massen eine Atmosphäre verdummender Gleichgültigkeit allem Geschehen gegenüber verbreiten zu können.

Die ganze Ausplünderung vollzog sich mehr oder weniger im dunkeln, und noch immer hat das Volk sie nicht als ein *nie wiedergutzumachendes* Geschehen begriffen. Die gewaltigen Ausmaße der Betrügereien (Hunderte von Milliarden Dollar flossen ins Ausland) waren für das Volk nicht erkennbar. Es konnte weder um die Einzelheiten und Zahlen wissen, noch sich darüber Gedanken machen, daß die nationale Produktion in verantwortungslosen Händen um das Zweifache sank (während des Krieges gegen Hitler war das nur zu einem Viertel der Fall gewesen), daß seit 1990 kein einziges großes Industrieunternehmen errichtet wurde. Von den tagtäglichen Sorgen ihres Alltags niedergedrückt, empfanden die Menschen nicht die Unumkehrbarkeit der über dem Land hereingebrochenen Übel. Aber kaum erklangen vereinzelte schüchterne Rufe nach einer *Revision* der Privatisierung, erklärten die märchenhaft reich gewordenen, neureichen Abenteurer (und nicht nur sie, sondern auch ihnen hörige Journalisten) dem Volk übereinstimmend und ultimativ: Eine Überprüfung der Privatisierung? – *Das wird Bürgerkrieg bedeuten!* Man hatte eine ganze Bevölkerung, die noch nicht wieder zu sich gekommen war, ausgeplündert, und das war problemlos und ohne Widerstand vonstatten gegangen, aber für den Fall, daß sich die Frage einer Wiederherstellung der Gerechtigkeit stellen würde, drohte man mit dem Schreckgespenst eines blutigen Bürgerkrieges! Was wir einmal haben, werden wir nicht wieder hergeben!!

Das war die Position des »jungen russischen Kapitals«. Im wesentlichen hatte es sich dank einer unsinnigen und unbegreiflichen (unbegreiflich, von welcher Seite man sie auch betrachtet) staatlichen Operation bilden können: durch die künstliche Schaffung von kommerziellen Banken, durch deren falsche »Kreditpolitik« in einem inflationären Galopp, wonach der Staat begann, bei ebendiesen Banken gegen hohe Zinsen Kredite von jenem Geld aufzunehmen, das er den Banken zuvor gegeben hatte, und dabei selbst immer ärmer wurde. Ein freiwilliger staatlicher Selbstmord. Und überdies wurde zugunsten dieser kommerziellen Banken verfügt, daß alle Lohn- und Gehaltszahlungen über diese Banken abgewickelt werden mußten – und diese verzögerten die Zahlungen immer wieder, indem sie ihre Zinsen hochschraubten.

Es verwundert nicht, daß die Staatskasse nach diesem ganzen Raub leer und für viele Jahre unfähig war, Löhne, Gehälter und Renten auszuzahlen. Das geduldige Volk hungerte, und dahinsiechende Kinder wurden auf dem Altar des »jungen russischen Kapitals« geopfert. Nicht nur einmal hörte man von den obersten Machthabern Lobeshymnen auf die russische Bevölkerung, die das »in sie gesetzte Vertrauen gerechtfertigt« hätte: Es gab keine soziale Explosion. (Und es hat den Anschein, als hätten wir uns vom »sinnlosen und schonungslosen Aufruhr« für immer losgesagt). Machtloser kann man sich ein Volk kaum vorstellen.

Und gleichviel, wie schlimm das laufende Wirtschaftsjahr auch jeweils endete, ständig hörten wir, daß dafür im folgenden Jahr eine »Stabilisierung« und eine »Wende zum Besseren« eintreten würde.

Doch mit jeder neuen Regierungsmaßnahme befreien wir uns nicht aus dem Unglück, sondern bewegen uns immer unaufhaltsamer dem Zerfall entgegen. Und auf allen Gebieten der Produktion und des Alltags häuften sich bedrohliche Havarien mit einer Fülle von Opfern – die Frucht einer völligen Abnutzung des staatlichen Organismus: Trittst du deinen Arbeitstag an, nimm für alle Fälle Abschied von deiner Familie! – Und vom Thron herab tröstet man uns mitfühlend: »Was sollen wir tun, das sind *Naturkatastrophen* ...«

Und von den Herrschenden weiß doch niemand, wie man »das alles«, »dieses Land«, aus dem Sumpf ziehen soll.

Man darf fragen: Haben sie ein persönliches Interesse daran?

Und noch eine Anmerkung: Mit welcher Sorglosigkeit, mit welcher Gleichgültigkeit und unerschütterlichen Gelassenheit sah unsere Macht dem schwindelerregenden Absturz des Rubels zu: ein deutliches Zeichen der russischen Katastrophe und Kraftlosigkeit. Man blickte wie auf einen unbedeutenden und keineswegs bedrohlichen, fast anekdotischen Prozeß. Und schließlich hatte sich niemand Gedanken darüber gemacht, wie man den Dollar veranlassen konnte, zu seinem früheren Verhältnis zum Rubel *zurückzukehren,* was ein Zeichen für unsere Sanierung gewesen wäre. Und nun fand man kürzlich einen anekdotischen Ausweg: Einfach drei ausgewucherte Nullen *streichen* – und das Leben geht weiter. Und wenn der Rubel auch künftig, mit dem neuen Geld, fortfahren wird, an Wert zu verlieren, dann wird auch der nächste Präsident die Möglichkeit haben, uns abermals mit der Streichung von zwei oder drei Nullen zu erfreuen.

Das geschockte Russland – und der Westen

Der internationalistische Enthusiasmus, der seit dem Ende der 80er Jahre unsere hauptstädtischen Intellektuellen erfaßt hatte, unterschied sich kaum von dem der frühen Bolschewisten. Die russischen Liberalen und Radikal-Demokraten begannen zu glauben, daß nun – und das für Jahrhunderte – die glücklichste Ära auf unserem Planeten beginnen würde: Jetzt würden seine ganze Bevölkerung und alle Staatsmänner von den *allgemeinmenschlichen Werten* Besitz ergreifen, denen wir alle Hand in Hand einträchtig dienen würden. Und deshalb wäre jegliche konsequente Außenpolitik Rußlands Imperialismus oder absurd, wäre jegliche starke Macht in Rußland eine Tyrannei. Und so wäre in unserer Wahrnehmung der Vereinigten Staaten die an sich richtige Vorstellung von der breiten Großzügigkeit des amerikanischen Volkes völlig unbegründet auch auf die Washingtoner Regierung übertragen worden, die, egoistisch und genau kalkulierend wie jede normale Staatsführung, unter den besonderen Bedingungen des Zusammenbruchs des sowjetischen Rivalen immer mehr auf den hegemonialen Geschmack gekommen wäre, den ganzen Planeten zu kontrollieren.

Diese internationalistische Begeisterung, dieses »neue Denken«, bestimmte sicher auch die Handlungen der Gorbatschowschen Führung. Gezwungen, die Länder Osteuropas in die Freiheit zu entlassen, versäumten aber Gorbatschow, den der westliche Begeisterungssturm und die Lobpreisungen schwindlig gemacht hatten, und der aus der Peripherie des KGB zum Weltdiplomaten aufgestiegene Schewardnadse, die westlichen Partner aufzufordern, ihre damaligen mündlichen Versicherungen mit einem schriftlichen Vertrag zu untermauern. (Nach dem Zeugnis von E. Primakow haben 1990–91 sowohl Mitterand als auch Major und Baker in den Gesprächen mit Gorbatschow, Schewardnadse und Jasow, ungeduldig den Abzug der sowjetischen Truppen erwartend, übereinstimmend versprochen, daß die NATO sich im Westen um keinen Zoll ausdehnen und daß kein einziges Land des Warschauer Paktes in die NATO aufgenommen würde.[11] Aber Gorbatschow unterließ es, eine entsprechende schriftliche Verpflichtung zu erbitten.) So ähnlich wurde Amerika auch das »zweite Alaska« geschenkt – ein 1990 durch Gorbatschow/Schewardnadse erfolgtes unsinniges Geschenk von 40.000 Kilometern der Beringsee (ein an Fischen, Öl und Erdgas reiches Schelf).[12]

Und diese Linie einer »großherzigen« Kapitulation wurde auch in den folgenden fünf Jahren fortgesetzt. 1993 entließ Jelzin mit einer noch großzügigeren Geste Polen in die NATO. Im gleichen Jahr erklärte Kosyrew in Malaysia, daß russische Flugzeuge bereit wären, Truppen der moslemischen Seite in das umkämpfte Bosnien zu bringen. In einem gleichen Anfall von »allgemeiner Menschlichkeit« half das neuerstehende Rußland den Vereinigten Staaten, die Zustimmung der UNO für ihren militärischen Einsatz zu erhalten, und danach stellten auch wir aus dem Bestand unserer eigenen erschöpften Armee, wofür auch immer, eine kostspielige Einheit für die »internationalen Kräfte« in Bosnien bereit, wobei wir direkt gegen die slawischen und unsere eigenen russischen Interessen handelten.

Dieses neue Rußland half also, den historischen Übergang im Weltbewußtsein zu vollziehen, als die militärische Einmischung in die Angelegenheiten ferner Länder sich nicht mehr »Aggression«, sondern »friedenstiftende Maßnahmen« nannte. Vermutlich wird sich diese Terminologie auch im 21. Jahrhundert fortsetzen – und es kann durchaus sein, daß Rußland sie ziemlich bald auf sich selbst anwenden kann – zum Beispiel in Form einer internationalen »friedenstiftenden Rettung« vor uns selbst und des Planeten vor unseren Kernwaffen; amerikanische Hinweise in dieser Hinsicht waren schon zu hören. (Und geschehen wird das, wie der sogenannte »Wüstensturm«, mit »Zustimmung der ganzen Welt«: Das kann sich sogar mit einer Teilung Rußlands fortsetzen – denn die Entente setzte schon einmal, während unseres Bürgerkrieges, dazu an, Rußland schamlos aufzuteilen.)

Entsprechend der Schwächung Rußlands bis hin zu einem chaotischen Zustand, werden die auf uns bezogenen Absichten des zivilisierten Westens immer weniger verheimlicht, und blindwütige politische Feinde Rußlands wie Kissinger oder Brzeshinski äußerten sich nicht nur einmal in aller Offenheit dahingehend (ein »überflüssiges Land« auf der Landkarte). Bereits vor 80 Jahren, während der Stürme des russischen »Februars«[13], schrieb Alexander Blok mit Besorgnis in sein Tagebuch: »Zerfällt Rußland in Staub … oder wird Rußland zur Dienerin mächtiger Staatsorganismen?« Der *heutige* Zustand läßt nichts unmöglich erscheinen.

Daß die USA über Jahrzehnte hinweg die Niederlage und den Zerfall der Sowjetunion herbeisehnten, ist nur natürlich. Aber in unserem Land ist nur wenigen das Gesetz PL 86–90 des amerikanischen Kongresses aus dem Jahre 1959 bekannt – es erreichte trotz der Störsender unsere Ohren in Form der alljährlichen beschwörenden Sendung »Woche der unterdrückten Nationen«: Versprach man nicht uns allen die Befreiung vom kommunistischen Stiefel? Allen, aber doch nicht allen: Die russische Nation wurde dort nicht den unterdrückten Nationen zugerechnet. Das Gesetz benennt unmißverständlich nicht den Weltkommunismus als Unterdrücker (wie China im Falle Tibets), sondern Rußland, die Russen. Und im Strom der antirussischen Erklärungen Brzeshinskis, Kissingers und anderer aus dieser Reihe lenkt dieses Gesetz Amerika nicht gegen den Kommunismus, sondern gegen Rußland! (Und es ist bis *heute* in Kraft und wurde vom Kongreß nicht aufgehoben. Aus einem Mißverständnis heraus? Es hat nicht den Anschein. Denn auch 1997 begingen die Vereinigten Staaten die »Woche der unterdrückten Nationen«, d. h. der von den Russen unterdrückten. Man kann das nicht Vergeßlichkeit nennen, eher schon ein Programm für die Zukunft!)

In diesen antirussischen Jahren war auch der Radiosender »Radio Liberty« aktiv; zurückhaltend dem Kommunismus gegenüber, ging er mit aller Schärfe gegen die russischen Traditionen und sogar gegen die russische Religion und Kultur an. (Ich sah mich nicht nur einmal gezwungen, darüber zu reden und zu schreiben, sogar an die Präsidenten der USA, Reagan und Busch.) Auf diese Radiostation, die, wie man meinte, nur für den Kalten Krieg geschaffen worden war, verzichtete die Administration auch während der Jahre der zustandegekommenen amerikanisch-russischen Umarmungen nicht und sparte auch weiterhin nicht an Millionen, das heißt, man brauchte sie. Sie sendet wie keine russische Station 24 Stunden lang Tag und Nacht, zur Belehrung des Auslands, »auf allen Wellen und in allen Wellenbereichen«. Auch in den letzten Jahren begnügt sich der Sender »Radio Liberty« nicht einfach nur mit Informationen. Er legt sie nach seinem Gutdünken aus, färbt sie entsprechend einer ideologisch-politischen Haltung ein, wie sie ihm vom Ausschuß für Radiosendungen beim Kongreß der USA vorgegeben wird. Nach dem Zusammenbruch der UdSSR mischte der Sender »Radio Liberty« sich auch in unsere Wahlkampagnen ein, indem er direkte Empfehlungen gab, für welchen Abgeordneten man seine Stimme abgeben sollte, darüber hinaus erteilte er auch noch einigen Fraktionen im Obersten Sowjet Ratschläge, welche Taktik sie besser einschlagen sollten: wann sie einem Quorum zustimmen und wann sie es verhindern müßten. Eine Zeitlang hatte der Sender »Radio Liberty« die Anweisung, gegen Jelzin aufzutreten, und er machte sich über ihn lustig und verspottete ihn: Danach kam die Anweisung, Jelzin zu unterstützen, und der Sender spannte sich auch vor diesen Karren. Seine Chronik ist voll von ähnlichen Beispielen. In den Jahren des Tschetschenien-Krieges verwandelte sich »Radio Liberty« gleichsam in eine tschetschenische Radiostation, die der russischen Seite offen feindlich gegenüberstand: Eine Hälfte der Informationsstunde bestand nahezu völlig aus tschetschenischer Argumentation und Propaganda (und das wurde Tag und Nacht mehrmals wiederholt).

Und wer hörte und sah in den letzten Jahren nicht das offene Einmischen der Vereinigten Staaten?

Wie könnte man die Erklärung des Präsidenten Busch vergessen, die er noch *vor* dem ukrainischen Referendum (1991) abgab und in der er zur Abspaltung der Ukraine ermunterte? Wie kann man vergessen, daß eine der ersten und leidenschaftlichen Stimmen, »Sewastopol gehört der Ukraine!«, die des amerikanischen Botschafters in Kiew war und danach – und nicht nur einmal, bis hin zu maßloser Unverfrorenheit – die des State Departements? Amerika unterstützt mit allen ihm zur Verfügung stehenden Mitteln jede antirussische Kraft in der Ukraine. Und wie soll man da keine Parallele ziehen, wenn Amerika die Ukraine mit geradezu unsagbarer Nachsicht behandelt (und den asiatischen Republiken noch großmütiger sowohl jegliche Unterdrückung der Andersdenkenden als auch jegliche Wahlfälschung nachsieht), sich jedoch Weißrußland gegenüber nicht im geringsten nachsichtig zeigt und sich geradezu verbissen selbst auf dessen halbherzige Versuche stürzt, mit Rußland eine Union einzugehen. Der Grund dafür ist einfach: Weißrußland könnte den allgemeinen Plan und die Idee einer von Estland bis zur Krim reichenden »Union vom Schwarzen Meer bis zum Baltikum«, eines gegen Rußland gerichteten »cordon sanitaire« vereiteln. Die USA demonstrierten also ganz deutlich ihre Strategie der »Einkreisung« Rußlands: Höhepunkt der Verhandlungen über den NATO-Beitritt war schließlich die fast herzliche militärische Annäherung an die Ukraine; im August 1997 fanden Manöver der amerikanischen Flotte im Schwarzen Meer an der Krimküste statt (unter Beteiligung der türkischen Marine, und das war weniger eine praktische Aktion als eine historisch symbolische Demonstration der äußersten Demütigung Rußlands.) Warum fand das nicht im Asowschen Meer statt? Auch dort gibt es »ukrainische« Küstenstreifen. Und sind die Reisen des Generalsekretärs der NATO, die diesen bald nach Transkaukasien, bald nach Mittelasien führten, um dort den Grundstein für eine militärische Zusammenarbeit der »mittelasiatischen« (!) Staaten mit der *»Nordatlantischen«* Gemeinschaft zu legen, nicht bezeichnend genug, nicht ein Warnsignal?

Und am anpassungsfähigsten an die neue Situation zeigte sich die Türkei: Durch das aktive Eindringen in den Kaukasus und zum Teil auch nach Mittelasien hat sie sich trotz bestehender internationaler Abkommen einen unerhörten neuen Ton bezüglich des Bosporus und der Dardanellen zugelegt.

Die Erweiterung der NATO nach Osten (und entscheidend sind hier nicht nur Tschechien, Ungarn oder Polen, sondern weitergehend auch das Baltikum, die Ukraine und Weißrußland sowie das Schwarze Meer und die Ostsee) könnte man, obwohl das schwierig ist, allein mit der Trägheit des westlichen militärischen Denkens nach dem so viele Jahren geführten und gleichsam »nicht zuendegebrachten« Kalten Krieg erklären. Aber es fällt schwer, ein solches Ausmaß einer so langen Unterschätzung des jetzt für lange und auf unabsehbare Zeit geschwächten Rußland anzunehmen. In diesem Falle kann man keine andere reale Erklärung dafür finden als die Absicht, Druck auf Rußland auszuüben. Gibt man zur Erweiterung der NATO allein für die erstgenannten drei Länder 30 bis 35 Milliarden Dollar aus, kann man diese osteuropäischen Verbündeten auch bei künftigen problematischen »Nord-Süd-Konflikten« mit heranziehen: Doch diese neuen Verbündeten werden wohl kaum Neigung zeigen, etwas in *diese* Konflikte zu investieren, und dort kaum von Nutzen sein. (Aber es ist möglich, daß die Vereinigten Staaten dann im Gegenzug bedauern werden, so viel Anstrengung für die Errichtung eines soliden moslemischen bosnischen Brückenkopfes in Europa aufgewandt zu haben.)

Und wir? Unser Präsident brachte, als er den amerikanischen empfing (14.1.94), mit ungewöhnlicher Großherzigkeit einen Toast »auf die gemeinsame russisch-amerikanische Revolution« aus. Eine gemeinsame? – Das kann doch aber nur heißen, daß wir künftig verpflichtet sind, keinen Unterschied mehr zwischen den russischen und den amerikanischen Interessen zu machen.

Aber selbst wenn man diese beiden Länder als gleichermaßen demokratische bezeichnet, dann heißt das doch nicht, daß sie in jeder Beziehung miteinander verschmelzen. So unterwarf sich de Gaulle, der Führer des nicht weniger demokratischen Frankreich und ein realer Verbündeter Amerikas, durchaus nicht dem Diktat des Leaders, sondern grenzte die Interessen Frankreichs ab. Die Interessen jedes Landes sind seine eigenen, und sie selbst innerhalb eines einheitlichen Bündnisses zu schützen hat auf keinen Fall etwas mit Chauvinismus zu tun.

Und Rußland schluckte die Demütigung der dreifachen Verweigerung seines Eintritts in den Europarat und brachte dort unterwürfig sein Gesuch ein viertes Mal vor. Macht man diese unsere Demütigung durch die Bedeutung des Umstandes wett, daß Rußland angeblich bei den »Großen Sieben« aufgenommen wurde? Es wäre naiv zu glauben, daß das wirtschaftlich schwache Rußland ein einflußreiches Mitglied in der Gruppe der wirtschaftlichen Riesen sein könnte. Wir werden dort, und sei es auch gegen unsere Interessen, mit unserer Unterschrift nur deren Entscheidungen besiegeln.

In der heutigen Zeit wird alle und jegliche Politik von der Wirtschaft bestimmt, falls die eine und die andere nicht ohnehin schon miteinander verschmolzen sind. Doch die Wirtschaft ist nicht Gegenstand dieser Arbeit. Sogar der einfache Mensch von der Straße kommt, auch wenn er kein Experte ist, nicht umhin, die Vorgänge zu bemerken und sich zu verwundern. Es ist doch offensichtlich, daß der Westen ein technisch rückständiges Rußland braucht.

Unterwerfen wir uns nicht sklavisch dem Programm des Internationalen Währungsfonds, und liefern wir uns nicht, ohne groß darüber nachzudenken oder auch bewußt, fremden Interessen aus? Wie läßt es sich zum Beispiel rechtfertigen oder erklären, daß wir entsprechend den Forderungen des IWF den Zoll für die Ausfuhr von unserem Öl und Erdgas abgeschafft haben (wir verschleudern unsere Bodenschätze und entziehen uns und unseren Nachkommen damit die Zukunft)? – Und als Ersatz für diese gewaltigen Budgetverluste haben wir vom IWF nur ein winziges Almosen zu erwarten, ja nicht einmal ein Almosen, sondern nur zinsträchtige Kredite. Gibt es in der Welt noch eine Regierung, die so wirtschaftet? Seit mehreren Jahren unterwirft sich unsere Regierung zum entsetzlichen Schaden unserer Wirtschaft diesem einengenden und sogar zerstörerischen Diktat, und wir hören unsere Führer dem IWF auch noch ihren Dank aussprechen, weil dieser angeblich »Rußland geholfen hat, seine Schwierigkeiten zu überwinden«. Das grenzt an Lüge: Der rücksichtslose Ausverkauf nationalen Reichtums wird für Rußland nicht vom Anwachsen des Einkommens, sondern vom Anwachsen der Auslandsschulden begleitet – Rußland sitzt im Schuldturm.

Und das allgemeine Zusammenwirken der Weltwirtschaft hat zur Folge, daß die Zurückgebliebenen dazu verurteilt sind, auch weiterhin zurückzubleiben, und sie haben auch keine Aussicht, ihre Lage zu verbessern. In einem Dutzend Jahren werden wir auf das Niveau der afrikanischen Länder hinabgesunken sein. Und so geht man mit uns auch schon um. In unserer Schlüsselindustrie übernehmen, manchmal unter einem Pseudonym, bald hier, bald dort ausländische Firmen die Kontrolle.

Indessen: Sogar in seinen den heutigen beschnittenen Grenzen könnte Rußland wirtschaftlich auf eigenen Füßen stehen. Und unsere verzweifelte Jagd nach ausländischen Investoren hat ihren Ursprung in unserem bis zum Äußersten gehenden moralischen Verfall und in unserer Verzweiflung. (Die ausländischen Investitionen sind legitim und können sogar von Nutzen sein, wenn die nationale Produktion sichergestellt ist und die Ausfuhr von Kapitalien und Halbfabrikaten einem strengen Gesetz unterliegt). Und unsere Einbeziehung in die internationale Finanzwelt zieht uns, die wir noch schwach sind, in fremde Finanzkrisen hinein, denen wir entgehen könnten.

In der ökonomischen Sphäre haben wir uns allzu bedenkenlos und mit einer gefährlichen Eile darauf geworfen, westliche Lebensformen zu übernehmen. Doch das kann nicht gelingen: Die Art und Weise eines fremden Lebens läßt sich unmöglich kopieren, ohne daß es zu ungesunden Entartungen kommt, derartige Entwicklungen müssen organisch aus der Tradition eines Landes wachsen. Ein Sprichwort sagt: *Es kann nicht die gute Gesundheit meines Nachbarn sein, die mich heilt.* Was wir auch immer tun werden, Rußland wird nie einen Weg gehen können, der mit dem des Westens identisch ist.

Das Phantom GUS

Hatten selbst die hoffnungslosesten unserer Vorfahren einen derartig katastrophalen Zusammenbruch Rußlands voraussehen können? In wenigen kurzen Tagen sind 1991 mehrere Jahrhunderte russischer Geschichte sinnlos geworden. Innerhalb von zwei, drei Augusttagen wurden zwei Jahrhunderte russischer Opfer und Anstrengungen (in acht russisch-türkischen Kriegen), sich einen Zugang zum Schwarzen Meer zu verschaffen, ausgelöscht und abgetan.

Die ganze heutige Welt blickt mit Verblüffung auf uns: Wie konnte ein so gewaltiges Land wie Rußland plötzlich seine moralischen und physischen Kräfte einbüßen und ohne eine schwere militärische Niederlage, ohne das Land erschütternde Revolutionen und Bürgerkriege, ohne eine massive Hungersnot, ohne Epidemien und ohne Naturkatastrophen sich in einen derartigen Prozeß der Selbstzerstörung stürzen? Alle Welt ist vor allem über die Schnelligkeit dieses Absturzes und unsere Unfähigkeit, dem etwas entgegenzusetzen, frappiert – die bis zum Verlust des eigenen Instinkts für die nationale Existenz geht.

Vermutlich kennt die Geschichte der Menschheit kein anderes derart selbstzerstörerisches Verhalten eines Volkes.

Aber das alles – ist geschehen. Und wir sind gezwungen, das zu akzeptieren. Und wenn wir etwas Neues schaffen wollen, müssen wir es auf diesen Trümmern aufbauen.

Bei all ihrer äußerlichen Macht war die UdSSR (die von Lenin gegen Ende seines Lebens erfunden wurde) innerlich kein gesundes Staatsgebilde, auch nicht in den Beziehungen zwischen den Nationalitäten. Die »ewige Freundschaft der Völker« und die »Schöpfung einer vereinten sowjetischen Nation« waren Mythen. Die der Errichtung der UdSSR zugrunde gelegte Nationalitätenpolitik Lenins konnte diesen Staat auf Dauer nicht zusammenhalten: ließ doch gerade sie in sich Zentrifugalkräfte entstehen. (Die theoretisch mögliche Auflösung der UdSSR war »bis hin zum Auseinanderfallen« in ihre Bestandteile schon in den frühen sowjetischen Verfassungen vorgezeichnet.) In den Nachkriegsjahren, in den sowjetischen Lagern und später in der kasachischen Verbannung, hatte ich Gelegenheit, diese reale Entfremdung und das gegenseitige Mißtrauen der sowjetischen Nationalitäten, trotz ihrer von offizieller Seite immer wieder lauthals gepriesenen Eintracht, zur Genüge zu beobachten. Schon damals trat deutlich die künftige mögliche oder sogar unausweichliche Abspaltung zutage. Unter dem Einfluß dieser Lager- und Verbannungserfahrung rief ich, nachdem ich die Möglichkeit erhalten hatte, mich zu äußern (»Reue und Selbstbeschränkung«, 1974), dazu auf, »allen peripheren und transperipheren Völkern eine reale Willensäußerung zur eigenen Gestaltung ihres Schicksals« zu gestatten. Aus der gleichen Erfahrung heraus sagte ich 1990 den unausweichlichen Zerfall der UdSSR voraus.

Er fand 1991 statt – mit all dem, was unausweichlich gewesen war, und, zum Unglück für Abermillionen Menschen, mit all dem, was zu vermeiden gewesen wäre. In ihrer Unvernunft und politischen Kurzsichtigkeit überließen unsere Führer den Zerfall unkontrollierbaren Elementarkräften – von der seitens Rußland erfolgten sinnlosen (übrigens von der »Partei des demokratischen Rußland« initiierten) Erklärung der »Unabhängigkeit« (eine Unabhängigkeit, die auf die Ausgrenzung von 25 Millionen russischer Mitbürger hinauslief, und das wurde auch noch zu einem »nationalen Fest« erklärt!) – bis hin zu den »Paraden der Souveränität«, die von den Republiken nahezu folgerichtig mit einer sich an sich selbst berauschenden Attributik und Symbolik begangen wurden (ohne die künftigen eigenen wirtschaftlichen Kräfte richtig einzuschätzen, aber mit der sofortigen Inbesitznahme des reichen industriellen Erbes, das dank der gemeinsamen Anstrengungen des ganzen Landes und vornehmlich der RSFR geschaffen worden war). Die anarchistische Spaltung wurde aufgrund von unnatürlichen und ethnisch nicht zu begründenden administrativen Grenzen (ein Erbe Lenins, Stalins und Chruschtschows) vollzogen, von Grenzen, auf die der wache Westen sofort die Garantien der Beschlüsse von Helsinki anwandte. Und im August und Dezember 1991 kapitulierte die russische Führung eilfertig und ergeben, wobei sie gleichgültig und ungeniert einen beinahe ebenso großen Anteil der russischen Bevölkerung außerhalb der Grenzen des neuen Rußland im Stich ließ, wie ihn die ganze Sowjetunion während des Zweiten Weltkrieges verloren hatte. Und mit der gleichen Unempfindlichkeit verhielt sie sich im Herbst 1991 der Durchführung des ungerechtfertigten ukrainischen Referendums gegenüber, das die wechselseitigen Beziehungen zwischen der Ukraine und Rußland vielleicht für Jahrhunderte entschied. Der hinterhältig vorbereitete Gewaltakt von Belowesh vollendete die Zerstückelung der UdSSR. Dieser ganze Prozeß vollzog sich ohne langes Zögern in aller Eile und auf die übelste Weise.

Die Übereinkunft von Belowesh war ihrem Inhalt nach äußerst verworren und enthielt bezüglich Rußlands keinerlei präzise Garantien. Dabei richtete der ukrainische Präsident seinerseits den Blick klar nach vorn, ging es ihm doch vor allem darum, offen gebliebene Punkte herauszufinden, lediglich verbal abgegebene Versicherungen, die es ihm ermöglichten, sie zugunsten der Ukraine auszulegen. Der Präsident Rußlands hingegen blickte zurück, ihn beschäftigte die Überlegung, *wovon* er sich rascher trennen (vor allem von der Macht Gorbatschows) und worauf er keinesfalls verzichten sollte; und nirgends war in dieser Übereinkunft und in all dem, was über sie gesagt wurde, ein Hinweis darauf zu finden, daß man sich besorgt gezeigt oder gar ernsthafte *Gedanken* darüber gemacht hätte, daß man der Ukraine einige Regionen abtrat, die sowohl ihrer Bevölkerung als auch ihrer Geschichte nach russisch waren, daß man zwölf Millionen russischer Menschen ohne jegliche Garantie, zumindest für ihre kulturelle Existenz, und ohne juridischen Schutz ließ. (Übrigens hatte man diese Konzession bereits im August 1991 und ohne große Bedenken gemacht.)

Ebenso machte man sich auch keine weitergehenden Gedanken über die Zukunft der geschaffenen GUS und deren Entwicklungsprozeß. Der größte Fehler ihrer Gründer bestand vor allem darin, daß man Nasarbajew von den Diskussionen darüber ausschloß: Somit sah sich Kasachstan in eine zwiespältige Situation und dessen Präsident in die Rolle eines Beleidigten versetzt. Und auch hier verschwendete man keinen Gedanken daran, daß man auch in dieser Republik an die sieben Millionen Russen im Stich ließ. Wir sind ja so zahlreich, daß wir derartige »Restbestände« mühelos verschmerzen können.

Und der Prozeß entwickelte sich in einer Weise, daß die Führer fast aller Republiken (die Politik der »Verwurzelung im Apparat« hatte während der langen Jahre unter dem Sowjetregime zu örtlichen Parteieliten geführt, die zugleich die nationalen Eliten waren) unverzüglich den Wunsch äußerten, der GUS beizutreten. (Zwar hatten sie sofort ihre Unabhängigkeit verkündet, aber ohne das vereinigende Zentrum hatten sie das Gefühl, auf einem unsicheren Boden zu stehen.) Sie wurden alsbald und ohne daß man sich die Zeit nahm, gründlich darüber nachzudenken, aufgenommen, das heißt: Man breitete über die Trümmer der untergegangenen Sowjetunion, unter denen noch eine Vielzahl von einst eingegangenen Verbindlichkeiten der einzelnen Republiken ruhte, die trügerische Plane der GUS, in der niemand (ausgenommen Rußland) irgendjemandem gegenüber irgendwelche Verpflichtungen hatte. Dadurch verlor aber die ganze Operation nur noch mehr jeglichen inhaltlichen Sinngehalt.

Doch eine Wiederherstellung der UdSSR würde jetzt auf keinen Fall den Interessen des russischen Volkes und seiner Gesundung dienen, würde vielmehr dessen Ertrinken in der anschwellenden asiatischen Welt bedeuten. Die alten Grenzen der UdSSR sind für unser Land unwiederbringlich verloren, und alle Ansätze, sie wiederherzustellen, darf man als absolut fruchtlos betrachten. Mehr noch, sie wären schädlich: Alle Forderungen oder Gespräche bezüglich einer Wiederherstellung der UdSSR würden in den Staaten, die sich von uns getrennt haben, die Feindseligkeit jenen Russen gegenüber, die wir aufgegeben, die wir verraten haben, nur noch verstärken und diese neuen Verfolgungen aussetzen. Und was uns selbst betrifft, würde eine solche Forderung nur unser eigenes nationales Bewußtsein knebeln.

1991 hat man die einzige vernünftige Perspektive, falls sie damals überhaupt noch vorhanden war, verschenkt: Eine solide gemeinsame Union der drei slawischen Republiken mit Kasachstan in einem einheitlichen föderalistischen Staat (denn eine »Konföderation« wäre nur Schall und Rauch gewesen), und das bei einer strikten Beschränkung auf diese vier Länder. Das hätte auch die Aufsplitterung sowohl des russischen als auch des ukrainischen Volkes verhindert. (Die in den anderen Republiken lebenden russischen Bevölkerungsteile hätten dann ohne Mühe zurückgeführt werden können.) Heute aber findet die russische Führung auf den amorphen Sitzungen der GUS nicht einmal mehr den Mut, unmißverständlich zumindest über Garantien für die Existenzmöglichkeit der russischen Bevölkerung in den neuen Staaten zu sprechen, wo diese an ihren angestammten Wohnsitzen von einem Tag auf den anderen zu »Ausländern« geworden ist. Inzwischen hat sich die Führung der meisten abgespaltenen Republiken für eine rigide nationalistische Ideologie entschieden (weshalb die Russen dort zu Bürgern zweiter Klasse geworden sind und mancherorts, wie in Usbekistan, auf üble Weise gedemütigt werden). Mehr noch, die Führung Rußlands ist mit allen Kräften bemüht, sich nicht durch irgendwelche Handlungen zugunsten *der Russen* dort *in Mißkredit* zu bringen, vermeidet sogar beflissen das Wort »Russen« und ersetzt es durch »Bürger Rußlands«. Die Russen erklären also demonstrativ, nicht auf den ethnischen Kriterien bestehen zu wollen.

Möglicherweise hätten sich 1992/93 die damals noch existierenden Beziehungen zu den Republiken zu irgendeiner Vereinigung hin entwickeln können, zum Beispiel war in allen südlichen Republiken das Gefühl dafür, daß die moderne Zivilisation gerade aus Rußland zu ihnen gekommen war, noch sehr lebendig. (Ebenso verdankten sie allesamt ihren wirtschaftlichen Standard sowie ihre technische und industrielle Entwicklung dem Budget der RSFSR.) Doch die widersinnige Selbstzerstörung Rußlands ließ dieses Gefühl rasch vergehen, und so wandten sie sich von ihm ab und dem Westen oder dem reichen islamischen Osten zu. Schon 1994 schien die GUS, langfristig gesehen, keine Aussicht auf eine reale Existenz zu bieten. Rußland begann dort nach und nach alle seine Positionen zu verlieren. Sein Präsident jedoch fuhr monoton fort, bald von »unserem strategischen Kurs auf die GUS«, bald von »günstigen Bedingungen für die GUS« zu reden und bald (1996) davon, »daß sich vielleicht auch das Baltikum bald anschließen wird« – für welche unbedarften Hirne waren derartige Erklärungen gedacht?

Was aber ist in den vergangenen sechs Jahren tatsächlich aus der GUS geworden?

Mit den verschiedensten Formen von direkten Subventionen und Krediten oder einer Vielzahl von »Kreditverkäufen«, mit dem Verkauf von Erdöl und Erdgas zum Drei- und Fünffachen unter dem Weltmarktpreis bürdete sich Rußland in problematischem und großem Umfang die Erhaltung der Last GUS auf (und unterhält auch noch den ganzen Apparat der GUS). Die genannten Zahlen sind zwar unterschiedlich, aber sie alle belaufen sich auf Milliarden von Dollars. Einer unserer vergänglichen Finanzminister (Boris Fedorow) erklärte, daß Rußland für die Finanzierung der GUS 21% unseres Nationaleinkommens ausgibt. (Zum Vergleich: Die gesamte humanitäre Hilfe der USA für andere Länder macht weniger als 1% des amerikanischen Nationaleinkommens aus.) Aber auch noch nach sechs Jahren wurden auf dem Kishinewer Gipfeltreffen (im Oktober 1997) Vorwürfe laut, Rußland lasse eine »Verringerung der Handelsbeziehungen« innerhalb der GUS zu: Der ukrainische Präsident Kutschma hatte bereits mehrmals erklärt, daß das russische Abgehen von den Vorzugspreisen einen

»Handelskrieg« bedeuten würde (entsprechend dem Sprichwort: *Erst trägst du mich, und dann reite ich auf deinem Rücken*). Doch darüber hätte man sich Gedanken machen sollen, als man sich Hals über Kopf in die »Souveränitäten« stürzte.

Gleichzeitig erklärte jedoch das neue Rußland wiederholt und nachdrücklich, daß es für all das, was sich innerhalb der GUS, auf dem ganzen Territorium der Ex-UdSSR (der »Einflußsphäre Rußlands«), vollzöge, die »Verantwortung« trage. Aus welchem Grunde? Zu welchem Zweck? Als zum Beispiel Georgien sich auf skandalöse Weise weigerte, die von Stalin deportierten türkischen Mescheten in ihre ehemaligen Wohngebiete zurückkehren zu lassen, wurden diese (bis zu 50 000 Menschen) von Zentralrußland aufgenommen. Und wenn die Ukraine dennoch in der GUS blieb, allerdings als »assoziiertes Mitglied«, und wenn Schewardnadse nach kurzem Zögern ebenfalls der GUS beitrat, so geschah das allein aus wirtschaftlichem Kalkül. (Dabei ist anzumerken, daß es sowohl in Georgien als auch in Aserbaidshan starke antirussische Stimmungen gab.) Und es ist nicht abzusehen, wo die Grenzen für diese Rußland beschwerende, um nicht zu sagen: ruinöse »Verantwortung« liegen. Wir schützen die Grenzen Tadshikistans vor dem brennenden Afghanistan (die »Brüder aus der GUS« versprachen, ihrerseits »Regimenter« zur Unterstützung zu entsenden, aber kaum jemand entsandte auch nur eine einzige Kompanie. Kasachstan schickte lediglich zwei Beobachter). Und wiederum sind wir es, die sich darauf einlassen, die »Raufereien« in Transkaukasien zu schlichten. Was haben wir damit zu tun? Und ebenfalls sind wir (!) es, die es übernehmen, die armenische Grenze zur Türkei hin zu schützen. *Wir kümmern uns um fremde Höfe, während der eigene kaum mehr Früchte bringt.*

Unsere Armee verfällt mit jedem Tag, aber ist es denn ihre Aufgabe, ständig »friedenstiftende Kräfte« bereitzustellen, ist es denn unsere Aufgabe, diese umfassenden »Sicherheitsgarantien« zu gewährleisten? Hinzu kommt, daß die GUS nur noch etwas Äußerliches, ein Spektakulum ist, das seinem natürlichen Zerfall entgegengeht. Wir werden diese Staaten, die sich bereits psychologisch und historisch von uns getrennt haben und die das alles nur deshalb noch hinauszögern, weil sie sich auf Kosten Rußlands noch ökonomische Vorteile versprechen, durch keine noch so großartigen Tagungsrituale und Vorsitzendensessel an den runden Tischen der GUS halten und an uns binden können. Sollte sich aber herausstellen, daß ihnen diese Vorteile nicht mehr gewährt werden, würden die nationalistischen Führer dieser Republiken nicht auf den winzigsten Teil ihrer Macht verzichten und sich auch niemals auf eine wie auch immer geartete Vereinigung mit Rußland einlassen. Und als Nasarbajew uns (23.3.94) den Vorschlag einer »Eurasischen Union« machte, beinhaltete das eine gewaltige supranationale bürokratische Struktur (ein »einheitliches Informationsbüro«), deren Ziel es gewesen wäre, nicht nur jegliche Aktionsfähigkeit Rußlands zu lähmen, sondern es auch mundtot zu machen. Man könnte dem entgegenhalten, daß es Rußland im entgegengesetzten Fall (wenn wir uns nicht mehr um die fernen Grenzen kümmern würden) noch ärger ergehen würde: Es hätte einen Strom von Rauschgift, illegalen Waffen und Banditentum zu gewärtigen. Aber was 1991 geschah, ist nun einmal geschehen: Uns ergeht es *schon jetzt* mehr als übel, und man darf nicht die Augen davor verschließen, sondern man muß das ganze Ausmaß der Gefahr erkennen, die heute für viele noch unvorstellbar ist. Aserbaidshan ist bereits 1991 Mitglied der »Islamischen Konferenz« geworden. Fast alle Führer Mittelasiens haben sich der Türkei zugewandt. Und wir, welche territorialen Ansprüche werden wir in fünfzehn oder dreißig Jahren noch von ihnen hören?

Das Festhalten an der GUS schwächt nur unsere Staatlichkeit und hindert sie daran, sich endgültig herauszubilden. Die hartnäckige Distanzierung (die kaum verhüllte Feindschaft) der ukrainischen Führer (mit der gleichen Absicht bilden sie auch einen Block mit Aserbaidshan und Georgien) verschließt auch die Perspektive für eine Allianz der drei slawischen Staaten. Und mächtige Einflüsse stehen, wenn wir ihnen nachgeben, auch einer Wiedervereinigung Rußlands mit Weißrußland entgegen.

Hat man aber den Mut, all diese Mißerfolge zuzugeben, dann darf man keine GUS, sondern nur eine solide russische Staatlichkeit aufbauen – sie existiert doch noch nicht und ist selbst noch in Frage gestellt.

Das einzige Gebiet, auf dem die GUS für uns noch einen Sinn hat, ist das der Beziehungen, die wir unabdingbar mit dem asiatischen Osten unterhalten müssen.

Das manövrierunfähige Russland und der Osten

Transkaukasien und Mittelasien – das ist für Rußland der unmittelbare Osten.

Wie nun wandte sich die russische Macht ihm nach dem stürmischen Zerfall der UdSSR zu? Nicht anders als dem Westen: Mit der Preisgabe eigener Interessen und im Dunst trügerischer Werte, indem sie sich hartnäckig wie zuvor die Rolle des fürsorglichen »älteren Bruders« anmaßte, ohne dabei zu bemerken, daß die Zeiten sich geändert hatten. Rußland zum »Garanten der friedlichen Koexistenz« zwischen den neuen Staaten erklärend, gab sie den uralten Argumenten, die Rußland des Imperialismus bezichtigten, nur neue Nahrung. Aber unsere zum Schutz Tadshikistans geopferten Soldaten und Offiziere werden Jahr für Jahr in den verworrenen und uns fremden inneren Fehden getötet (allein 1993 waren es ein halbes Tausend Tote), und die russische Macht besitzt weder die Vernunft noch die Würde, unsere Truppen von dort abzuziehen, denn das russische Blut, das dort fließt, findet ebenso wenig Anerkennung wie unsere desolaten Militärkräfte. (Das alles wäre nur dann gerechtfertigt gewesen, wenn wir gleichzeitig Maßnahmen zur Befreiung unserer Landsleute in Tadshikistan durchgeführt hätten, aber eben das tun wir nicht.) Aufgrund des Fortbestehens obsoleter einstiger Verteidigungskonzeptionen (die einer neuen Betrachtung zu unterziehen sind) schließen wir mit diesen Republiken Verteidigungsbündnisse, die für uns nichts anderes als nur eine weitere Last darstellen. Nehmen wir nur Armenien: Wie sollen wir dort unserem Engagement gerecht werden, wenn wir von diesem Land durch Georgien getrennt sind, das uns gegenüber eine nicht eben freundliche Haltung einnimmt? Und was Georgien betrifft – wir unterhalten dort Radarstationen –, weigern wir uns zu begreifen, daß das, was einmal verloren ist, nicht wiederkehrt, und verzichten darauf, diese Stationen innerhalb unserer eigenen Grenzen zu installieren – und im Austausch dafür verpflichten wir uns zu Gegenleistungen.

Irgendwann sollte man sich doch darüber klar werden, daß all diese neuen Staaten nicht mehr »wir« und nicht die »Unsrigen« sind, sie haben ganz bewußt ihre Souveränität proklamiert. Und unter allen anderen Staaten auf der Welt unterscheiden sie sich für uns nur dadurch, daß wir dort herzlos und leichtfertig unsere eigenen Landsleute im Stich gelassen haben, nicht für ihre Rechte eintreten und sie mit ihren Problemen allein lassen – und das sollte doch unsere vornehmlichste eigentliche und moralische Pflicht sein.

Auch heute noch existieren in der russischen gebildeten Schicht Verfechter der »eurasischen« Idee, und man kann sagen, daß sie noch an Einfluß zunehmen: einer Theorie, derzufolge Rußland organisch Asien zugehört und daß seine Zukunft in der Verwandtschaft und in der Einheit mit Asien liegt. Diese Theorie hat sich in den zwanziger Jahren des 20. Jahrhunderts unter den Emigranten aus der Verneinung der westlichen Werte heraus entwickelt (nach dem russischen Bürgerkrieg waren bei vielen russischen Emigranten Ressentiments gegen Europa entstanden) und aus der Hoffnung, sich an die große Kraft, an die fremde Schulter anlehnen zu können (gleich denen, die sich »an den Wanderstock klammerten«, und zum Teil auch gleich den »Eurasiern«, die glaubten, sich an den Bolschewismus anlehnen zu müssen). Das war nichts anderes als ein Ausdruck von Dekadenz und moralischer Schwäche. Und das ist diese Hoffnung auch heute: ein Verlust von Mut, ein Verlust von Glauben an die Kraft des russischen Volkes, und bei manchen von ihnen ist es der heimliche Wunsch nach einer Wiederherstellung der UdSSR. Aber das ist gleichzeitig auch ein *Verzicht* auf die kulturelle russische Eigenständigkeit, auf ein ganzes hinter uns liegendes Jahrtausend, was ein Versinken des geringer werdenden russischen Volkes in der stürmisch anwachsenden islamischen Mehrheit zur Folge haben wird. Und sollte uns der nationale Untergang drohen, dann ist die Rettung nicht dort zu finden. Wollen wir das überstehen, dann können wir das nur auf dem steinigen Weg unserer eigenen Standhaftigkeit erreichen und indem wir uns an die tief verwurzelte Vergangenheit unserer Nation, an unsere Kultur und unseren orthodoxen Glauben halten. Überstehen wir das aber nicht, so wird das unseren Zusammenbruch bedeuten.

Wir sind bei weitem nicht so ungeheuer zahlreich wie unsere großen asiatischen Nachbarn China und Indien und auch nicht so agil und geschäftig wie Japan – aber wir bilden mit ihnen zusammen vier unterschiedliche Welten, vier unterschiedliche Zivilisationen, und wir sollten nicht aus dieser repräsentativen Gesellschaft herausfallen. Dafür lohnt es sich, ehrenhafte Beziehungen aufzubauen.

Hier nun stoßen wir auf die hartnäckige Stumpfsinnigkeit unserer Führer bezüglich der Südlichen Kurilen. Nachdem sie bedenkenlos Dutzende umfangreicher russischer Gebiete an die Ukraine und Kasachstan abgetreten haben, nachdem sie seit dem Ende der achtziger Jahre in der internationalen Politik die Rolle eines servilen amerikanischen Lakaien spielten, weigern sie sich mit einer unvergleichlichen pseudopatriotischen Hartnäckigkeit und einem ebensolchen Stolz, Japan die Inseln, die nie zu Rußland gehörten und auf die es vor der Revolution nie irgendwelche Ansprüche erhoben hat, zurückzugeben. (Zu Beginn des 19. Jahrhunderts erkannten der Kapitän Golowin und der Admiral Putjatin (1855) ebenjene Grenzen an, auf denen Japan heute besteht.) Wollen wir die Beleidigungen aufrechnen, die uns die Japaner mit ihrem Überfall von 1904 zugefügt haben oder mit ihrer Intervention während des Bürgerkrieges? Wo wäre dann die Beleidigung einzuordnen, die die UdSSR Japan zufügte, als sie das fünfjährige »Neutralitätsabkommen« von 1941 verletzte und Japan überfiel? Man klammert sich an diese Inseln, als läge dort die ganze Zukunft Rußlands. Für Japan, das nicht eben über viel Boden verfügt, ist die Rückgabe dieser Inseln eine schmerzliche Frage der nationalen

Ehre, des Prestiges, und das ist noch weitaus bedeutsamer als die daran angrenzenden reichen Fischgründe, über die man sich einigen könnte. Wenn Rußland im nächsten Jahrhundert sowohl im Westen als auch im Süden kaum noch Freunde finden wird, wir aber immer härter bedrängt werden – welchen Sinn hat es dann für uns, auch diese gute Nachbarschaft vor den Kopf zu stoßen und auf eine freundschaftliche Zusammenarbeit zu verzichten?

Oder nehmen wir China, einen erstaunlichen und nach Jahrtausenden zählenden staatlichen Organismus, der sowohl mächtige Nachbarn als auch Perioden der Schwächung und des Zerfalls überlebt hat. China – ein Ozean von Menschen, dessen künftige Entwicklung schwieriger vorauszusagen ist als die anderer Völker. Wir sehen seinen plötzlichen wirtschaftlichen Erfolg (nicht zuletzt dank Unternehmen, die eng mit einer *lokalen Selbstverwaltung* verknüpft sind, die wir stolz ablehnen).

Man nimmt an, daß es etwa um 2020 in der Welt den ersten Platz in der Bruttoproduktion einnehmen und die Rußlands um ein Vielfaches übertroffen haben wird; und an der Bevölkerung gemessen, übertrifft es Rußland bereits heute um das Achtfache (und bald wird es das Zehn- und Zwölffache sein). Wie können wir angesichts dieser Konstellation darauf hoffen, uns das halb versteppte, vernachlässigte, preisgegebene und auf dramatische Weise unterbesiedelte Sibirien und mehr noch die Regionen des Fernen Ostens, die, was geradezu kriminell ist, von uns als abschreckend und fremd angesehen werden, zu erhalten? China wird nicht einmal einen Krieg nötig haben: Es wird eine – schon durch die Gorbatschowsche Diplomatie erleichterte – konfliktlose »friedliche Invasion« stattfinden, eine Besiedelung unserer menschenleeren Territorien durch Hunderttausende, ja, sogar durch Millionen von Chinesen. Allein in Nordchina leben 300 Millionen Menschen, in unserem ganzen Sibirien aber nur 8 Millionen. Unsere Bevölkerungsdichte in Sibirien macht 2,5 Menschen auf einen Quadratkilometer aus, und in Japan sind es bereits 330.

Es ist nur schwer vorstellbar, daß der übervölkerte Planet es noch lange ruhig hinnehmen wird, daß die russischen Weiten ungenutzt bleiben.

Unsere in ihren inneren Intrigen, in Habgier und kleinlichem Kalkül versunkene führende Oligarchie sollte sich irgendwann davon lösen und die Augen öffnen, um dieser göttlichen Weiten von unsagbarer Schönheit, ihrer Seele und ihrer Reichtümer gewahr zu werden, die ihnen aufgrund eines unglücklichen Umstandes – doch nicht für alle Zeit – in die unsauberen Hände gefallen sind.

Es ist schwer vorauszusagen, in welchem Maße und wie lange und andauernd unsere quasi freundschaftlichen Beziehungen zu dem heutigen China noch fortdauern werden. In ihrer gegenwärtigen Form bestehen sie darin, daß wir das chinesische Rüstungsprogramm unterstützen. Aber bald wird China es nicht mehr nötig haben, unsere Waffen zu kaufen. Seit 1986, der Periode des Niedergangs unserer Rüstungsindustrie, sind die Militärausgaben Chinas um 60% angestiegen. Und bald wird man uns wie ein Hindernis, das man weit überschätzt hat, beiseite räumen.

Und daran, daß der über Jahrtausende hinweg bewährte Geist Chinas nicht zu brechen ist, besteht kein Zweifel.

Aber all das ist für uns nicht der ganze Osten, nicht das ganze Asien. Es gibt auch noch unsere innerrussischen autonomen Gebiete; besäßen wir doch nur genügend Intelligenz, um uns mit ihnen zu arrangieren. (Doch darüber werde ich noch im weiteren reden.)

Unser Parlamentarismus

Eingeladen, im Herbst 1994 das Wort in der Duma zu ergreifen, stand ich noch unter dem Eindruck einer längeren Reise durch Sibirien, durch die nördlichen und danach durch die südlichen Gebiete, und hatte noch die Worte im Ohr, die man mir bei meinen Begegnungen mit auf den Weg gegeben hatte: »Sprechen Sie in der Duma darüber ...« – und auch darüber ... und darüber! – Ich nahm diese Einladung sehr ernst und ging dorthin, als würde ich mich zu einer wahrhaft wichtigen Institution begeben. Ich gab den Abgeordneten einen historischen Überblick über die Geschichte der vier vorrevolutionären Staatsdumas, aber das berührte sie nicht, war ihnen zu hoch, und mit einiger Hoffnung nannte ich sie die Fünfte Duma. Doch während ich redete, sprachen einige Abgeordnete, wie das Fernsehen bezeugte, ungeniert mit ihren Nachbarn, andere tippten auf ihren Computern, einige gähnten und noch andere waren dem Einschlafen nahe. (Wollten sie mir damit ihren Hohn ausdrücken? – Sie machten sich nur selbst lächerlich.)

Eine Dreiviertelstunde lang sprach ich zu tauben Ohren: über das unheilvolle Sterben des Volkes und die dringliche Notwendigkeit, es zu erhalten, über die allenthalben anzutreffende Gleichgültigkeit der in der Hauptstadt betriebenen Politik gegenüber, über die Distanz zwischen der Zentralmacht und den Leiden des Landes und über diese Leiden selbst. Und mehr noch predigte ich tauben Ohren, als ich darüber zu sprechen begann, daß das gegenwärtige Wahlsystem kein Ausdruck der starken nationalen Kräfte ist und das Volk von den politischen Parteien lediglich als Stimmvieh und nichts anderes betrachtet wird.

Ich hatte bei meinen öffentlichen Auftritten während meiner langen Reisen durch Rußland und in meinen Gesprächen im zentralen Fernsehen (bevor sie schroff abgebrochen wurden) auf die Mängel unseres Wahlsystems hingewiesen: auf das lange Vorwahlfieber, das bereits ein Jahr und sogar anderthalb Jahre vor den Wahlen das Land zu schütteln beginnt, darauf, daß die politischen Persönlichkeiten und die Abgeordneten der Duma, sofern sie sich mit den öffentlichen Angelegenheiten befassen, diese während dieser Periode völlig vergessen, und darauf schließlich, daß *direkte* Wahlen zu den höchsten Instanzen angesichts des kaum entwickelten Rechtsbewußtseins bei uns keine wirklichen Volksvertreter hervorbringen *können* und das Volk nur betrügen. Und dazu noch etwas: Angesichts der großen Bezirke kennen die Wähler ihre Kandidaten nicht, und bei dem Parteiensystem (das Prinzip, die Sitze an die Parteien zu vergeben, noch dazu die Hälfte aller Sitze, ist zutiefst mangelhaft) *kennen* sie oft *nicht* einmal die Namen derjenigen, für die sie ihre Stimme abgeben: Das zentrale Komitee der jeweiligen Partei maßt sich am Ende die Entscheidung darüber an, wem es einen Sitz zuteilt. (*Nimm dir nichts selber vor, man wird schon alles für dich regeln.*) Und auch die Tatsache, daß der Kandidat sich entgegen aller russischen Tradition *selbst präsentiert*, berührt mehr als unangenehm. Dazu diese Phrasendrescherei und die unbekümmert vorgetragenen maßlosen Versprechungen in der Vorwahlzeit (und die vertrauensselige Masse glaubt auch noch eine Zeitlang daran ...).

Ein derartiges Wahlsystem kann bescheidene, würdevolle, moralisch und geistig regsame Menschen, das heißt die besten Kräfte im Volk, Menschen also, darunter hochqualifizierte Experten, wie wir sie nur selten unter den Abgeordneten finden werden, nur abstoßen. Dieses Wahlsystem verlangt von den Kandidaten *ganz andere* Qualitäten als die bloße Kenntnis der öffentlichen Angelegenheiten, vielmehr Lebenserfahrung, Verstand und Verantwortungsbewußtsein, wie man sie von den einmal Gewählten erwartet: Aber von Beginn an wählen wir verhängnisvollerweise nicht *diejenigen*, die wir wirklich nötig haben.

Und dazu noch: diese Manie zum Bilden von Wahlkommissionen und die Möglichkeiten zu allen Arten von Fälschungen angesichts des Fehlens jeglicher öffentlichen Kontrolle. Und die Rolle, die dubiose Gelder und die Banken bei diesem Wahlspektakel spielen, die im Grunde den Willen des Volkes ersetzen. (Der neueste Entwurf des Wahlgesetzes von 1998 eröffnet den Fälschungen noch größere Möglichkeiten.)

Und man mißachtet auch ganz offen den »Volkswillen«, wenn man stattgefundene Wahlen mit einer Beteiligung von 25% zynisch als gültig anerkennt und die Meinung der restlichen 75% niemanden interessiert.

Ist das Volk gleichgültig? Wenn das der Fall sein sollte, dann ist es noch nicht auf den Parlamentarismus vorbereitet und man muß eine bessere Form der Repräsentation finden.

Man muß dem noch hinzufügen, daß der Status eines Mitglieds unserer Staatsdumas den Abgeordneten nicht nur, selbst in kriminellen Angelegenheiten, eine volle Immunität garantiert, sondern auch noch viele materielle Vorteile gewährt. Dafür haben unsere Dumamitglieder gleich zu Beginn ihrer legislativen Tätigkeit gesorgt. (Einige Mitglieder der »Wahl Rußland« versuchten gegen diese auswuchernden Privilegien zu protestieren, aber sie gaben rasch klein bei und ordneten sich der allgemeinen Auffassung unter.) Verschiedene Zeitungen haben mehrfach über diese verabschiedeten Gesetze berichtet und Zahlen über die Vergünstigungen für die Abgeordneten veröffentlicht. Doch nicht über diesen Punkt gerieten die Fraktionen in Streit. Heftige Auseinandersetzungen gab es vielmehr um die Dienstwohnungen: Der Oberste Sowjet hatte sie nicht aufgeben wollen (und hat sie auch nicht aufgegeben), und gleichermaßen wollte auch die »Fünfte« Duma diese Dienstwohnungen nicht an die »Sechste« abtreten: Alle Repräsentanten des in den Weiten unseres Landes lebenden Volkes wollten nunmehr für alle Zeit Moskauer bleiben.

Das alles zu lesen ist geradezu beschämend, wenn man sich daran erinnert, daß im alten Rußland die Mitglieder der Duma von ihren Einkünften nur sehr bescheiden leben konnten, sie mußten davon auch noch die Miete für ihre Petersburger Wohnungen bezahlen (auf eine Dienstwohnung hatten sie keinen Anspruch) und konnten auch keine kostenlosen Verkehrsmittel benutzen.

Kann unsere Legislative, die so viel aus den Händen der exekutiven Macht empfängt, überhaupt in eine ernsthafte Opposition zu dieser treten?

Und weiter: Der vernünftige Verlauf der Debatten wird durch die Existenz und die Aktionen der *Fraktionen* gestört und behindert: Viele Abgeordnete sollen ständig daran erinnert werden, daß sie ihre profitable Wahl nicht der Bevölkerung dieses oder jenes russischen Bezirks, sondern ihren *Parteien* verdanken und daß sie nicht im Bewußtsein ihres untrennbaren Eingebundenseins in das Schicksal ebenjener Bevölkerung, sondern gemäß den Anweisungen ihrer Partei abzustimmen haben (es gibt auch einen Ausdruck dafür: »imperatives Mandat«). Und in der Tat, die einander *widerstrebenden* Parlamentarier, die Parteien an der Macht und die in der Opposition, vereinigt über die Fraktionen hinweg ein gemeinsames Interesse: auch bei der nächsten Wahl wieder gewählt zu werden und damit ihr angenehmes Leben zu verlängern. Der Umstand, daß sie alle in einem gemeinsamen großen Boot sitzen, veranlaßt alle Fraktionen, keine allzu brüsken Bewegungen zu machen, damit das Boot nicht kentert. Es fällt schwer, sich in unseren zwei Kammern mit ihren taktierenden Vorsitzenden eine besonnenere »oppositionelle Mehrheit« vorzustellen.

Bald unterhalten sie uns mit Skandälchen (es gibt immer Clowns vom Dienst), bald mit wüsten Beschimpfungen und sogar mit Maulschellen, und das ist das reinste Jahrmarktsspektakel, bald mit demonstrativem Verlassen des Saales seitens ganzer Fraktionen – *die einen amüsiert es, die anderen wissen es zu nutzen.* Ein Berg unerledigter Gesetze schmort vor sich hin: Das Leben des Volkes – kann warten.

Die Gesetzesarbeit der Legislative ist geradezu rachitisch und geht nur langsam vonstatten, und die verabschiedeten Gesetze sind einfach übers Knie gebrochen, zusammengeschustert und haben selten mehr als nur die erste Lesung erfahren. (Dafür versäumt man aber keine einzige Reise zu »interparlamentarischen Begegnungen« mit ihren zusätzlichen Annehmlichkeiten. Und eine nicht geringe Anzahl von Abgeordneten ist bei Dreivierteln der Sitzungen überhaupt nicht anwesend: Die Dinge nehmen ihren Lauf, die Diäten kommen pünktlich und man läßt es sich gutgehen.)

Und wie viele von ihnen sind aus einem geistig erstarrten Milieu gekommen! Wer von uns war, nachdem er sich die Abgeordneten der Duma bei ihren Interviews in den Wandelgängen des Parlaments zur Genüge angesehen und angehört hatte, nicht verblüfft über das Automatische ihres Gehabes und ihres Tonfalls. Machte das der Umstand, daß sie völlig in ihrem politischen Kalkül und in ihrer persönlichen Karriere befangen sind oder in ihrer inneren Gleichgültigkeit den Gefühlen und Miseren jener fernen und nicht sichtbaren Menschen gegenüber, jenes *Wahlvolks*, dessen Stimme man nur einmal alle vier Jahre braucht? Zuvor vereinbarte, nichtssagende Phrasen ohne jedes Gefühl. Fast nie bekommt man den Eindruck, daß die Abgeordneten *wahrhaftig* an den Schicksalen derer interessiert sind, die sich am anderen Ende der Kette befinden und die Konsequenzen dieser so leger durchgeführten parlamentarischen Prozedur zu spüren bekommen.

Repräsentanten des Volkes …

Sicher gibt es dort auch gesunde Elemente. Zum Glück *hebt sich* manchmal auch der Schleier über einer Unfähigkeit oder einem Verbrechen, erheben sich Stimmen, um die Macht anzuklagen. Doch nach der Verfassung von 1993 stellt die Duma kaum mehr als ein dekoratives Zubehör der tatsächlichen politischen Macht dar. Die vernichtenden Kanonenschläge gegen den Vorgänger der Duma, den Obersten Sowjet, sind auch auf sie nicht ohne psychologische Wirkung geblieben. (Doch bequemerweise wurde in die Verfassung auch kein System zur Abberufung von Abgeordneten eingearbeitet: Nirgends ist über eine solche Prozedur debattiert worden, und niemand hat etwas davon gehört – somit droht den Abgeordneten auch nichts von dieser Seite.)

Also wäre daraus zu folgern, daß man auch ohne eine Staatsduma auskommen könnte?

Warum nicht? *In der Not frißt der Teufel Fliegen.* Das System der Volksvertreter soll dicht am Ohr der Macht deutlich die *Volksmeinung* und nicht die irgendwelcher Parteien oder irgendwelcher zufälliger Politiker ausdrücken – eine Meinung, die von den Machthabern nicht überhört werden darf. Man kennt auch ein parlamentarisches System, das sich auf Wahlen in mehreren *Stufen* gründet und das eine reale Verbindung der Kandidaten mit dem Leben des Volkes garantiert. (Ich habe darüber 1990 in meiner Arbeit »Wie Rußland wiederherzustellen ist« geschrieben.)

Im Prinzip kennt man auch Parlamente mit nur einer Kammer (sowie auch mit drei Kammern). Bei uns gibt es vorläufig noch den Rat der Föderation. Er gleicht unserer Duma allmählich immer weniger und manifestiert die Stabilität des Lebens in den Regionen. Doch darüber später.

Aber worin die beiden Dumas vor allem ihre mangelnde Weitsicht bewiesen haben, das war ihre Unfähigkeit, ein wirksames und den Realitäten entsprechendes Gesetz über die örtliche Selbstverwaltung zu schaffen, obwohl beide (und auch die Regierung) versprochen haben, dies als eine der »vornehmlichsten Fragen« zu betrachten – und so machten sie alle Instanzen durch Konsultationen über rasch wechselnde Projekte handlungsunfähig. Die in dieser Zeit zustande gebrachten und nicht lebensfähigen Gesetzes-fehlgeburten bieten keine freie Möglichkeit, eine solche Selbstverwaltung zu errichten, noch dazu mit einer finanziell signifikanten Grundlage.

Diese Fehlleistung der Dumas (und der Regierung) ist kein Zufall: Mit einer tatsächlichen Selbstverwaltung im Volk (einer wahrhaften Demokratie) würde ihnen eine gefährliche Konkurrenz erwachsen. Die örtliche Selbstverwaltung, die sich vor der Revolution nicht völlig herausbilden konnte und danach von den Bolschewiken eliminiert wurde (auch aus einem Konkurrenzdenken heraus), war nichts anderes als das *Semstwo*. Und auch das heißt – Volksmacht. Allein das Semstwo ist in der Lage, dem Volk ein freies Atmen zu ermöglichen und es allmählich zum Umgang mit der Demokratie zu befähigen.

Träumen wir hier von einer ethischen Instanz im Staat? Werden wir irgendwann reif dafür sein? Werden wir je dorthin gelangen?

Die Macht in sich

Läßt sich wenigstens ein wesentlicher politischer Ablauf in unserem staatlichen Leben benennen, bei dem unsere Regierung in den 90er Jahren keine nachhaltige oder für Rußland historische Niederlage erlitten hat? Aber das regt sie wenig auf oder wird von ihr überhaupt nicht wahrgenommen. Sie ruht ganz in sich selbst. Sie ist von sich selbst berauscht und existiert nur für sich selbst.

Wie viele Erlasse, Erlasse, Erlasse, Gesetze, Gesetze, Gesetze sind wie eine Luftflotte über uns hinweggerauscht. (»Wir mußten während dieser fünf Jahre regieren lernen.« – Ja, am lebendigen Körper Rußlands!) Meist wurden diese Texte nicht einmal gelesen, und wer sie doch einmal las, hat sie längst wieder vergessen, ganz abgesehen davon, daß niemand sich daran gehalten hat. Man fürchtet sich schon wieder vor der gegenwärtigen Macht und bekommt ihre Wucht zu spüren (weil man es noch gewohnt ist, vor allem Angst zu haben), aber wer respektiert sie? Die Macht hingegen ist davon überzeugt, fest auf beiden Beinen zu stehen, und die neuen Apparatschiks (der Apparat ist um ein Vielfaches größer, als es das Zentralkomitee war) sind gleichfalls fest davon überzeugt, daß man sie schon nicht hinauswirft und daß sich das Ganze nur wie ein neues Kartenmischen vollzieht.

Und die unerbittlichsten Erlasse – über den Kampf gegen die Korruption und die Kriminalität – bleiben hoffnungslos stecken, denn unsere Kriminalität und Korruption ist eine natürliche Folge der stupiden »Reformen« und der Erschlaffung des Staates. Ist denn der Staatsapparat nicht zu neunzig Prozent von Käuflichkeit und Habgier zersetzt? Die Kriminalität ist bereits in alle Sphären der Macht eingedrungen, selbstredend auch in die höchsten. Wie es fast unmöglich ist, in einem sich zersetzenden Organismus die gesunden von den verwesenden Teilen zu unterscheiden, so ist es auch unmöglich, in unserem Staatsorganismus das raubgierige Banditentum von der gesunden Kraft Rußlands zu unterscheiden.

Man hat viele äußerliche Dinge ausgewechselt, Fahnen, Wappen, Losungen, aber das charakteristischste Merkmal der vergangenen, der kommunistischen Macht – die völlige Isolation vom Volk und die absolute Verantwortungslosigkeit bei allem, was man durchführte – eignet in keinem geringeren Maße auch dem heutigen Regime. Und was in die Presse gelangt, wird von der Macht schlicht ignoriert. Alle demokratischen Paravents haben nur den Zweck, die habgierige Oligarchie zu verbergen und die Weltöffentlichkeit zu täuschen.

Zwischen der Macht und dem Volk gähnt eine tiefe Kluft, aber die Macht will sie nicht sehen und will nicht begreifen, daß weder Regimenter noch Tausende von Sicherheitskräften ihre Autorität stützen können. Die gegenwärtige zentrale Macht ist den sich im Lande vollziehenden zerstörerischen Prozessen gegenüber blind und gleichgültig, sie lebt nur *in sich selbst* und *für sich selbst.* Und sie meint, daß das alles auch in Zukunft so bleiben wird. Ja, unter dem gegenwärtigen Regime sind wir jedes Einflusses auf die Handlungen (oder Nichthandlungen) unserer Regierenden beraubt. Sie haben sich zwar von dem Land isoliert, aber sie können sich nicht dem sich auch auf sie selbst auswirkenden allgemeinen geistigen Zustand des Volkes entziehen. Sein zersetzendes Echo hallt auch in den höchsten Sphären wider. Wenn »dieses Land«, das angesichts der grenzenlosen Geduld des Volkes so bequem zu regieren ist und aus dem sich mühelos Millionen und Milliarden ausführen lassen, schließlich zusammenbricht, werden dann auch die stürzen, die an seiner Spitze stehen? Oder werden sie sich ein überseeisches Refugium suchen?

Was haben wir präzis im Blick, wenn wir von der »zentralen Macht« reden? Vor allem natürlich die Exekutive. Über die Legislative ist bereits gesprochen worden. Warum aber nicht auch von der juridischen Macht mit einer beschämend passiven Staatsanwaltschaft und einem ärmlichen Richterstand, der, um seine Einkünfte aufzubessern, geradewegs dazu gedrängt wird, sich bestechen zu lassen?

Unter denen, die bei uns die Macht innehaben, selbst unter den besten, trifft man selten Personen an, bei denen man nicht einen Bruch zwischen den Überlegungen des politischen Augenblicks und dem historischen Bewußtsein auf längere Sicht spürt: *Was* werden die Konsequenzen dieser oder jener heutigen Entscheidungen in der Zukunft sein? Werden sie nicht ein Verrat an den dahingegangenen oder künftigen Generationen sein? Und wie werden wir vor dem Urteil der Geschichte bestehen? Darum dürften sich nur wenige scheren.

Und auch nur wenige dürften über das Bewußtsein verfügen, daß die Macht kein Privileg, kein Sonderflugzeug mit einer Suite und einer Leibwache ist, sondern eine dornige Pflicht, ein sich selbst aufopferndes Dienen.

Und was ist über unsere *öffentliche Meinung*, über unsere *kulturellen Kreise* zu sagen, über unsere liberalen und radikalen Demokraten, die erst so begeistert über den Machtantritt der Demokratie und die großartigen Reformen waren, sich dann aber, von ebendiesen Reformen, von ebendieser Macht enttäuscht, bis zu deren Verdammung verstiegen?

Und dazu kommt noch, aber auch aus ihrer Mitte, die Vierte Macht[14] mit all ihren wütenden Ausfällen gegen diese gräßliche »föderative Armee«, gegen die tschetschenischen Schläger und Terroristen, gegen die russisch-weißrussische Wiedervereinigung.

Worum aber geht es ihnen allen in Wirklichkeit? Haben diese Leute sich nicht in der Zone der Macht und der Einflußnahme auf die Staatsgeschäfte ihren spezifischen Bereich zurechtgeschneidert?

Es existiert allerdings noch eine weitere Form der Macht, die wir bisher noch nicht erwähnt haben: die *Macht des Geldes*. Sie zeigt sich allmächtiger als die Macht der Verordnungen und Erlasse. Aufgrund unserer weisen »Privatisierung« ist bei uns beinahe für ein Trinkgeld und dank des Auswucherns von kommerziellen Banken auf Kosten der Staatskasse die entscheidendste der Mächte herangewachsen. An ihrer Spitze steht die Gruppe der führenden Bankiers, die auf die folgende Weise zu scherzen pflegt: »Laßt uns darum würfeln, wer jetzt in die Regierung eintreten soll.« Über diese Kapitalokratie äußerte sich B. Berezowski nicht nur einmal ganz offen: *»Bei uns ist das Kapital die Macht.«*

Und die Tatsachen sind nicht mehr weit davon entfernt, daß er recht hat. In naher Zukunft wird, unter dem gegenwärtigen Regime bei uns *niemand mehr* ohne die Unterstützung des Großkapitals (das nicht selten von Mafiosi durchsetzt ist) die Gipfel der Macht erklimmen; also wird man gezwungen sein, für den Augenblick alle Hoffnung auf einen für das Volk günstigen Ausgang allgemeiner *Wahlen* fahren zu lassen ...

Ein lehrreiches Beispiel für das alles war die berühmte Kampagne zur Wahl des Präsidenten im Jahre 1996. Während ihres Verlaufs flackerte bedrohlich (oder irrtümlich) die Gefahr auf, daß die Kommunisten in Rußland an die Macht zurückkehren könnten.

Die Kampagne hatte im März begonnen, und schon im April mußten wir den kleinmütigen Rückzug von *dreizehn Bankiers* zur Kenntnis nehmen. Die offensichtliche Angst um das erworbene Vermögen inspirierte sie zu einer glänzenden Idee: Die Demokratie ist etwas sehr gutes, aber man braucht keine allgemeinen Wahlen! Mögen die Demokraten und die Kommunisten sich auf gleichviel welchen Kompromiß einigen, wir werden *unsere bewährten Hebel* betätigen, und wir werden die Presse auf unsere Interessen einstimmen. Ein wenig später konstituierte sich die *Siebener-Bande* der Bankiers, die übereingekommen war, die oberste Macht in Rußland unmittelbar zu kontrollieren. (In ihren Händen befinden sich bereits fast 50% der Wirtschaft Rußlands[15], und es werden noch mehr. Nach neuesten Angaben[16] kontrollieren die 15 größten Gesellschaften und Banken 70% der Wirtschaft des Landes.)

Tatsächlich jedoch war diese Variante einer kommunistisch-demokratischen Übereinkunft nur ein Ausweichmanöver. Hinter den Kulissen bildete sich bereits, wie wir später aus dem Munde des redseligen Berezowski erfuhren, die Gold-und-Eisen-Corporation aus dem *»jungen russischen Kapital«* und den aufgehenden Sternen der oligarchischen Bürokratie, um, koste es, was es wolle, ihren Kandidaten für das Präsidentenamt durchzubringen! Und das ist ihnen, wenn auch nicht ohne Mühe, gelungen. Und sie genossen ihren Sieg.

Denn ihnen geht jegliches historische Gefühl ab. Benommen von ihrem unerwarteten maßlosen Reichtum, bilden sie sich in ihrer Arroganz und in ihrer Selbstgefälligkeit ein, heute und für alle Zeiten die Herren Rußlands zu sein. Und es wäre vergeblich, jetzt an ihr *Gewissen* zu appellieren – an das ihre und das derer, die ihresgleichen sind!

Doch noch kein Sterblicher hat den unvorhersehbaren Gang der Geschichte voraussagen können.

Das ganze Jahr 1995 hindurch hat man im Kreml mit großem Aufwand und mit einem an den höchsten Komfort der Zarenzeit erinnernden Prunk die Präsidenten-Appartements renoviert und hergerichtet. – Doch nicht etwa, um sich danach den Wechselfällen einer abermaligen demokratischen Wahl auszusetzen? War es überhaupt nötig, es unbekümmert bis dahin kommen zu lassen, um sich dann in eine gänzlich auf die Person des Kandidaten fixierte Wahlkampagne nach wohlbekanntem amerikanischen Muster zu stürzen, wobei uns jedes seiner Mätzchen Staatsweisheit verhieß?! Übrigens hat das Beiseiteschaffen von einer halben Million Dollar (!) für diesen Zweck keinerlei Reaktion der Staatsanwaltschaft nach sich gezogen. (Aber wie viele solcher Unterschlagungen sind ungesühnt geblieben?) Und im Unterschied zu dem, was in den Vereinigten Staaten praktiziert wird, priesen alle Fernsehkanäle in zahllosen Stunden einhellig nur den favorisierten Kandidaten. Rußland hatte den Gipfel der Freiheit erklommen! Doch im Unterschied zu den zurückgebliebenen westlichen Demokratien bekamen wir in väterlichem Monarchentonfall die beruhigende Versicherung zu hören, daß man für das Jahr 2000 bereits einen *Thronfolger* (einen republikanischen?) im Auge hätte, und nicht einmal nur einen: Sie, die Thronfolger, würden schon »stürmisch heranwachsen« (9. Juni 1996). Und alle Präsidenten der GUS kamen zusammen (17. Mai 1996), um mit herzlichen Umarmungen ihre Unterstützung für einen altbewährten und bequemen Kollegen auszudrücken. Und natürlich hatten auch die Großen Sieben einträchtig den ihnen am annehmbarsten erscheinenden Führer Rußlands unterstützt. Sein kritischer Gesundheitszustand vor der zweiten Runde wurde den Wählern aus Sicherheitsgründen verheimlicht.

Wie es den Anschein hat, tat diese herrschende Gruppe in ihrer Dreistigkeit und mit ihrem Dirigismus in wenigen Jahren alles, um Millionen Menschen den guten alten Zeiten des Kommunismus nachtrauern zu lassen. (Die der »kommunistischen Seligkeit« nachweinen, sind von den millionenfachen grausamen und wütenden Verfolgungen während der bolschewistischen Jahre nicht berührt worden oder haben nie den damaligen Diebstahl und das kläglich Erzwungene an dem Leben, das sie führten, begriffen.) Aber über nicht weniger Millionen schwebte noch die drohende Gewitterwolke der Angst vor einer Rückkehr des Kommunismus. Und das war der Grund dafür, daß diese Wahlen jeglichen möglichen Sinngehaltes entleert wurden. Die ganze Wahl reduzierte sich auf eines: Kommunisten oder Nichtkommunisten? (Der einzige vernünftige Ausweg, von dem ich damals überzeugt war und den ich vorschlug, bestand darin – *beide zurückzuweisen*, damit die Wahlen den Regeln entsprechend verschoben werden und die Kandidaten entweder ausgetauscht oder gezwungen werden könnten, ihre klare Auffassung von der vergangenen und der künftigen Politik darzulegen – dem stimmten jedoch nur 5% zu.)

Meiner Meinung nach war während dieser Wahlkampagne sogar die Unsicherheit Shuganows schon deutlich erkennbar, die Furcht der führenden Kommunisten, den Sieg davonzutragen:

ihre Vorstellungen davon, wie sie jetzt dieses abgerissene Kettenglied des internationalen Kommunismus wieder aus dem Sumpf herausziehen sollten, waren immer verschwommener geworden. Vor allem standen sie noch unter dem Schock der Niederlage ihres Vorhabens, »*die Übereinkunft von Belowesh zu hintertreiben*«, deren Donnergrollen in der ganzen GUS und über den ganzen Planeten zu hören gewesen war. In der Folge fuhren die Kommunisten, bei all ihren mitunter aggressiven Erklärungen, unbeirrt fort, Geheimverhandlungen mit der oligarchischen Macht zu führen, um zu einem Arrangement zu kommen, aber ihr ganzer Lärm verhallte im Nichts. *Der Berg kreißte und gebar eine Maus.* Die Opposition ruinierte sich selbst.

Doch dessenungeachtet, daß die Kommunisten den Kürzeren gezogen hatten, stießen sie auf Verständnis und Ermutigung. Der Präsident hatte schon zuvor durch einige Erlasse die Bereitschaft zu »Einvernehmen und Versöhnung« gezeigt. (Sicher hatte man eine Versöhnung erwarten können! Aber nicht mit den gutsituierten Führern der Opposition, sondern mit den Unmengen von Armseligen und Ausgeplünderten im ganzen Land.) Und der Gipfel der Versöhnung wurde am achtzigsten Jahrestag des bolschewistischen Umsturzes erreicht. In der feierlichen Ansprache des Präsidenten *fehlte jegliche Erwähnung* sowohl der Gefängnisse der Tscheka und der GPU als auch der Lager des GULAG – aber dafür fand sich darin der Appell, »jenen gegenüber Verständnis und die Bereitschaft zur Vergebung zu zeigen, die einen verhängnisvollen historischen Fehler begangen haben« und deren Experimentieren mit einer Großen Doktrin am Körper Rußlands fehlgeschlagen ist. Allerdings hat man jetzt auch den *Weißen* großzügig verziehen, die Rußland drei Jahre lang mutig gegen das rote Wüten verteidigten.

Und folgerichtig vereinigten sich wieder, angelegentlich dieses Jubiläums, die zwei Flügel des Sowjetismus, diejenigen, die sich in der neuen Macht etabliert haben, und diejenigen, die in der Opposition steckengeblieben waren. Eine beklemmende Schlinge legte sich um unseren Hals.

Nun blieb dem Präsidenten nur noch, seine zweite Amtsperiode zu krönen und sich eine *Nationale Idee* zuzulegen; es war höchste Zeit dafür, und sie mußte genutzt werden. Umgehend wurde ein entsprechender Erlaß herausgegeben (6. Juli 1996), und wir alle wurden aufgefordert, darüber nachzudenken und uns eine Nationale Idee zu überlegen!

Und es fanden sich Schatzsucher, um eine solche Idee aufzustöbern. Doch vergeblich. Denn es ist inzwischen klar geworden, daß diese Macht keinen Wert auf eine nationale Idee, auf die Rettung des Volkes, legt.

Während sich in den Ländern Osteuropas eindeutig nationale Regierungen herausgebildet haben (und *niemand* hat sie deshalb getadelt) und während die Autoritäten in den Republiken der GUS und in den autonomen Gebieten Rußlands um die Erhaltung ihrer nationalen Wurzeln bemüht sind (und man hält das überall für natürlich), hat die Gesamtheit der gegenwärtigen zentralen russischen Macht diese verdorren lassen, wie auch niemals ein echtes Interesse für die spezifischen Nöte des *russischen* Volkes bei ihnen existiert hat. (Daran kann auch die Tatsache nichts ändern, daß man eine offizielle Vorstadtresidenz oder einen neuen Orden mit einem patriotischen Namen belegt.) *Eine Kutte macht noch keinen Mönch.* Die Kreise unserer zentralen Macht stehen – trotz der mehrfachen Auswechslung von Personen – den eigentlichen *russischen* Problemen völlig gleichgültig gegenüber, wenn sie nicht gerade in Tschetschenien das Blut der russischen Jugend vergießen oder die Augen vor all dem verschließen, was die jungen Seelen verdirbt.

Und zum wenigsten kümmert man sich um die 25 Millionen Landsleute, die man in der von uns eilig unterstützten *Unabhängigkeit* der anderen Republiken sich selbst überlassen hat.

Die Ausgegrenzten

In 24 Stunden zu Fremdlingen

»He, Russe, mach, daß du in dein Rußland kommst!« – »Haut ab, bevor wir euch die Kehlen durchschneiden!« – »Verlaßt unseren Boden, ihr Verfluchten!« Und in Mittelasien verstieg man sich sogar zu dem folgenden Slogan: »Bleibt hier, wir brauchen Sklaven!« Man wurde auf der Straße, in den Straßenbahnen beleidigt, und selbst an den belebtesten Orten wurden die Frauen belästigt. Noch in Vermont, erhielt ich von in den asiatischen Republiken lebenden Russen Briefe darüber und danach in Rußland noch viel mehr.

An ihren angestammten Plätzen lebend, wo sie und oft auch ihre Väter und ihre Großväter ihr ganzes Leben verbracht haben, erfuhren sie plötzlich, eines Morgens in ihren Häusern aufwachend, daß sie im Ausland leben und unerwünschte, diskriminierte und sogar verhaßte Fremdlinge sind. Wie kann man damit fertig werden? Wie kann man das in seinem Herzen, in seinem Inneren, in seinem Kopf verarbeiten? Die sowjetische »Völkerfreundschaft«, über die wir so viel in pathetischen Gedichten und Balladen gehört hatten, warf mit einemmal die Maske ab und zeigte eine zähnefletschende Feindseligkeit, die allerdings nie völlig abgelegt worden war. (Doch blicken wir noch weiter in die Geschichte zurück: Wir haben in den zurückliegenden Jahrhunderten gemeinsamen Lebens nicht eben Sympathie für uns bei diesen östlichen Völkern geweckt. Ist so etwas überhaupt möglich? Ob es wohl viele gegenteilige Beispiele auf unserem Planeten gibt? Gutes wird als selbstverständlich hingenommen, Schlechtes hingegen schürt das Feuer der nationalen Rachsucht.)

Wer waren diese unsere Landsleute, die sich in den Grenzgebieten unseres Reiches ansiedelten? Es waren Verbannte und Evakuierte gewesen oder besonders qualifizierte Arbeiter, die man dorthin entsandt hatte, Menschen, die Initiative entwickelten und flexibel waren, und nicht selten waren Fachleute von hohem Niveau darunter. *Sie* brachten Wissenschaft und Kultur in die Grenzgebiete, *sie* entwickelten dort die ganze Technik und die Industrialisierung. (Nach offiziellen sowjetischen Angaben »stieg in Tadshikistan die Produktion nach der Revolution um das 210-fache!« – gleichviel, auf welcher Grundlage das berechnet worden ist: Das alles entstand aus dem Nichts.) Dazu kam noch eine Vielzahl von Bauern mit ihren Angehörigen, die nach der »Entkulakisierung«[7] deportiert worden waren – und deren Nachkommen wurden qualifizierte und strebsame Arbeiter, die nicht tranken. (Ich erinnere mich an das onkologische Republik-Krankenhaus in Taschkent, in dem ich lag: Es konnte sich nur dank der russischen Umsiedler und Verbannten erhalten.) Nun aber rollte für sie eine Welle des *Hinausdrängens* und der Beschlagnahme von Wohnungen und Grundstücken heran. Sie werden nun verspottet, weil Rußland sie schutzlos sich selbst überlassen hat. Es wurde üblich, ihnen ihre gutbezahlten Stellungen zu nehmen und sie minderbezahlte Arbeiten verrichten zu lassen. Auf dem russischen Friedhof in der Metropole Taschkent werden sogar die Grabumzäunungen niedergerissen, und man beschädigt oder stiehlt die Grabsteine. Die russische Jugend wird radikal von den Hochschulen verdrängt. Die russischen Schulen werden eingeschränkt oder überhaupt geschlossen. In allen Ländern der GUS wird Russisch als Unterrichtssprache immer weniger praktiziert, und Geschichte wird nur noch ausschließlich aus dem Blickwinkel der »Titular«-Nation gelehrt. Die Jahre gingen dahin; ihrer sieben sind bereits vergangen, und das sind, auf die Schulzeit eines Schülers bezogen, nicht eben wenig. Und von solchen Schülern gibt es in der GUS inzwischen – Millionen.

Und noch eine häufige Situation (ich kenne viele solcher Fälle): Man hört auf, den »Fremdlingen« ihre in der einheitlichen UdSSR, aber eben in einer anderen Republik erarbeitete Rente auszuzahlen: »Sie wurde euch in einem anderen Staat zugesprochen, dort könnt ihr sie euch holen!« (Und wer *hier* dennoch eine Rente erhält, bekommt, wenn er ausreist, keine Bestätigung seines Rentenanspruchs ausgehändigt.) Und was die Entschädigung für die Rehabilitierten, die ehemaligen Häftlinge und Verbannten betrifft, heißt es oft: » Du bist nicht in unserer Republik verurteilt worden? Dann sieh anderswo zu!«

Ich empfinde die Tränen derer, die mir schreiben. Womit haben sie das alles verdient (und mit einer derartig plötzlichen Härte)? Die Heimat hat sie fallenlassen. – Weshalb? Immer und immer noch hoffen sie, daß Rußland sie in Schutz nehmen wird ... Vergeblich.

Die einen haben entmutigt beschlossen, bis zum bitteren Ende zu bleiben. Verlassen und gedemütigt finden sie sich resigniert damit ab, daß ihre Kinder in der fremden Sprache herangebildet werden. Andere, von dem natürlichen Wunsch beseelt, nach Rußland zurückzukehren, drängen sich in den neugeschaffenen russischen Botschaften und Konsulaten: Man stößt bei ihnen auf eine undurchdringliche Mauer aus Abgestumpftheit. Erhalten sie die russische Staatsbürgerschaft? Allzu zäh ist die bürokratische Prozedur, so daß es leichter ist, das Risiko einzugehen, ohne entsprechende Papiere nach Rußland zu reisen. Und dann ist man auf sich allein gestellt. Die Wohnung verkaufen?

(Wohnungen wurden schlagartig billiger.) In einigen Republiken wurde ein *Verbot* erlassen, Wohnungen zu verkaufen. Sollte man versuchen, größere Wohnungen gegen kleinere zu tauschen, um diese leichter abstoßen zu können? Auch das Tauschen wurde verboten. Die Behörden behinderten auch die Bestellungen von Containern für den Hausrat. Und schließlich untersagte man auch den Abtransport von Möbelstücken, weil diese in der Republik erworben wären. »Begriffe wie Privateigentum existieren nicht mehr« (eine Antwort, die ich in Turkmenien bekam).

Dem ist noch hinzuzufügen, daß sich in einigen Republiken, wie in Aserbaidshan, Kirgisien, Kasachstan und Tadshikistan, »Brennpunkte« bildeten – eine Art Bürgerkrieg, Massaker, Gewalt und Brandlegungen, und dieser Feuersturm veranlaßte viele, von selbst auszureisen. Und wo gab es diese »Brennpunkte« nicht? In den transkaukasischen und mittelasiatischen Republiken war *kein* Raum mehr für die Russen, es gibt ihn nicht mehr, und es wird ihn auch nicht mehr geben!

Der natürlichste Ausweg ist – wegzufahren. Und die Statistik zeigt, daß das Ausreisen der Russen aus Transkaukasien bereits in den 60er Jahren begonnen hatte und weiterging, und bereits gegen Ende der 80er Jahre war ein Fünftel ausgereist – das ist ein unerbittlicher historischer Prozeß. (Ich hörte schon 1937 in Georgien bittere Klagen von Russen über Bedrängungen durch die Georgier und die Unmöglichkeit, Gerechtigkeit einzufordern. Und in Kasachstan sah ich ähnliches: Vor Gericht einem Kasachen gegenüber sein Recht zu bekommen war ausgeschlossen.) Die Ausreisewelle von Russen aus Mittelasien begann in der zweiten Hälfte der 70er Jahre. In den 90er Jahren dann begannen die Ströme der Verzweifelten in die Hunderttausende zu gehen. Aus Tadshikistan, das von unseren Grenzsoldaten so hartnäckig (und sinnlos) beschützt wird, sind von den Russen nur die Alten und die Armen noch nicht geflohen, aber sie entgehen unserer Aufmerksamkeit. – *Für uns ist es unmöglich, dort zu leben*, und würden die russischen Verantwortlichen das begreifen, könnte das Schicksal von Millionen vielleicht erleichtert werden.

Haben sich unsere selbstgefälligen Regierenden, als sie ohne jegliche Vereinbarungen und Bedingungen unbekümmert dem schlagartigen Zerfall unseres Landes zustimmten, überhaupt Gedanken darüber gemacht, was es bedeutet, etwas von einem lebendigen Leib abzuschneiden? In nicht einer der russischen Erklärungen nach Belowesh findet sich Bekümmernis oder Sorge um all diejenigen, die man im Stich ließ, und überdies gab es seitens Rußland auch keine Erklärung darüber, den nunmehr Ausgegrenzten eine Möglichkeit zu eröffnen, daß jeder von ihnen jederzeit und ohne Umstände die russische Staatsbürgerschaft erhalten kann. (Zumindest aber sollte man bedenken, daß eine Rückkehr der Ausgegrenzten in die Heimat – angesichts des millionenfachen Aussterbens unserer Bevölkerung – massiv dem Lebensinteresse der Nation entspricht. Sie könnten doch einen Ausgleich innerhalb unseres sich reduzierenden Volkes bedeuten.) Die völlig mit ihren Kalkulationen, ihren Intrigen und Mißerfolgen beschäftigten russischen Führer haben im Verlauf von sieben Jahren weder zu der Entschlossenheit noch zu dem Mut gefunden, etwas zum Schutz der in der GUS ihrem Schicksal überlassenen Landsleute zu tun. Möge Gott nur verhüten, daß die Harmonie der Gemeinschaft gestört wird! Vorsichtig suchte man bei den östlichen Regierenden um eine »doppelte Staatsbürgerschaft« für diese Bedrängten an, doch außer von Turkmenien erhielten wir von allen eine Absage.

Kennt die Weltgeschichte noch einen derartigen massiven Verrat, den eine Heimat an ihren Söhnen beging, wie wir ihn uns an einem Sechstel des russischen Volkes zuschulden kommen ließen, das sich plötzlich ohne Schutz und Fürsorge hinter die russischen Grenzen zurückgeworfen sah? Man kann das nur mit der Art und Weise vergleichen, wie die UdSSR während des Krieges gegen Deutschland fünf Millionen ihrer Kriegsgefangenen verriet, darin (und auch nur darin!) ist das »demokratische« Rußland der sowjetischen Tradition treu geblieben.

Aber von wem ist hier die Rede? *Wen* zu befreien hat Rußland die Pflicht? Der juridische Aspekt dieser Frage ist eng mit dem Begriff der »sowjetischen Staatsbürgerschaft« verbunden: Jedermann besaß sie, aber zweihundert Millionen verloren sie von einem Tag auf den anderen. (Darüber sollten die Verfasser der Belowesher Übereinkunft einmal gründlich nachdenken!) Erklären, daß es notwendig ist, *russische* Bürger zu repatriieren? Aber vor 1991 gab es keine *russischen* Bürger. Und das bedeutet: Jeder, der einer der *heutigen* russischen Nationalitäten angehört und innerhalb der GUS in einem ihm ethnisch nicht entsprechenden Land lebt, will in Rußland und nirgends sonst leben. Seit Jahrhunderten hat Rußland sich für den steinigen Weg entschieden, ein multinationales Land zu sein, und es kann auf keinen der *Seinigen* verzichten.

Könnte man nicht zumindest, sich auf Tendenzen der internationalen Meinung stützend, laut und nachhaltig *Rechtsschutz* für jeden unserer Ausgegrenzten fordern? Doch das Gegenteil ist der Fall. Nachdem sie Millionen dieser Menschen nahezu wortlos abgetreten hat, besitzt die russische Regierung weder die Kraft noch den Willen, sich ihrer anzunehmen. Und auch die internationale Meinung hat ihre Präferenzen und ihre Modalitäten: Wessen Rechte wo zu beschützen ist gerade opportun, und bei wessen

Rechten ist es das nicht? Lediglich die ausgegrenzten Russen im Baltikum hat man ein bißchen verteidigt – aber wie lange? Am 22. März 1997 unterlief unserem Präsidenten bei seiner Begegnung mit Clinton ein Lapsus, er erklärte: »Wir wollen nicht von den Diskriminierungen reden, denen die Russen im Baltikum ausgesetzt sind« (in Riga war man schon 1996 allzu deutlich über alles Maß hinausgeschossen). Deutschland blickt heute mit größter Aufmerksamkeit auf die in Rußland lebenden Deutschen, unterstützt ihre Initiativen, hilft ihnen durch Organisationen und mit Geld, schickt Delegationen zu ihnen. Könnten wir es nicht ihnen gleichtun? Aber nein, natürlich nicht.

Allein in Kasachstan leben trotz der Bemühungen Nasarbajews um die Rückkehr derjenigen, die das Land hatten verlassen müssen, nur ganze 40% Kasachen, aber bis zu sieben Millionen Russen und eine Vielzahl von Ukrainern, weit über 300 000 Deutsche und Polen – dort wegzugehen wäre für sie beschämend, eine ohnmächtige Kapitulation. Das hieße doch, daß die Mehrheit vor einer Minderheit davonläuft. Die ganze Republik ist von Russen aufgebaut worden, von den ehemaligen Enteigneten, den ehemaligen Verbannten und Sträflingen. (»Russen« werden dort alle genannt, die keine Kasachen sind oder nicht aus Mittelasien stammen. Und dort sind auch die Reste von vier Kosakenregimentern mit vierhundertjähriger Tradition stationiert – aus dem Ural, aus Orenburg, aus Sibirien und aus Semiretschensk.)

Nachdem Kasachstan seine Unabhängigkeit erklärt hatte, verschlechterten sich die Beziehungen zu Rußland umgehend. Die in aller Eile verfertigte Verfassung erklärte das multinationale Kasachstan zu einem »Staat des sich selbst bestimmenden kasachischen Volkes«, in dem Kasachisch die einzige staatliche und offizielle Sprache sei; dem folgte ein Gesetz, demgemäß diejenigen, die »der Durchsetzung der Staatssprache zuwiderhandeln«, ihrer Bürgerrechte verlustig gehen: Willst du nicht Kasachisch reden, dann hast du hier nichts zu suchen und mach dich fort! (Später erlaubte man Russisch als »Handelssprache«.) Systematisch wurden die Russen aus den verantwortlichen Stellungen entfernt. Äußerst wirksam behindert man auch die Berufung russischer Abgeordneter aus den russischsprachigen Regionen, und die dennoch gewählt werden, verlieren später wieder ihr Mandat auf die eine oder andere Weise. Forderungen der russischsprachigen Bevölkerung, in den Schulen wieder die russische Sprache einzuführen, Literatur und Geschichte nach russischen Lehrplänen zu lehren, werden abgewiesen und als »die Souveränität Kasachstans verletzender Extremismus« diskriminiert. An den Hochschulen unterliegt die russische Sprache fast überall starken Einschränkungen, und obligatorische Prüfungen erfolgen ausschließlich in der kasachischen Sprache. Auch die russischen Fernsehkanäle stellen einer nach dem anderen ihre Sendungen ein, und die innerkasachischen und regionalen Fernsehsender hören nahezu völlig auf, in russischer Sprache zu senden. Die russischsprachige Presse, der man die materielle Grundlage entzieht, verkümmert. Abonnements russischer Ausgaben werden unter fadenscheinigen Vorwänden storniert. Um an Neuigkeiten und russische Zeitschriften zu gelangen, fährt man nach Omsk. Wer einen wichtigen Brief nach Rußland schicken will, umgeht die kasachische Post (und Zensur) und bittet einen Reisenden, ihn in Rußland zur Post zu bringen. Aus dem Norden Kasachstans, den am meisten von Russen besiedelten Gebieten, wurden einige Fälle von Brandanschlägen gegen orthodoxe Kirchen und von Angriffen gegen den Bischof bekannt – Abteilungen kasachischer Nationalisten (»Asat«, »Alasch«) hatten ihrer Gewalttätigkeit freien Lauf gelassen. In ganz Kasachstan erhalten Städte und Siedlungen, die seit altersher russische Namen tragen, kasachische Namen. Nasarbajew resümierte die Situation: »In Kasachstan gibt es *keine* russische Frage«, und die Aufregung über sie käme angeblich jener in den 30er Jahren über die Deutschen in den Sudeten gleich (24.11.93). Und was *beunruhigte* ihn? – Der »russische Imperialismus« (Januar 1994, Davos). (Ungeachtet der beachtlichen, von vielen ausländischen Beobachtern registrierten Verstöße gegen das Wahlreglement bei den Wahlen zum Obersten und zum örtlichen Sowjet hieß es in einem Bericht des Weißen Hauses in Washington: In Kasachstan werden die Menschenrechte respektiert. Und kurz nach der Auflösung des Obersten Sowjets nannte ein amerikanischer Beobachter Nasarbajew sogar einen »Lehrmeister der Demokratie«. Können sie nicht sehen? ... Nein, sie sehen, was ihnen nützlich erscheint.)

Zahlreich sind die Völker, die sich, wie die Vielzahl der in Kasachstan lebenden Russen, hätten verteidigen können. Doch gerade hier zeigt sich die geradezu krankhafte Indolenz der Russen: die Unfähigkeit sich zusammenzuschließen. Wir sind dort – leider – nicht ein Volk, sondern isolierte Personen, die weder über lebensfähige ethnische Organisationen noch über Führungspersönlichkeiten verfügen. Lediglich die Kosaken, die unter dem Sowjetregime so grausam verfolgt wurden, fanden die Kraft zum Widerstand – aber ihre verzweifelten Bemühungen wurden von den kasachischen Behörden brutal unterdrückt, indem man die Couragiertesten unter ihnen durch Plünderungen ihrer Wohnungen, Prügel, Handschellen, wiederholte Verhaftungen und durch lange Gefängnisstrafen, die man wegen angeblichen Betruges über sie verhängte, ausschaltete. Alle Handlungen zur Selbstverteidigung fallen unter den Begriff »Anstiftung zu nationalem Hader«. (Eine ältere Frau, eine Anwältin, wurde über die Straße bis zu dem Wagen geschleift, der sie zur Polizeistation brachte.)

Düster ist die Zukunft unserer Landsleute in diesem ach so demokratischen östlichen Khanat. Ist das schon die beginnende Mutation von einigen Millionen russischer Menschen? Die Transformierung eines Ethnos in einen anderen, ja, sogar einer Rasse in eine andere? Das ist ein Wundmal für Jahrhunderte und darüber hinaus.

Die Zahl der Hunderttausenden von Flüchtlingen aus Kasachstan verringert sich von Jahr zu Jahr (1994 – 304.000, 1995 – 191.000, 1996 noch weniger): Die Menschen verlieren den Glauben an ihre Heimat und daran, daß sie hier jemand braucht.

Und das alles – bei einer völligen Teilnahmslosigkeit der russischen Regierenden.

Und ich will noch das Bitterste hinzufügen. So weit ich auch durch die russische Provinz gereist bin, so vielen Menschen ich auch begegnete – weder in Privatgesprächen noch bei öffentlichen Begegnungen, wo ich viele Hunderte Klagen über unser gegenwärtiges Leben zu hören bekam – von *niemandem* und nirgends wurde nach denen der Unsrigen gefragt, die ausgegrenzt, im Stich gelassen wurden und gänzlich verlassen sind. (Es sei denn, wenn Flüchtlinge selbst auftraten und zu reden begannen. Bei einer Begegnung in Stawropol erklärte mir eine aus Georgien Geflohene: »Jeden Augenblick kann man geschlagen werden, weil man Russisch spricht. Man wird davongejagt.«)

Der schmerzende Zahn hinter einer fremden Wange tut einem nicht weh.

Bitter ist das, bitter – aber kann man ihnen deshalb Vorwürfe machen? Sogar die Fundamente unserer Existenz sind geborsten, in unserem Leben geht alles derart drunter und drüber, daß die Menschen sich kaum mehr aufrecht halten können.

Wir haben das Gefühl für die Einheit des Volkes verloren.

Die Flüchtlinge

Erst ein halbes Jahr nach dem Zerfall der UdSSR begannen die russischen Machthaber endlich zu begreifen, daß man sich um diese umgetriebenen Landsleute kümmern müsse, die, man wußte nicht recht warum, aus den neuen Autonomien zu uns flohen. Zögernd nur wurde der Föderale Migrationsdienst (FMD) geschaffen, dessen Dienststellen sich nur allmählich in den russischen Gebieten etablierten. Einige Jahre hindurch wurde das magere Budget des FMD nur zu fünfzehn Prozent ausgeschöpft. Die Beihilfen für die Flüchtlinge waren jämmerlich, und die Darlehen waren für einen Neuanfang viel zu knapp bemessen. Manchmal wurde ihnen, selbst wenn sie bei Verwandten wohnen wollten, die Aufenthaltsgenehmigung verweigert, und an einigen Orten verlangte man dafür eine in die Millionen gehende Gebühr. (Nicht selten kamen die Flüchtlinge ohne ihre alten Eltern, weil sie sich davor gefürchtet hatten, sie mitzunehmen – und sie hatten sich nicht geirrt ...)

Gekommen, ohne zu wissen, was sie vorfinden würden, Nerven und Kräfte über alles Maß hinaus angespannt, versuchten sie, sich ein neues Leben aufzubauen. 40 Prozent von ihnen besaßen eine hohe Qualifikation, aber die geplagte Heimat litt selbst unter einem Überschuß an Fachleuten. Manche waren bereit, in die Dörfer zu gehen und sich dort niederzulassen. Sie kamen voller Initiative in Gruppen, zu denen sie sich zusammengeschlossen hatten, wollten Siedlungen gründen oder einen nicht fertiggestellten Kolchos übernehmen und vollenden – aber ohne ihnen Zeit zu lassen, sich überhaupt umzusehen, belegte man sie mit Steuern: »Hört auf, euch wie Schmarotzer zu benehmen!« Die Provinzialbehörde belog sie oder erpreßte Bestechungsgelder von ihnen. »Gefällt euch das nicht? – Dann fahrt zurück. Wir brauchen euch nicht.« Diese Gruppen sind verzweifelt und fallen auseinander. Die Übersiedler sind schon froh über eine Kellerwohnung, über eine Wohnung ohne Heizung, über einen primitiven Wohnwagen auf freiem Feld. Schließlich schuf man für einen Teil von ihnen »Zentren zur provisorischen Unterbringung«.

Warum gelang es de Gaulle, eine Million Franzosen aus dem verlorengegangenen Algerien unterzubringen. Warum konnte das durch den Krieg zerstörte Deutschland einige Millionen von Deutschen aus den verlorenen Gebieten, aus Ostpreußen, Pommern, Schlesien und den Sudeten aufnehmen? Unsere Staatsführung hingegen sieht in der massenhaften Rückkehr der russischen Flüchtlinge ein Unglück für Rußland: Wo sollen sie angesichts des allgemeinen wirtschaftlichen Zerfalls Arbeit finden, wo eine Wohnung?

Übrigens, und auch das ist wahr: Das ganze Land ist unseren Regierenden aus den Händen geglitten, sie haben es ins Koma gestürzt und die Staatskasse vergeudet, woher sollen sie nun das Geld und die Zeit nehmen, sich um die Flüchtlinge zu kümmern? Der Präsident fand lediglich die Kraft zu erklären (1994): »Die russische Regierung dankt den Ländern der GUS dafür, daß sie unseren Landsleuten *Obdach gewährt* haben …«

Und was sagt die russische Presse zu all dem? Was die »demokratische Öffentlichkeit«? Sie will von diesen Ausgeschlossenen nichts wissen. Die Presse geht nicht zu den Versammlungen der Flüchtlinge – das gibt nichts her. Und wird doch einmal etwas über die Flüchtlinge gedruckt, stößt es weder bei den Regierenden noch in der Öffentlichkeit auf Resonanz.

Und das ist natürlich das Schrecklichste: Das große Unglück der Flüchtlinge stößt nicht nur bei den Regierenden gegen eine Mauer aus Gefühllosigkeit, ihm wird auch von der hiesigen russischen Bevölkerung Gleichgültigkeit und sogar Feindseligkeit entgegengebracht. »Wir müssen sie überprüfen, es kann ja sein, daß sie reich sind!« – »Was kommen sie hierher? Wir haben selbst nichts zu fressen!« In Tschudowo wurde mitten im Winter die Heizung in den Flüchtlingsbaracken abgestellt. Und man liest auch von Fällen, in denen Flüchtlingshäuser angezündet wurden.

Und das ist ein bedrohliches Symptom für den Niedergang unseres Volkes. Nein, wir besitzen schon nicht mehr das Gefühl, ein vereintes Volk zu sein, wir besitzen nicht mehr das Wohlwollen unseren Brüdern gegenüber, sie bei uns aufzunehmen und ihnen zu helfen. Das Schicksal dieser Ausgestoßenen ist wie ein schreckliches Vorzeichen unseres eigenen allrussischen Schicksals.

Es zerreißt einem das Herz, mit diesen Flüchtlingen zu reden und ihre Briefe zu lesen. Sie sind schon zu müde, um noch um Hilfe zu bitten. – »Niemand in Rußland braucht uns.« Dort, in dem fremden Land, unter den Gehetzten, ist ihnen ganz besonders und schmerzhaft bewußt geworden, daß sie Russen sind – nun sind sie hierher gekommen und werden verhöhnt. »Für uns haben die Behörden kein Geld, aber bei den Festlichkeiten wird an nichts gespart.« In den Jahren 1993–94 wurde ein »Verband russischer Flüchtlinge« gegründet, aber er fand seitens der *Russen* keinerlei Unterstützung, fiel auseinander und verschwand wieder.

Aber, aber! Wie unser Präsident sagt (7.11.97): »Es wird die Zeit kommen, in der das tägliche Leben der Bürger zur Hauptaufgabe des Staates werden wird.«

Sie kommt, sie kommt, diese Zeit, aber sie wird nie ankommen. Nach zwölf Jahren »Perestroika« und anderen Umwälzungen haben wir das schon sehr deutlich und am eigenen Leibe gespürt.

Die hier beschriebenen Einzelheiten werden sich im Lauf der Jahre ändern, aber in unserer Geschichte werden sie eine beschämende Seite bleiben. Diese traurige Flüchtlings-Epopöe wird sich wie ein dunkler Schleier über die 90er Jahre des russischen 20. Jahrhunderts legen. Ohne sie wird man das heutige Rußland und das heutige russische Volk nicht verstehen können.

Migranten

Das Gesetz über die Flüchtlinge hat es nicht verstanden, einen Unterschied zwischen den tatsächlichen russischen Zwangsübersiedlern und den gesetzmäßigen Bürgern der GUS-Staaten zu machen, die sich aus irgendwelchen Gründen in Rußland ansiedeln. Das hatte für Hunderttausende Konsequenzen.

Bereits 1992 verboten die Behörden den Flüchtlingen durch einen Erlaß, sich in Moskau, in Petersburg, im Rostower Gebiet und in den Stawropoler und Krasnodarsker Regionen niederzulassen.

Dieses Verbot konnte aber vor den riesigen und manchmal sogar astronomischen Geldsummen, die kaukasische, transkaukasische und mittelasiatische Ankömmlinge mitbrachten, nicht bestehen: Mühelos unterliefen sie das Verbot, kauften Grundstücke, Häuser und begannen ihre Geschäfte zu etablieren. Für die russischen Flüchtlinge gab es weder Wohnungen noch Arbeit, den »Brüdern aus dem Kaukasus« jedoch stand alles offen. Allein von den Aserbaidshanern, die unablässig nach Rußland einwandern, gab es 1989 bereits 300 000 und 1996 schon mehr als zweieinhalb Millionen (mit einer breiten Streuung über das ganze russische Territorium). (Diese Einwanderung hat ihre Vorgeschichte. Ein Vergleich der Volkszählungen von 1979 und 1989 macht deutlich, daß sich in der RSFSR in diesem Zeitraum die Zahl der Kirgisen auf 178 Prozent, die der Aserbaidshaner auf 124, der Tadshiken auf 114, die der Usbeken auf 76 und die der Turkmenen auf 73 Prozent erhöht hatte.[18]) Zu Hunderttausenden übersiedelten auch Armenier aus dem souveränen Armenien in den Nordkaukasus (vor allem in die Krasnodarsker Region). Und es ist charakteristisch, daß sich diese Neuankömmlinge nicht auf die Industrie, sondern auf die Handels- und Dienstleistungsbereiche konzentrierten.

Wie soll sich der russische Staat dazu stellen? Hier geht es nicht um eine ethnische Frage, sondern um die der Staatsangehörigkeit. In Nachitschewan am Don und darüber hinaus in Armawir und in Stawropol gibt es Armenier, die dort schon seit der Zeit Katharinas oder seit dem 19. Jahrhundert leben – und sie fühlen sich gerechterweise als alteingesessene Bürger Rußlands. Hier wird man mich unterbrechen und vorwegnehmend sagen: »Und wenn nun ein Armenier oder Aserbaidshaner dennoch nach Rußland übersiedeln will? Und die Menschenrechte? Der Internationalismus?« Dann bitte: Die Länder der GUS haben sich doch ausdrücklich als *nationale* Staaten proklamiert, womit sie eine Verantwortung übernommen haben, die sich auf jedes Mitglied ihrer Nation bezieht: Hier ist *dein* Land – anderswo bist du *Ausländer*. Aus der Proklamierung ihrer Unabhängigkeit sind doch auch Schlüsse zu ziehen. (Versuchen Sie doch einmal, sich so mühelos in die Vereinigten Staaten einzuschleichen! – Man wird sie sofort abschieben; dort kann sich ein Ausländer nicht so leicht ansiedeln.) Und so kann auch Rußland, insbesondere angesichts seiner tragischen und dürftigen Lage, nicht ohne Einschränkung und Begrenzung jeden, der aus dem Ausland zu uns kommen will, aufnehmen, gleichviel, ob aus einem »näheren« oder »ferneren« Ausland. Rußland kann die Neuankömmlinge aus den neuen Staaten der GUS nur als *Ausländer* betrachten – und das heißt, mit eingeschränkten Rechten sowohl im bürgerlichen als auch im wirtschaftlichen Bereich.

Wer anderen mehr gibt, als er selber hat, wird daran zugrunde gehen.

Ich bin in der Stawropoler Region einem typischen Konflikt begegnet. Angesichts der Belastung durch diesen internationalen Zustrom (und durch die Spannungen, die er hervorrief) erklärte die Duma der Region: »Der übermäßige Druck, den die automatische und nicht mehr kontrollierbare Zunahme der Bevölkerung durch Personen ausübt, die aus den ehemaligen Republiken der UdSSR kommen und nicht selten kriminelle wirtschaftliche Aktivitäten entwickeln, führt zu einer Beeinträchtigung der Interessen der angestammten Bevölkerung in der Region in den Bereichen der

Sicherstellung von Wohnraum, der kommunalen Dienste, des Transports, der medizinischen Dienstleistungen und der natürlichen Ressourcen. Seitens der russischen Gesetzgebung ist bis heute keine Regelung der Einreise und des Aufenthalts von ausländischen Bürgern (aus der GUS) und Personen ohne Staatsbürgerschaft erfolgt.« Und die regionale Duma ordnete die Einführung einer Visapflicht sowie eine Quotierung für die Aufnahme dieser Ausländer an und verlangte von den Aufgenommenen einen siebenjährigen Aufenthalt in der Region, bevor ihnen das Recht zugestanden werden kann, Grundstücke zu erwerben oder sich an der Privatisierung zu beteiligen.

Das ist ein Gesetz, das unsere Interessen in einer Weise schützt, die man nur vernünftig nennen kann. Aber: Die Hauptabteilung für juridische Angelegenheiten (Glawnoje Prawowoje Uprawlenie) beim russischen Präsidenten (für die man in Dokumenten verblüffenderweise und ganz und gar unsensibel das Kürzel GPU verwendet) hat gegen dieses regionale Gesetz ihr Veto eingelegt: Es würden »die Rechte der *Migranten* verletzt« und unsere internationale Ehre beleidigt. Damit sind sowohl die russischen Flüchtlinge aus den Ländern der GUS als auch die Fremdlinge für uns jetzt gleichermaßen Asylsuchende – man faßt sie bequemerweise unter ein und demselben Begriff »Migranten« zusammen und wendet ein und dasselbe Gesetz auf sie an.

In Tadshikistan herrschte Bürgerkrieg – Tadshiken flohen nach Rußland. Armenien und Aserbaidshan gerieten wegen Karabach in Streit – und sowohl Armenier als auch Aserbaidshaner und »Jerasen« (in Jerewan lebende Armenier) strömten in die russischen Weiten. Und wie viele davon verfügen über Geld, und jede ethnische Gruppe schließt sich eng zusammen.

Dem muß man hinzufügen, daß der servile Minister für auswärtige Angelegenheiten, Kosyrew, sich 1992 beeilte – um der gleichen internationalen Ehre willen? –, die internationale Konvention über die Rechte der Flüchtlinge zu unterschreiben, die es Rußland untersagte, jegliche afrikanischen und asiatischen Migranten des Landes zu verweisen, die (und davon gibt es inzwischen bis zu einer halben Million), nach Europa drängend und unsere Botschaften bestechend, über jeden beliebigen russischen Flughafen einreisen oder unsere Grenzen überschreiten durften. Nach der Genfer Konvention ist Rußland nun für sie zum »Land des ersten Asyls« geworden, und wir sind verpflichtet, sie unterzubringen und für ihren Unterhalt zu sorgen: Die von ihnen begehrten anderen Länder nehmen sie schon nicht mehr auf: Allein im Moskauer Gebiet sind 400 000 Migranten aus den verschiedensten Ländern konzentriert.

Auch der ganze Westen leidet unter dieser massenhaften Immigration – das ist ein Charakteristikum unseres Jahrhunderts.

Die slawische Tragödie

Ich bin ein überzeugter Gegner des »Panslawismus«: Diese Bestrebungen sind noch stets über Rußlands Kräfte gegangen. Ich habe unsere Sorge um das Schicksal der Slawen im Westen (die Annexion Polens war ein schwerer Fehler Alexanders I., und auch die Tschechen gehen einen gänzlich anderen Weg als wir) oder der Südslawen nie gebilligt, wo wir, wie in Bulgarien, für unsere Bemühungen und Opfer nur Undank geerntet haben oder uns wegen Serbien ohne Not in einen für uns unheilvollen Krieg einmischten.

Aber ich kann nicht ohne beklemmende Bitterkeit das künstliche Zerteilen des östlichen Slawentums mit ansehen. Mit einem Schlag wurden von unserer neuen demokratischen Macht bedenkenlos und ungeniert Millionen und Abermillionen von familiären, verwandtschaftlichen und freundschaftlichen Bindungen zerrissen. Aber auch die resignierende Passivität des gegenwärtigen russischen Volkes hat ihren Anteil daran und ebenso die zwölf Millionen Russen, die in der Ukraine leben, und die *doppelt so große* Zahl derer, die bei der letzten Volkszählung (1989) als ihre Muttersprache Russisch angaben. Nur allzu leicht ließen sie sich vormachen, daß sie bei einer Trennung von Rußland besser leben würden (»mehr Wurst« bekämen).

Von den ersten Schritten der Errichtung des ukrainischen Staates an spielte man, um das politische Gefüge zu festigen, das Gespenst einer angeblichen militärischen Bedrohung durch Rußland hoch. Und als man begann, eine ukrainische Armee zu bilden, forderte man von den Offizieren bei der Vereidigung ausdrücklich die Bereitschaft, auch gegen Rußland zu kämpfen. Man meinte sich derart militärisch *bedroht* fühlen zu müssen (um das »ukrainische Nationalbewußtsein« zu stärken), daß schon die bloße von Rußland geäußerte *Absicht*, das Erdöl nicht mehr zu Billigpreisen, sondern zum Weltmarktpreis zu verkaufen, ausreichte, um in der Ukraine das drohende Echo erschallen zu lassen: »Das bedeutet Krieg!!« (Kutschma 1993: »Keine Wirtschaft wird das aushalten, Erdöl zu Weltmarktpreisen kaufen zu müssen.«)

Und in den Jahren zwischen 1992 und 1998 gab es keine einzige russisch-ukrainische Verhandlungsrunde, in der die ukrainische Seite, weit hinter die von Krawtschuk in Belowesh abgegebenen Versicherungen bezüglich der »durchlässigen Grenzen« und der »Unzerstörbarkeit des russisch-ukrainischen Bündnisses« zurückgehend, sich nicht zu ständiger und hartnäckiger Opposition gegen Rußland aufgeschwungen hätte, und das sowohl innerhalb der GUS als auch in der Weltarena. Und die russische Seite wich Schritt für Schritt zurück, immer nur zurück. Ständig machte sie (und macht sie bis heute) wirtschaftliche Zugeständnisse, um die Unnachgiebigkeit der ukrainischen Seite zu unterlaufen. Und sie opferte einen nach dem anderen die Kommandierenden der Schwarzmeerflotte – die verdienstvollen Admirale Kasotonow und Baltin. Nach einer weiteren, durch Nachgiebigkeit gekennzeichneten Übereinkunft (9. Juni 95) bekamen wir zu hören: »Ich beglückwünsche die Ukraine, Rußland und die ganze Welt!« Ein Glückwunsch für die Ukraine? – Natürlich. Für die ganze Welt? – Zweifellos. Aber wozu wurde Rußland beglückwünscht? Die Ukraine verdrängt uns deutlich aus dem Schwarzen Meer! Und die neugeschaffene Form von »inoffiziellen Begegnungen« (eine Art von Diplomatie, die uns in den Feudalismus zurückwirft) vermehrt noch die Zugeständnisse Rußlands.

In den 50er Jahren begegnete ich im Lager vielen ukrainischen

Nationalisten und glaubte, daß wir uns in einem Bündnis gegen den Kommunismus befänden (das Wort »Moskowiter« habe ich damals nicht von ihnen gehört). In den 70er Jahren versuchte ich in Kanada und in den Vereinigten Staaten, wo die ukrainische Emigration große Ausmaße angenommen hatte, naiv bei ihnen zu erfahren: Warum tretet ihr überhaupt nicht gegen den Kommunismus auf und unternehmt nichts gegen ihn, während ihr euch so nachdrücklich gegen Rußland aussprecht? Ich sage naiv, weil ich nur wenige Tage später erfuhr, daß das berüchtigte amerikanische Gesetz (86–90) »über die unterdrückten Nationen« von ebendiesen ukrainischen Nationalisten, in verfälschter Weise gegen die *Russen* formuliert, dem amerikanischen Kongreß untergeschoben worden war (der congressman L. Dobrjanskij).

In dem gleichem Maße, in dem die ukrainischen Nationalisten ihre Ideologie verbreiteten, nahmen in ihren Konzeptionen und Aufrufen auch die wüstesten Ausfälle zu. Und so erfuhren wir, daß die ukrainische Nation eine »Super-Nation« war, daß sie weit in die Tiefe der Jahrtausende zurückreicht und nicht nur der heilige Wladimir, sondern vermutlich sogar Homer Ukrainer gewesen ist! In ähnlich lächerlicher Weise werden in der Ukraine auch die Schulbücher überarbeitet, denn die ukrainischen Nationalisten, die eindeutig eine Minderheit darstellen, bemühen sich mit Verbissenheit darum, ihre Ideologie zur Ideologie der ganzen Ukraine zu erheben. »Die Ukraine den Ukrainern« – daran besteht zwar kein Zweifel (obgleich in der Ukraine Dutzende von Völkern leben), aber es heißt auch: »Die Kiewer Rus[19] bis zum Ural!« Und man spricht den Russen, indem man sie als »mongolo-finnische Hybriden« bezeichnet, auch die Zugehörigkeit zum Slawentum ab. In Odessa wurde jetzt ein nationales geopolitisches Institut mit dem Namen Juri Lipa gegründet, dem Autor des Buches »Die Teilung Rußlands«, der bereits 1941 als Programm vorschlug: »Man kann Rußland nur mittels einer Allianz der Ukraine mit dem Kaukasus und Transkaukasien niederwerfen.« Im gleichen Geist feierten die ukrainischen Nationalisten 1992 in Lwow offen das Jubiläum der Hitlerschen SS-Division »Galizien« (und das rief auf seiten der Vereinigten Staaten weder Vorwürfe noch Empörung hervor). Im

Verlauf einer ihrer Konferenzen hieß es 1990: »Wir bekennen uns zum Kult der Stärke, die Stärke ist alles!« Dem entsprechen auch die Sturmabteilungen (UNSO) und die Losung der Ukrainischen Nationalen Vereinigung (UNA): »Die UNA – für die Macht. Die UNSO – für den Sturm!« Und auf dem Kongreß 1994: »Zum Zerfall Rußlands den Separatismus dort unterstützen!«[20]

Und diese antirussische Position der Ukraine ist genau das, was die Vereinigten Staaten brauchen. Sowohl unter Krawtschuk als auch unter Kutschma ist die ukrainische Macht beflissen bemüht, dem amerikanischen Ziel, Rußland zu schwächen, Vorschub zu leisten. Und so kam es denn auch rasch zu den »besonderen Beziehungen zwischen der Ukraine und der NATO« und zu den Manövern der amerikanischen Flotte im Schwarzen Meer (1997). Unwillkürlich erinnert man sich dabei an den unsterblichen Plan von Parvus im Jahre 1915: den ukrainischen Separatismus benutzen, um Rußland mit Erfolg aufteilen zu können.

Unsere Zerstückelung, von der gegenwärtigen politischen Welt mit Frohlocken wahrgenommen, wird sich mit einiger Verzögerung schmerzhaft auf alle drei slawischen Völker auswirken. Und die heutige, der Ukraine gegenüber geübte taktische Herzlichkeit des fern-fernen Westens wird sich als nicht von Dauer erweisen und nur solange anhalten, wie man es dort für notwendig ansieht.

Leider nutzten die Nationalisten der westlichen Ukraine, die über Jahrhunderte von der restlichen Ukraine abgeschnitten waren, die 1991 herrschende Konfusion und die Unsicherheit der ukrainischen Führer, die sich verschämt durch eine Hinwendung zu glühendem »Anti-Moskowitertum« vom Kommunismus zu reinigen versuchten, um eine falsche historische Orientierung für die ganze Ukraine festzulegen und zur Pflicht zu machen: nicht einfach nur Unabhängigkeit, nicht die natürliche Entwicklung des Staates und der Kultur in ihren natürlichen ethnischen Dimensionen, sondern mehr und mehr Territorien und Bevölkerung dazugewinnen, um das Ansehen einer »Großmacht«, vielleicht der größten in Europa, zu erlangen. Und die neue Ukraine pickte sich aus dem ganzen sowjetischen juridischen Erbe, das sie aufgekündigt hatte, nur dieses eine Geschenk heraus: die von Lenin künstlich gezogenen Grenzen! (Als Chmelnizki die Ukraine an Rußland anschloß, hatte die Ukraine nur aus einem Fünftel ihres heutigen Territoriums bestanden.)

Möge Gott der Ukraine auf ihrem selbständigen Weg jeglichen Erfolg bescheren. Aber ihr schwerwiegender Fehler bestand gerade in der maßlosen territorialen Ausdehnung, über die sie bis zu Lenin *nie* verfügt hatte: zwei Donez-Gebiete, der ganze südliche Streifen von Neu-Rußland (Melitopol-Cherson-Odessa) und die Krim. (Die Annahme des Chruschtschowschen Geschenks geschah zumindest noch auf Treu und Glauben, aber die Annexion Sewastopols war ungeachtet der sowjetischen juridischen Dokumente, von den Opfern, die einst die Russen dort gebracht haben, will ich hier gar nicht reden, – ein *staatlicher Raub*.) Dieser strategische Fehler bei der Entscheidung für eine Staatspolitik wird ein permanentes Hindernis für eine gesunde Entwicklung der Ukraine sein, dieser von Beginn an psychologische Fehler wird zwangsläufig nicht ohne abträgliche Konsequenzen bleiben, und das sowohl bei der künstlichen Vereinigung der westlichen und der östlichen Gebiete als auch angesichts der Verdoppelung (und jetzt schon einer Verdreifachung) der religiösen Richtungen und der Zähigkeit der russischen Sprache, die bis heute für 63% der Bevölkerung die Muttersprache ist. Wie viele nutzlose und uneffektive Anstrengen werden nötig sein, um diese Scharten auszuwetzen! Wie schon ein Sprichwort sagt: *Zuviel ist bitter, und wenn es lauter Honig wäre.*

Und wie viele Jahrzehnte werden noch nötig sein, um die ukrainische Kultur auf ein internationales Niveau zu heben. Auf ein solches Niveau, daß die ukrainischen Wissenschaftler es nicht mehr nötig haben, ihre Arbeiten auf Russisch zu schreiben, wenn ihnen daran gelegen ist, in fremde Sprachen übersetzt zu werden.

Gerade deshalb, weil ich der Ukraine gegenüber das verwandtschaftlichste Gefühl empfinde, weil ich sie liebe, wünsche ich ihr nicht die Entwicklung zu einer »Großmacht«, die ich auch Rußland nicht wünsche. (Es ist dies das gleiche kulturelle Hindernis, das sich auch dem »großmächtigen« Kasachstan entgegenstellen wird.)

Schon jetzt haben sich die ukrainischen Behörden für eine verstärkte Unterdrückung der russischen Sprache entschieden. Nicht nur, daß sie nicht mehr als zweite offizielle Sprache im Staat zugelassen ist, man unternimmt auch große Anstrengung, sie aus den Sendungen von Rundfunk und Fernsehen und aus der Presse zu verdrängen. Die Preise der Abonnements für russische Zeitschriften wurden um das Zehnfache erhöht. Systematisch finden Entlassungen wegen des Nichtbeherrschens der ukrainischen Sprache statt. In den Hochschulen erfolgt von der Aufnahmeprüfung bis zur Diplomarbeit alles nur auf Ukrainisch, und wenn die wissenschaftliche Terminologie nicht ausreicht, muß man sich irgendwie selbst herauswinden. Die russische Sprache wird bald gänzlich aus den Lehrplänen der Schulen gestrichen, bald auf den Status einer fakultativen »Fremdsprache« reduziert; völlig eliminiert wurde die Geschichte des russischen Staates; und die Lehrpläne für Literatur ignorieren nahezu die ganze russische Klassik. Man spricht von einer »linguistischen russischen Aggression«, und »russifizierten« Ukrainern wird der Vorwurf gemacht, eine »Fünfte Kolonne« zu sein. Kurz gesagt, statt damit zu beginnen, methodisch das Niveau der ukrainischen Kultur anzuheben, wird die russische unterdrückt. Es gab sogar schon Versuche einer linguistischen Selbstverleugnung: die ukrainische Sprache in die lateinische Schrift zu übertragen, was geradezu eine Verhöhnung der ganzen ukrainischen Geschichte ist.

Und hartnäckig bedrängt man auch die dem Moskauer Patriarchat treu gebliebene Ukrainische Orthodoxe Kirche mit ihren 70% ukrainischen Orthodoxen.

In der heutigen Ukraine darf man nicht einmal einer föderativen Struktur das Wort reden, wie sie selbst in Rußland großzügig und ohne Bedenken akzeptiert worden ist: Sofort erhebt sich das Schreckensbild einer autonomen Krim, eines autonomen Donbass. (Dabei hat man wohl nur vergessen, auch noch an die Ruthenen in den Transkarpaten zu denken.) Ohne das blutige Unternehmen des Tschetschenien-Krieges hätte Moskau in den Jahren, in denen die Krim von schweren Krisen geschüttelt wurde, vielleicht (vielleicht? ...) Mut und Gewicht besessen, die legitimen Forderungen der Krimbewohner zu unterstützen (80% von ihnen hatten für die Unabhängigkeit der Halbinsel gestimmt), aber das tschetschenische Abenteuer zwang Rußland, zu schweigen und die Hoffnungen der Krim zu verraten. (Die ukrainische UNSO erklärte den Krimbewohnern: »Die Krim wird ukrainisch oder menschenleer sein!« Gleichzeitig brachen militante Nationalisten auf, um an der Seite der Tschetschenen zu kämpfen, und jetzt planen sie, Dudajew und sogar dem noch lebenden Basajew ein Denkmal zu errichten.)

Wie viele Russen waren erbittert und empört darüber, daß unsere damalige willensschwache Diplomatie die Krim innerhalb von 24 Stunden ohne jede Diskussion, ohne jeglichen Einwand oder Protest abtrat und sie bei jedem folgenden Konflikt erneut verriet und daß man Sewastopol, das Juwel russischen militärischen Ruhms, bedingungslos und ohne den geringsten Widerspruch abtrat. Diese Niedertracht wurde von denen begangen, die wir gewählt haben – aber auch wir selbst, die *Bürger*, haben nicht rechtzeitig dagegen protestiert. Nun werden sich, soweit sich das voraussagen läßt, die kommenden Generationen für eine sehr lange Zeit damit abfinden müssen.

Nein, wir werden es den ukrainischen Nationalisten nicht gleichtun, weder mit hysterischen Drohungen noch mit Haß. Mit nichts werden wir auf ihre wütende Propaganda gegen die »Moskowiter« antworten. Man muß sie wie eine Art seelischer Verwirrung hinnehmen. Drohende Erklärungen unsererseits sind unnütz, sie warten nur darauf. Der Lauf der Dinge, der machtvolle und eigenwillige historische Prozeß wird sie schon von selbst zur Vernunft bringen. Und keine ihrer Verwünschungen wird uns dazu bringen, unsere Herzen vom heiligen Kiew, der Wiege der Großrussen, abzuwenden, wo auch heute noch unausrottbar die russische Sprache erklingt und nie verstummen wird. Wir werden uns das heiße Gefühl, daß die drei slawischen Völker ein einziges sind, erhalten: »Ihr, die Ukrainer, seid doch, wie auch die Weißrussen, ohnehin unsere Brüder!« Man muß der Ukraine einen großherzigen intensiven »kulturellen Austausch« anbieten. (Die Nationalisten werden ihn zurückweisen? Damit werden sie nur zeigen, daß die russische Kultur und die russische Sprache für ihre »Großmacht« gefährlicher sind als alle Raketen.)

Da ist es schon besser, in einen Wettstreit darum einzutreten, welches der auseinandergerissenen slawischen Länder seinem Volk ein erfülltes Leben zu geben vermag. Aber vor jedem von ihnen erstreckt sich noch ein langer, unendlich schwieriger und vorläufig noch keinen Hoffnungsschimmer aufweisender Weg.

Aber inzwischen fließen die Jahre dahin. Und für die Jungen ist jedes Jahr – eine Epoche. Was können junge Russen in der Ukraine tun? Aus Rußland haben sie keine Unterstützung zu erwarten und wird es auch keine geben. Bleibt ihnen also nur, sich in ihr Schicksal zu fügen? Und die Sprache, die Nationalität zu wechseln? Der Gedanke an sie zerreißt einem das Herz. (Doch die einfachen russischen Familien in der Ukraine sind aufrichtig froh: Wenigstens brauchen unsere Kinder nicht in Tschetschenien zu kämpfen.)

Die sich am Horizont abzeichnende Wiedervereinigung Weißrußlands mit Rußland wäre eine glückliche Fortsetzung der historischen ostslawischen Tradition. Aber deutlich spürbare internationale Kräfte werden sowohl mit staatlichem als auch mit propagandistischem und finanziellem Druck versuchen, dem entgegenzuwirken. Und die russische Presse stürzte sich wie auf *ein* Kommando geradezu ruchlos auf den ersten Keim einer russisch-weißrussischen Union. Wie viel bekamen wir schon über eine »Unterdrückung der Menschenrechte« in Weißrußland zu hören, aber keinen Laut über das gleiche in der Ukraine oder, wo es noch schlimmer ist, in Kasachstan, und überhaupt sollte man besser in den Spiegel blicken: Haben denn Millionen von russischen Bürgern wirkliche Rechte?!

Warum hört man darüber nichts?

Und außerdem wird diese Wiedervereinigung (selbst wenn man das persönliche Gerangel um Schüsselpositionen beiseite läßt) auch durch die jetzt in Rußland eingeführte föderative Struktur behindert: Sie wird die Schaffung einer Föderation sozusagen in der zweiten Etage erheblich verkomplizieren.

Will man etwas zusammenfügen, läßt man die Axt besser beiseite.

In Tschetschenien

Nicht sehr viele in unserem Land erinnern sich daran, und die Mehrzahl wußte es auch nicht, daß die Tschetschenen während des Bürgerkrieges die Bolschewiken mit einem Massaker an den Kosaken unterstützt haben. Um die Tschetschenen zu belohnen und die Kosaken zu strafen, ordnete Dziershinski schon zu Beginn der zwanziger Jahre die brutale Deportation der Kosaken aus dem Sunjensker Bezirk und vom Mittellauf des Terek (von dessen rechter Seite) an, und ihre Siedlungen gingen an die Tschetschenen über. (Bald nach der Konsolidierung der sowjetischen Ordnung empörten sich jedoch die Tschetschenen.) 1929 erhielt Tschetschenien auch die Stadt Grosny zugesprochen, die nahezu völlig von Russen bewohnt war und bis dahin zur nordkaukasischen Region gehört hatte. Aber 1942 organisierten die Tschetschenen-Inguschen mit dem Ziel, die heranrückenden Hitlertruppen zu unterstützen, einen Aufstand, der dann schließlich auch zu ihrer späteren Deportation durch Stalin führte. 1957 gestand Chruschtschow den zurückgekehrten Tschetschenen das kosakische linke Terek-Ufer zu, während in der an das rechte Ufer des Flußlaufs grenzenden Steppe weiterhin viele Russen lebten. (Nach der Volkszählung von 1989 lebten in Tschetschenien 0,7 Millionen Russen und 0,5 Millionen Nichttschetschenen.)

Bereits im Frühjahr 1991 setzten Pogrome, Raubüberfälle und Morde an der nichttschetschenischen Bevölkerung ein (und lösten in Moskau keinen Widerspruch aus). Und die tschetschenischen Führer und Anführer der bewaffneten Gruppen zögerten auch nicht, sich im Herbst 1991 den Zusammenbruch des sowjetischen Staates zunutze zu machen. Dudajew ergriff die Macht und proklamierte die von den Tschetschenen seit langem insgeheim ersehnte Unabhängigkeit. Nicht darauf vorbereitet und außerstande, die Situation in ihrer historischen Perspektive zu erfassen, reagierte die russische Führung impulsiv und erklärte für Tschetschenien den Ausnahmezustand; aber unfähig, ihm Respekt zu verschaffen, hob sie ihn schon nach zwei, drei Tagen wieder auf, womit sie nichts anderes erreichte, als daß sie sich lächerlich machte. Und hier zeigte sich schon das erste Rätsel der darauffolgenden dreijährigen Tatenlosigkeit: Das russische Militärkommando gestand Tschetschenien, das sich selbst für unabhängig erklärt hatte, eine großzügige, sich auf alle Gattungen erstreckende Bewaffnung einschließlich einer Luftflotte zu.

Mit Tschetschenen war ich in den 50er Jahren gemeinsam in der kasachischen Verbannung. Dort lernte ich auch ihren unbeugsamen und hitzigen Charakter kennen, ihre Ablehnung jeglicher Form von Unterdrückung sowie ihre hohe kämpferische Geschicklichkeit und Erfindungsgabe. Von den ersten Tagen des Tschetschenien-Konflikts an (1991) war klar, daß der militärische Zusammenstoß mit Tschetschenien für das zerrissene, destabilisierte Rußland mit seiner Vielzahl von divergierenden politischen, sozialen und nationalen Strömungen gewaltige Schwierigkeiten mit sich bringen würde; mehr noch: Ich sah keinerlei Perspektive in der politischen Absicht, Tschetschenien zu *befrieden*. Ein vernünftiger Ausweg schien mir die Anerkennung der Unabhängigkeit Tschetscheniens zu sein, es vom russischen Körper abzutrennen und ihm Gelegenheit zu geben, die Erfahrung eines unabhängigen Landes zu machen, es gleichzeitig aber durch einen soliden militärischen Kordon abzugrenzen, wobei man das linke Ufer des Terek selbstverständlich bei Rußland lassen müßte. (Das war schon im 19. Jahrhundert so, und noch deutlicher zeigt es sich jetzt: Die räuberischen Überfälle, die Geiselnahmen, das Aufbringen von Sklaven und Viehherden – das alles ist für die Tschetschenen gleichsam ihre Art der *Produktion* angesichts des niedrigen Niveaus der eigenen Wirtschaft.) Auch müßte man notwendigerweise alles tun, um diejenigen Russen, die Tschetschenien verlassen wollen, aufzunehmen und die gut hunderttausend tschetschenischen Migranten, die über ganz Rußland verstreut sind und kriminellen Handel treiben, zu *Ausländern* zu erklären, von ihnen den Nachweis zu fordern, daß ihre Aktivitäten dem Nutzen Rußlands dienen, oder sie zur Ausreise zu veranlassen. (Diesen Plan habe ich Präsident Jelzin im Juni 1992 anläßlich unseres Telefongesprächs zwischen Washington und Vermont vorgeschlagen, doch ohne Erfolg. Ebenso vergeblich machte ich den gleichen Vorschlag später mehrmals in der russischen Presse und im Fernsehen.)

Inzwischen zog sich die russische Apathie bezüglich des abgetrennten Tschetschenien über drei Jahre hin. Mächtige und mysteriöse Interessen bestimmten in den oberen Sphären Moskaus dieses Verhalten: »Als wäre nichts geschehen.« Nach wie vor floß das Erdöl aus Tjumen in großen Mengen in die Raffinerien von Grosny und brachte Rußland nicht einmal etwas ein, der Gewinn daraus floß irgendwohin und wurde unter irgendwem aufgeteilt. Ebenso gingen die staatlichen Subventionen an Tschetschenien weiter und blieben alle ökonomischen und Transportverbindungen erhalten.

Und in Tschetschenien selbst brach ein ungezügelter Terror gegen die nichttschetschenische und vor allem gegen die russische Bevölkerung aus. Willkürlich wurden die Russen erniedrigt und gedemütigt, man raubte ihnen Hab und Gut, warf sie aus den Wohnungen, verjagte sie von ihren Grundstücken, tötete sie und warf sie aus den Fenstern, entführte und vergewaltigte Frauen, führte Männer weg und kidnappte in den Kindergärten sogar kleine Kinder, und viele verschwanden einfach spurlos. »Russen! Weg aus Tschetschenien!« Ein Klagen und Weinen erhob sich, und die Leute wandten sich um Hilfe an die russischen Instanzen, doch die blieben die ganzen drei Jahre hindurch teilnahmslos. Niemand fand zumindest administrativen oder gerichtlichen Schutz. Und die ganze jetzt so freie russische Presse hüllte sich in Schweigen angesichts des Schicksals der *anderthalb* Millionen Nichttschetschenen, schwieg ganze drei Jahre lang! Drei Jahre lang *zeigte* uns das russische Fernsehen keinerlei herzzerreißende Szenen und keine Leichen. Und während dieser drei Jahre lebten unsere berühmtesten »Verfechter der Menschenrechte« unbekümmert dahin und demonstrierten die Kaltblütigkeit unserer gebildeten Gesellschaft. (Aus diesen ganzen drei Jahren ist mir nur eine Meldung einer Moskauer Zeitung über Tschetschenien bekannt, derzufolge im ersten Halbjahr des Dudajew-Regimes in Tschetschenien »jeder dritte Einwohner ein Opfer der *Gewalt* wurde«[21] – selbstredend stets ein Nichttschetschene.) Das war nichts anderes als eine *ethnische Säuberung*, wie man heute sagt, aber die in Bosnien wurde der ganzen Welt bekannt, die in Tschetschenien – niemandem. Weder der UNO noch der OSZE noch dem Europarat.

Und kann man sich schon nicht die Inaktivität der russischen Regierung bis zum Dezember 1994 erklären, so findet man erst recht keine Erklärung für die plötzliche Kehrtwende, den Krieg gegen Tschetschenien zu beginnen.

In der Folge suchten sich die Generale bei der Durchführung von militärischen Operationen und die russische Staatsführung auf politischem Gebiet, auf Kosten Tausender und Tausender von Leben, gegenseitig an Unfähigkeit zu überbieten. (Aber kann man die Investition einer Trillionensumme in die *Wiederaufbauarbeiten* in Tschetschenien, in die Operationen auf dem Kriegsschauplatz und in den ganzen Krieg *allein* der Unfähigkeit zurechnen?) Die moskautreue Administration in Tschetschenien inszenierte *allgemeine Wahlen*, die so offensichtlich gefälscht waren, daß selbst unsere während der Sowjetperiode daran gewöhnten Nasen diesen Betrug rochen. (Später, als man den Krieg verloren hatte, löste man diese ganze *Volksmacht* in aller Stille und ohne jeden Rechtfertigungsversuch wieder auf.)

Die Liste der in diesem Krieg von den russischen Verantwortlichen begangenen Verbrechen ist endlos. (Und alle wurden mit unschuldigen Menschenleben bezahlt.) Aber ein hervorstechender und unerklärlich gebliebener Schritt war es, daß nach dem terroristischen Überfall Basajews auf Budjonnowsk im Juni 1995 nicht nur die Terroristenbande freigelassen, sondern unmittelbar danach den Tschetschenen auch fast das ganze Territorium, das man innerhalb eines halben Jahres erobert hatte, abgetreten wurde, womit man wieder zum Ausgangspunkt zurückgekehrt war.

Während dieser ganzen Kampagne rechtfertigten nicht nur die russische Führung, sondern auch nicht wenige Stimmen in Rußland die Fortsetzung des Krieges mit der Notwendigkeit, »die Einheit Rußlands zu erhalten«, denn »sonst würde sich der ganze Kaukasus selbständig machen«, denn »sonst würde ganz Rußland zerfallen«. Das war eine impulsive und übereilte Überlegung, die

die ganze Spezifik dieses Konflikts völlig außer acht ließ. Und gleichzeitig mit dem Tschetschenienkrieg trug unsere Regierung teils durch Handlungen, teils durch Inaktivität auf andere und weitaus irreparablere Weise zum Zerfall Rußlands bei. Wie konnte man denn Tschetschenien halten, wenn man schon die Krim und das Schwarze Meer abgetreten hatte? ...

Ein Verzicht auf Tschetschenien wäre wie die Amputation eines kranken Gliedes und würde eine Stabilisierung Rußlands bedeuten. Die Kette dieser schmachvollen militärischen Mißerfolge, die Rußland auf ein Nichts reduzierten und es der Verachtung der ganzen Welt preisgaben, war das wohl wirksamste Mittel, um *ganz* Rußland in den Ruin zu führen.

Und noch etwas: Hätten wir es ohne General Lebed fertig gebracht, uns aus diesem Krieg zurückzuziehen? Man hatte den starken Eindruck, daß es in Rußland weder einen politischen Willen noch ein politisches Denken mehr gab und daß wir die Schlächterei sonst noch ein Jahr, noch zwei Jahre weitergeführt hätten. Man jagte Lebed dorthin, weil er sich an dieser unerfüllbaren Aufgabe die Zähne ausbeißen sollte; er aber entschied sich dafür, die Kapitulationsurkunde in einem Krieg zu unterschreiben, den er nicht angezettelt und den er nicht verloren hatte. (Jene sind an allem schuld – und er ist schuldig, weil er, angesichts der überstürzten Waffenruhe – oder in der Hoffnung, daß der tschetschenische Gegner sich großzügig zeigen würde? – an die an den Rückzug unserer Truppen geknüpfte Garantie für die Entwaffnung der tschetschenischen Banditen glaubte – oder vorgab zu glauben? –; schuldig, weil er nicht die Herausgabe von tausend unserer Gefangenen verlangte, die mit Sklavenketten an den Füßen in Erdlöchern hockten – und damit eine weitere nicht wieder abzuwaschende Schande auf Rußland herabbeschwor.)

Und noch eine würdige Krönung dieses militärischen Finales: Um den Stolz dieses Volkes, das uns besiegt hat (und sich von uns abgespalten hat) zu befriedigen, ordnete der Präsident an, zwei unserer Brigaden, die dort ständig stationiert gewesen waren, aus Grosny abzuziehen, und das mitten im Winter! Eine davon schickte man in die offene Steppe, über die Schnee und eisiger

Wind hinwegfegte, denn unsere Soldaten brauchen kein Mitleid. (Diese Brigade fiel denn auch im Frühjahr auseinander.)

Nun beeilte man sich, denen die Hände zu schütteln, die noch kurz zuvor damit gedroht hatten, Kernwaffen gegen Moskau einzusetzen, es »in eine Zone des Schweigens zu verwandeln« und Terroranschläge gegen die Eisenbahnstrecken Rußlands zu verüben, das »nicht das Recht hat zu existieren«, denn »das ganze russische Volk besteht nur aus Tieren«.

Und wie hat die russische Bevölkerung in Tschetschenien diesen Krieg überstanden? Vor allem in Grosny konzentriert, besaß sie im Unterschied zu den Tschetschenen weder Transportmittel noch Geld, um rechtzeitig fliehen zu können. Auszug aus einer Petition der russischen Gemeinschaft in Grosny vom Frühjahr 1995: »Von der einen Seite haben die Dudajewschen Banditen auf die Russen geschossen und sie getötet, und von der anderen bombte und schoß die russische Armee auf sie. Es gibt in Grosny nicht eine Straße, nicht eine Gasse, nicht einen Park, keinen Platz, kein Stadtviertel, wo sich keine russischen Gräber befinden«. – Aber die russischen Zeitungen und das Fernsehen berichteten nur über die Verluste der Tschetschenen. (Wie recht hatten doch die demokratischen Stimmen, als sie ausriefen: »Wie kann man um der Einhaltung der Verfassung willen Menschenleben zugrunde richten?« – Merkwürdig ist nur, daß wir diese Argumentation weder am 4. Oktober 1993 noch angesichts der russischen Tode in Tschetschenien gehört haben.)

Nach der Kapitulation gerieten die Russen in Tschetschenien sowohl bei der russischen Regierung als auch bei der öffentlichen Meinung in Vergessenheit, und die vierzigtausend in Tschetschenien gebliebenen Russen sehen sich somit zum langsamen Sterben und zum Genozid verurteilt.

Sie schreiben verzweifelt: »Rußland hat uns verlassen. Helft uns, hier wegzugehen! Die den Krieg überlebt haben, werden jetzt mit ihren Familien umgebracht, und ihre Leichen schleppt man irgendwohin. Die Renten werden nicht ausgezahlt: Das geht alles in den Wiederaufbau der Stadt.«

Und wir verschließen Augen und Ohren davor, daß man sich in

Tschetschenien, mit dem wir einen wohlwollenden Friedensvertrag unterschreiben werden, noch bis heute russische *Sklaven* hält, sie verkauft und kauft – und die tschetschenischen Machthaber denken nicht daran, etwas dagegen zu unternehmen.

Aber auch das ist noch nicht alles: Die zweihundert- bis dreihunderttausend Russen, denen es gelang, aus Tschetschenien zu fliehen, und die elend und ausgeplündert nur dank der Hilfe des russischen Migrationsdienstes existieren können, werden nun, nachdem der Krieg beendet ist, von den russischen Behörden nur noch als lästige Bürde empfunden. Seit Anfang 1997 hat man aufgehört, ihnen Beihilfen zu zahlen, man entzog den Flüchtlingen das Recht, sich weiterhin in den »Zentren zur provisorischen Unterbringung« aufzuhalten, und man empfahl ihnen zurückzukehren – in ihr Tschetschenien.

Damit rundet sich das ganze große Bild der Abwendung des heutigen Rußland von Millionen seiner Landsleute, seiner Stiefkinder – doch nein, es rundet sich noch immer nicht.

Nach dem Ende der militärischen Aktionen hat die ganze Blindheit, die ganze Unverhältnismäßigkeit und Niedrigkeit im Verhalten unserer Behörden bezüglich Tschetscheniens allenthalben Verwunderung hervorgerufen. Da gab es einen einstündigen Aufenthalt auf dem Flughafen von Grosny. Da gab es das Projekt eines Vertrages über die Festlegung der Grenze, der den Tschetschenen außergewöhnliche Rechte einräumte und ihnen sogar »ihre Souveränität« zugestand – aber wozu ist dann überhaupt zwei Jahre lang Blut geflossen? »Weil wir uns so einen gemeinsamen Wirtschaftsraum erhalten.« – Heißt das, daß die Tschetschenen nun weiterhin mit ihren kriminellen Geschäften am Körper Rußlands schmarotzen dürfen? Nach einer herzlichen Begegnung im Kreml war sogar zu hören: »Tschetschenien kann für uns ein strategischer Verbündeter werden …« Welch großartiger Einfall! Innerhalb von vierundzwanzig Stunden wurde die russische »Vertretung« (die Botschaft?) aus der autonomen »russischen« Region hinausgeworfen, und unsere Regierenden nahmen das wortlos hin: Damit gingen sie in bezug auf Tschetschenien über alle Grenzen der Demütigung hinaus.

Und was macht Tschetschenien? Es sucht sich unverhohlen mit

der Türkei zu verbünden, mit der moslemischen Welt, mit wem auch immer, nur nicht mit Rußland, oder nur zögernd, weil es von uns Infusionen im Umfang von Milliarden Dollar erwartet.

Tschetschenien spaltet sich von Rußland ab und tut das ganz offen, wohlüberlegt und konsequent, aber nun auch mit dem ihm zugestandenen territorialen Zuwachs der kosakischen Erde am Terek. Und unsere Grenze verläuft jetzt nicht mehr am Terek entlang, statt dessen müssen wir uns in die Ebene der Stawropoler Steppe zurückziehen: Damit haben unsere Verantwortlichen auch die Integrität und Sicherheit dieser ganzen Region hingegeben. Und jede Nacht überqueren tschetschenische Plünderer diese unnatürliche und ungeschützte Grenze ungeniert und ohne Mühe, berauben die Grenzbevölkerung und treiben das Vieh weg, so daß die Kosaken dort lauthals nach Waffen rufen, um sich, nachdem sie von den Behörden nichts mehr erwarten, selbst zu verteidigen, wie es die benachbarten Dhagestaner tun, damit sie sich gegen ihre kaukasischen Brüder aus Tschetschenien wehren können, die auch ihnen Gewalt und Zerstörung bringen.

Und den russischen Behörden bleibt nur, ihre hilflose Machtlosigkeit wiederzukäuen. (Den überzeugten »Demokraten« scheint es jetzt hingegen am klügsten zu schweigen, während den diplomatischen Kanzleien aus aller Welt nichts anderes übrigbleibt, als mit Lösegeld ihre Geiseln freizukaufen.)

Der verachtungswürdige Abschluß eines verbrecherischen Krieges.

Und noch und noch die Ausgegrenzten

Das Dorf – es wird nicht weniger vom Neuen Rußland vernachlässigt und ausgegrenzt.

Es gab unter Stalin die Kollektivierung. Die Resultate sind bekannt: Das Dorf wurde völlig umgestülpt, es wurde um fünfzehn Millionen seiner Besten beraubt und versank in einen gestaltlosen Zustand. Doch unser widerstandsfähiges Volk vermochte dem irgendwie standzuhalten, sogar während des vernichtenden sowjetisch-deutschen Krieges. Dann, und wir sollten das nicht vergessen, beschloß Chruschtschow für das Dorf den »Zusammenschluß der Kolchosen«: Zehn Kolchosen wurden zu einer vereinigt, und damit entpersönlichte man die Arbeit endgültig; die Lotterwirtschaft hielt ihren Einzug (dazu kam die Vernichtung der Honig spendenden Wiesen zugunsten der Anpflanzung von kümmerlichem Mais). Und später, vergessen wir auch das nicht, ordnete Breschnew die Liquidierung von »Dörfern ohne Perspektive« an; man ließ ausgedehnte Ackerflächen in Mittelrußland brachlegen (man glaubte, das mit dem Chruschtschowschen Neuland in Kasachstan ausgleichen zu können), und man ruinierte damit die Existenz weiterer hunderttausend tief verwurzelter Bauern.

Noch später kam man nicht umhin, auch unsere schwachsinnigen *Reformen* auf das Dorf zu übertragen. Hatte man eine historische Analyse des Problems durchgeführt? Hatte man nach schöpferischen Lösungen gesucht? Hatte man, etwa in Aussprachen, die Volksmeinung gehört? Keineswegs. In aller Eile bastelte man einige nicht durchdachte, materiell kaum begründete Losungen zusammen, und danach, nach dem Boom der überall aus dem Boden schießenden Banken, nach der Aufteilung des Kuchens der Industriegiganten und nach der buntscheckigen Fülle von importierten Lebensmitteln wandten die Herren unserer Geschicke ihre Blicke schon nicht mehr zum Dorf zurück.

Unter diesen rasch hingeworfenen und allenthalben nachgeahmten Losungen gab es (noch während der Epoche Gorbatschows) eine, die geradezu reißerisch die unverzügliche Einführung von Pachtwirtschaften (!) forderte. Und wie stets gab es eifrige Schreihälse, die sofort eine Kampagne zur »Verpachtung« in Gang setzten: Soundso viele Pachtwirtschaften im Gebiet, soundso viele in der Region, soundso viel Prozent und so weiter – und man begann das in einem wahren Durcheinander in Angriff zu nehmen. Diese ganze Schandtat ist schon viele Male ausführlich in der Presse beschrieben worden, ich will das alles nicht wiederholen: Die maßlose staatliche Übertreibung von 213% im Jahr, die staatlichen Irreführungen, die Bestechungen der örtlichen Behörden, die endlosen bürokratischen Schikanen, die unrentable Arbeit –

und die massenhafte Verarmung derer, die sich auf dieses waghalsige Unternehmen eingelassen hatten.

Und wie man es aus den siebziger Jahren gewohnt war, kamen die Verordnungen eine nach der anderen wie Peitschenhiebe. Die erste erfolgte schon, als man noch nicht einmal begonnen hatte, am 27.12.91: sie ordnete den unerverzüglichen Verkauf von Boden mittels Auktionen an. Zum Glück wurde sie dank unserer Trägheit bald zu Grabe getragen.

Danach wurde eine Direktive unserer neuen demokratischen Macht verkündet (1992): In einigen Wochen, bis zur Aussaat im Frühjahr, unverzüglich die Kolchosen und Sowchosen zu privatisieren und den Werktätigen zu übereignen. Gesagt, getan: An den Büros der Direktoren und Vorsitzenden, wechselte man die Türschilder aus, auf denen nunmehr zu lesen stand »Direktor der Aktiengesellschaft« oder »Vorsitzender der Genossenschaft«; wieder einmal wurden die Kolchosbauern zusammengeholt, um ihnen zu erklären, daß sie von nun an ehrenwerte Eigentümer wären und jedem soundso viel Hektar Boden zufalle (aber sie erfuhren nicht, was für einen Boden sie erhielten und wo wessen Boden sich befand). Und alles blieb für sie beim alten, ausgenommen für die Agrarbarone: Sie steckten sich die Flächen mit dem besten Boden ab, veranschlagten sie nach dem seit 1985 unveränderten Bodenpreis und waren dazu noch der bisherigen Verpflichtung enthoben, sich vor den Rayonkomitees verantworten zu müssen. (Und die westliche Welt zollte unserer raschen Privatisierung Beifall.)

Aber unser Dorf erfuhr noch einen weiteren Zusammenbruch. Die sich zusammenziehende Schlinge der nach oben schnellenden Preise machte die Produktion von Milch (man schüttete sie weg), von Fleisch und Getreide sinnlos: Sie bringt nicht einmal die Ausgaben für den Kraftstoff wieder ein, und angesichts eines fehlenden Großhandelssystems muß man seine Produktion zu Spottpreisen verkaufen. Und es setzte die erste große Bewegung ein: In großem Maße wurden die Rinder abgeschlachtet. 1991 sank ihr Bestand um das »Doppelte«, und das war derart katastrophal, daß man das in den nächsten zehn Jahren nicht wieder ausgleichen kann. Verloren wir während der wilden Kollektivierung 16,2 Millionen Rinder, so waren es in den Jahren 1992–96 dank der »Reformen« – 19,6 Millionen.[22] Die zu bestellenden Ackerflächen werden ständig reduziert, die Felder verkrauten, und es gibt keine Mittel, um dagegen anzukämpfen, der Maschinenpark ist zu Schrott verkommen, und jedes Jahr bleibt nichtabgeerntetes Getreide und Gemüse auf den Feldern. Immer neue Bodenflächen, Tausende Hektar Ackerboden werden aufgegeben (erinnern wir uns daran, daß sie durch den Kunstdünger mit Chemie durchsetzt, von den schweren Traktoren niedergewalzt sind): Es fehlt auch an Saatgut, an Händen – und *wozu* soll man auch säen? Es ist sinnlos geworden. Hinzu kommt noch, daß es keine staatliche Unterstützung gibt, um den unschätzbaren Flachs anzubauen. Die Schneisen in den Hochwäldern wachsen zu. Um etwas später wiederherzustellen, braucht es noch immer weitaus mehr Zeit, als nötig war, es zu zerstören.

Und was geschieht nun mit den Kolchos-»Aktionären«? Wie oft hat der sowjetische Staat die Bauern betrogen? – Zahllose Male. Und wie oft hat er Versprechungen eingehalten? – Kein einziges Mal. Im menschenleer gewordenen Dorf findet sich immer weniger wirkliche Arbeitskraft und noch weniger Arbeitseifer: *Wozu* arbeiten? Wenn niemand die Produktion des Dorfes mehr braucht, bleibt nur noch eines im Leben: sich betrinken. Die »Aktionärsgenossenschaften« befinden sich in einem Zustand der Lethargie: Man ist weit davon entfernt, mit ganzer Kraft zu arbeiten, bekommt dafür aber auch nur Übriggebliebenes. Die Leute leben von ihren kleinen Grundstücken und von im Kolchos beiseite Gebrachtem, man stiehlt, wo es sich machen läßt, und sie leben in der alten, kein Aufrichten erlaubenden Abhängigkeit von dem kleinen Kolchosfürsten: Man muß zusehen, daß er einem mit Brennholz oder mit Mischfutter für das Vieh hilft. Wie uns ein guter Kenner des heutigen Dorflebens, B. Jekimow, erklärt: »Sie sind mit dem Kolchos verwachsen; wollte man sie von ihm trennen, hieße das, ihnen ins Fleisch schneiden.«

Tatsächlich besteht das Problem nicht in der Form des Eigentums am Boden, sondern darin, wie viele Mittel (und Klugheit!) man in den Boden investiert. Um zum Kleineigentum überzugehen, muß man vor allem auch das Profil des ganzen Landmaschinenbaus ändern und ein System für den Verleih oder die Pacht von Landtechnik schaffen. Auch in Holland gibt es heute viele landwirtschaftliche Kooperativen – und im vorrevolutionären Rußland gab es eine Fülle von Kooperativen jedweder Art, bis hin zu kooperativen Kredit- und Sparkassen; selbst kleine Molkereikooperativen in Sibirien versorgten ganz Europa mit Butter von bester Qualität. (Die Bolschewiken verwandelten die Kooperativen in Kolchosen und die Semstwos in Sowjets und ruinierten sowohl die einen als auch die anderen.) Übrigens ist die Zusammenfassung von landwirtschaftlichem Grundbesitz bei verstärktem Einsatz von Technologie immer rentabler. (Überhaupt herrschte im vorrevolutionären Rußland ein freier Wettbewerb zwischen den verschiedenen Arten der Produktion und der Eigentumsform, der staatlichen, der kooperativen, der des Semstwos und der großer und kleiner Privatunternehmen.)

Heute werden die öffentlichen Gebäude, Geschäfte und Klubs in den Dörfern geschlossen, oft gibt es in einem Dorf nur ein einziges Telefon. Man schließt auch die Polikliniken und Schulen. Und nicht in jedem Dorf hört man noch Kinderstimmen.

Und dort lebt ein *Viertel* der Bevölkerung unseres Landes. Heute versucht man unserer Gesellschaft einzureden, daß das Land keine nationale Bauernschaft mehr braucht. Aber mit dem Untergang des Dorfes verändert sich unumkehrbar auch das ganze russische Volk.

Das Schicksal des Bodens – Aber es ist doch merkwürdig: Im selben Augenblick, in dem man uns sagt, das wir den Bauernstand nicht mehr brauchen, und die das Land regierende Oligarchie und ihre Ideologen in den Zeitungsredaktionen ihre Gleichgültigkeit dem Schicksal des Dorfes, den Resten der Bauernschaft und selbst den Ernten gegenüber manifestieren, ruft man hartnäckig und sogar wutentbrannt nach einem Gesetz, das den freien Verkauf von Boden erlaubt! Ein Geheimnis? Ganz und gar nicht. Der ganze Hauptstadtrummel mit der unbegrenzten Freiheit, Boden zu verkaufen, ist keineswegs auf landwirtschaftliche Produktion gerichtet, sondern allein darauf, die günstigste Möglichkeit zu finden, sein dem Staat gestohlenes Kapital in Grund und Boden anzulegen. Man zittert schon vor Ungeduld, die Hand auf die Latifundien zu legen!

Mit welcher Gier stürzte man sich darauf, die unverzügliche Organisierung von Verkaufsauktionen zu fordern! Aber kein Wort darüber, was man mit dem Boden zu tun beabsichtigt: Die Rechte des Eigentümers sind unantastbar! (Und die auf diesem Grund und Boden leben? Mögen sie sich noch so sträuben, man rüstet sich schon, sie auch zu vertreiben.)

Man versuchte, sie, für dieses Mal, zur Vernunft zu bringen: Der Boden sei nicht überall gleich, man müsse erst einmal ein Grundbuch erstellen, wofür man alles in allem etwa zehn, zwölf Jahre brauchen werde. Darauf folgte ein scharfsinniger Ukas des Präsidenten: Das Grundbuch ist innerhalb eines Monats zu erarbeiten! Er wurde übrigens, ebenso wie andere Verordnungen, rasch wieder vergessen.

Gott hat uns beschützt: Dieses schurkische Gesetz konnte bis heute nicht erlassen werden. (Aber der schwarze Grundstücksmarkt ist überaus aktiv, und sogenannte »Schattenverkäufe« haben, besonders in der Nähe großer Städte, Konjunktur. Und in einigen autonomen Regionen bereitet man noch eine andere Perversion vor: Das Recht auf Eigentum an Grund und Boden wird nur den Repräsentanten der Titular-Nation zugestanden.)

Aber hätte man sich nicht, als man begonnen hatte, so leidenschaftlich über die Frage des *Verkaufs* von landwirtschaftlichem Grund und Boden zu debattieren, zuerst darüber Gedanken machen müssen: Woher hatte ihn der Staat? Er ist doch gestohlen, der Bauernschaft weggenommen worden.

Statt all dem lärmenden Gerede über den *Verkauf* sollte man besser nach Wegen suchen, wie man den Boden den Bauern *zurückgeben* könnte, sowohl den Bauern der Kolchosen und Sowchosen, die durch die Kollektivierung beraubt wurden, als auch den Nachkommen derjenigen, die noch früher der sogenannten Entkulakisierung zum Opfer fielen. Man kann noch viele davon in den verschiedensten Orten finden, die darum bitten, ihnen die

Grundstücke, die ihren Großvätern oder Urgroßvätern gehörten, zurückzugeben. (Aber man antwortet ihnen: »Bringt schriftliche Beweise für die Enteignung!« Als hätten die Enteigner derartige Papiere ausgegeben. Aber die Leute am Ort können sich noch daran erinnern.) Das alles zusammen würde zu einer gerechten *Rehabilitierung der Bauernschaft* führen.

Machen wir das aber nicht, werden wir ein Staat von Räubern sein.

Man sollte besser damit beginnen, in großem Maße die Meinungen von Agronomen, Spezialisten für Melioration und der Bauern selbst zur Kenntnis zu nehmen. Ich habe während meiner Reisen durch Rußland, soweit ich konnte, solche Meinungen zusammengetragen. Und alle diese Meinungen sind gleichlautend und stehen nicht im Widerspruch zu der Formulierung der vorrevolutionären Vierten Staatsduma über »das Privateigentum mit dem Recht auf eine ständige und vererbbare Nutzung«.

Doch der Boden darf nicht durch Auktionen denen überantwortet werden, die mehr zahlen können, sondern muß durch einen Wettbewerb an diejenigen gehen, die seine bestmögliche Nutzung garantieren. Um die Gesundheit und den Reichtum Rußlands zu bewahren, ist es nötig, daß der Wechsel des Eigentums entsprechend der landwirtschaftlichen Nutzung des Bodens erfolgt und mit der Effektivität und der Vernunft derjenigen, die ihn bearbeiten. Aber wieviel Zeit und Arbeit wird noch nötig sein, um einen solchen *Mechanismus* in Gang zu setzen, der nur durch ein System örtlicher Landwirtschaftsbanken funktionieren kann.

Man kann sich einen Verkauf mit definitiver Übertragung auf die Erben vorstellen; man kann sich ein Pachtsystem vorstellen; dabei ist es natürlich notwendig, die Formen der Bodennutzung den jeweiligen örtlichen Bedingungen anzugleichen. Doch in all diesen Fällen bedarf es einer sehr genauen lokalen Kontrolle, ob die Wirtschaft auch effektiv und ökologisch geführt wird. Und wenn der Naturschutz nicht gesichert ist oder wenn die Wirtschaft zwei, drei Jahre lang unzulänglich geführt wird, erlischt das Besitzrecht und dem Käufer werden die Kaufsumme und die bis dahin aufgewendeten Mittel zurückerstattet. Die gesamte Grundstückssteuer sollte (bei entsprechender Berücksichtigung der Qualität des Bodens und der Lage der Ackerfläche) von den örtlichen Behörden nur für lokale Aufgaben verwendet werden. Der Boden ist kein ewiger Dulder, keine Ware wie jede andere: Er braucht jemanden, der ihn ständig bearbeitet.

Und die Wälder, die Seen, die Moore müssen im Besitz des Staates bleiben und dürfen erst recht nicht verkauft werden. (Aber schon findet ein Ausverkauf der Wälder statt ...)

Und der Landwirt? Ist er denn nur ein Produzent von Nahrungsmitteln? Er lebt in einem permanenten Einklang mit der Natur und ihrem Rhythmus. Und eine klug organisierte landwirtschaftliche Arbeit vertieft diese Beziehung. Es muß doch jemand im Volk sein, der in Harmonie mit der Natur lebt, ein Gespür für sie hat. Die enge Verbindung des Bauern mit der Erde, mit ihren Quellen, Bächen, Flüssen, ihren Waldstücken und Gehölzen ist doch die Wurzel der Spiritualität des Volkes. Die Erde – das ist die unerschöpfliche und reine Quelle der Liebe zur Heimat, auf der die Beständigkeit des Staates ruht. Die tiefe Verwurzelung des Volkes in seiner Erde ist keine *Ware*, die an der Börse gehandelt werden kann, sie ist uns ebenso teuer wie die Heimat selbst und unsere Seele.

Und dieser tiefen, uns so teuren Verwurzelung droht die völlige Vernichtung.

DAS SCHICKSAL DER MITTELSCHULEN – Über unsere Schulen habe ich bereits viel geschrieben und gesprochen; muß ich mich hier wiederholen? Heruntergekommen, vor allen in den Dörfern. Das Elend der Schulen, das Elend der Lehrer. Millionen junger Menschen wird das Recht entzogen, eine vollständige mittlere Bildung zu erlangen. Ein verantwortungsloser Reigen von Schulprogrammen, Lehrbüchern und Lehrmethoden, der faktisch an die Zerstörung des ganzen einheitlichen Wissensgebäudes grenzt. Und die aufwendig angekündigte große Schulreform des Jahres 1997? Sie wuchs sich zu einem juridisch-finanziellen Hybrid aus: Wie könnte man es anstellen, daß die Schulen sich selbst erhalten? Und was den Staatshaushalt angeht, muß man sehen, ob noch etwas in den Kassen geblieben ist.

Sind unsere Kinder nicht diejenigen, die man am meisten und am unwiderruflichsten ausgegrenzt hat?

Die kampflos geschlagene Armee

Wieviel ist darüber schon gesagt, geschrieben, gedruckt worden. Immer wieder erreichen uns erschreckende Signale: bald explodieren wieder und wieder schlecht bewachte Munitionsdepots – und das kann doch nicht alles Zufall sein; Bald hört man von unerklärlichen Morden, von Wachsoldaten, die von ihren eigenen Kameraden erschossen wurden, Vorfälle, die in der Militärgeschichte aller Länder einzig dastehen.

Natürlich hat die Unterhöhlung unserer Armee schon viel früher begonnen – eine Konsequenz der allgemeinen Verderbtheit des kommunistischen Regimes. In dem gleichen Maße, in dem sich ihre materielle Situation verschlechterte, wandten sich die Offiziere den immer bedenklicher werdenden Lebensbedingungen ihrer Familien zu, und eine große Zahl von ihnen verschloß vor dem, was in ihren Kasernen und unter ihren Soldaten geschah, die Augen. Und dort hatte sich das Gefühl, eine eingeschworene Kampfgemeinschaft zu sein, das Soldaten *mehr* als alles andere vereint, schon seit Jahrzehnten verflüchtigt; der Egoismus und der Sittenverfall, die sich im Lande breitgemacht hatten, manifestierten sich hier nun in der Form einer Gaunermentalität, der es darauf ankam, die Menschenwürde mit Füßen zu treten – der erniedrigenden *Dedowtschina*[23]. Und ein derart sinnloser Krieg wie der in Afghanistan vermochte diese in der ganzen Armee herrschende gefährliche und düstere Atmosphäre schon gar nicht zu reinigen. Selbst die höchsten Kreise der Militärführung dachten nicht daran, sich ernsthaft mit den zersetzenden Erscheinungen in der Armee zu beschäftigen: *Ihren* Söhnen blieb es erspart, in diese Bedrängnis zu geraten, zumal, wie es den Anschein hatte, die militärische Kraft des Landes weniger vom Zustand der Armee als von der nuklearen Bewaffnung abhing.

Aber es folgten Monate und Jahre internationaler Begeisterung unserer Gesellschaft: Hurra! Wir haben keine Feinde mehr auf der Erde! Niemand wird uns jemals angreifen oder es wagen, uns zu bedrohen! Und die Vereinigten Staaten werden niemandem mehr ein Haar krümmen (nicht einmal um des Erdöls willen).

Und alsbald regte sich eine glänzende Idee: Wozu brauchen wir jetzt noch eine Armee – diese schwerfällige Kraft, auf die sich doch nur die Reaktion stützen kann? In der Presse setzte eine wilde Kampagne ein, die über die Armee und über alles, was mit der Armee zu tun hatte, herfiel. Mit all seiner Leidenschaft und Überzeugung machte man sich daran, über die unerträgliche, zweimillionenfache (damals) Bürde zu schreiben, die auf unserem freien Leben lastete.

Von 1985 bis 1995 wuchs die Zahl derer, die sich dem Militärdienst zu entziehen suchten, um das Zehnfache. Die Militärkommandos begannen Jagd auf die Wehrpflichtigen zu machen: Man fing sie auf den Straßen ein, schleppte sie aus den Wohnungen. («Aber kann ein Arretierter ein guter Soldat sein?«) Und ließ sich das Rekrutierungssoll auf diese Weise nicht erfüllen, wurden auch Geistesgestörte und psychisch Kranke der Armee einverleibt. (Kann man sich angesichts dessen noch darüber wundern, daß auf die eigenen Kameraden geschossen wurde?)

Im Verlauf meiner Reisen hatte ich Gelegenheit, mich auch mit Wehrpflichtigen zu unterhalten; ich war über ihre Jugend erstaunt: Es waren noch Halbwüchsige, Kinder; sie werden schon mit achtzehn Jahren einberufen und wirken noch jünger, als sie tatsächlich sind, sind schwächlich, unterernährt und noch im Wachstum begriffen. Und alle haben sie das Gefühl, in eine *ausweglose Situation* geraten zu sein: So mancher hat dank des Geldes der Eltern, dank eines schon clever eingefädelten Geschäfts ein Hintertürchen gefunden oder ist in einer Hochschule untergetaucht – sie aber sind in die Falle geraten. (Ein Offizier vertraute mir an: »Unsere Armee ist wieder eine Arbeiter- und Bauernarmee geworden, von der Intelligenz findet man dort niemanden.« – Ein anderer erinnerte sich an die alten Zeiten: »Es galt einmal als Schande, krankheitshalber als untauglich zurückgestellt zu werden, heute wird das als Glück empfunden.«) In den Zeitungen erscheinen Fotos von Wehrpflichtigen, denen man die *physische Degeneration unserer Nation* förmlich ansieht.

Und wie soll man die Mütter nicht verstehen: Jeder Staat, der junge Leute zur Armee einberuft, übernimmt die natürliche Verpflichtung, sie dort wie Söhne des Vaterlandes und nicht wie strafrechtlich verfolgte Kriminelle oder Sklaven zu behandeln. Das gilt für jeden Staat – aber nicht für den spätsowjetischen und auch nicht für den heutigen. Unsere Oberen sind derart mit ihren hohen Aufgaben beschäftigt, daß sie nicht die Schreie der Mütter wahrnehmen, die sehr wohl wissen, daß die Gefahr, die ihren ihnen entrissenen Söhnen droht, nicht auf dem Schlachtfeld, sondern hinter den Mauern der Kasernen lauert, wo ihre Söhne Demütigungen, Schlägen und äußersten Erniedrigungen bis hin zu Vergewaltigungen ausgesetzt sind und nicht selten im verzweifelten Selbstmord enden.

Diese Verzweiflung läßt Millionen von Menschen das Blut in den Adern gefrieren – doch nicht unseren Herrschenden.

Wie gering mußten Gewissen und politische Intelligenz sein, um mit einer Armee in solch einem Zustand Tschetschenien zu überschwemmen, Rußland noch und noch Verpflichtungen aufzubürden, seine *Kontingente* hierhin, dorthin und ich weiß nicht, wohin noch zu schicken, um das Prestige der »Großmacht« völlig aufzubrauchen?

Bei meinen Besuchen in den Garnisonen erfuhr ich: Es gibt kein ordentlich ausgebildetes Unteroffizierskorps, es fehlt an Leutnants (die jungen Offiziere verlassen die Armee in hellen Scharen), und von zehn Offizieren besitzen neun keine eigene Wohnung. Und das ist längst noch nicht alles: Man zahlt keinen Sold, so daß Offiziere sich nebenher als Transportarbeiter verdingen müssen. Manche denken aus Verzweiflung an Selbstmord. (Hier könnte man aus jedem Absatz ein ganzes Kapitel machen.)

Es gibt in den Garnisonen kein Benzin, um Manöver durchzuführen, es fehlt an Geld, um Schießplätze zu pachten, und nirgendwo kann man Schützengräben ausheben; Ersatzteile fehlen, und die Stunden, die militärischen Übungen gewidmet sein sollten, gehen für Reparaturen an den technischen Geräten darauf. Was für eine erschreckende Kampfunfähigkeit! Welch eine apathische Untätigkeit unserer höchsten Instanzen! Braucht man die Armee möglicherweise nur noch für irgendwelche Gratiseinsätze beim Bau oder, falls nötig, für die Unterdrückung eines Aufruhrs? (Doch nein, nicht für einen Aufruhr, dafür gibt es die besser ausgerüsteten *inneren* Truppen.)

Von den Offizieren hörte ich: »Jetzt ist der Militär ein Paria.« – »Wir werden von der Presse und vom Parlament verunglimpft.« – »Nur unser Gewissen hält uns noch hier. Aber das ist kränkend für die bespuckte Armee.« – »Das Fernsehen und das Radio arbeiten *gegen* die Armee.« (Unser Fernsehen! Ich erinnere mich an das alte Sprichwort: *Wir verstehen nicht, mit dem Bogen, nicht mit der Hakenbüchse zu schießen – aber zum Tanzen und Singen findet man keine Besseren als uns.*) – »Wir verspüren ein Gefühl nationaler Erniedrigung.« – »Was aber hält uns? Wir haben einen Eid geleistet.« – »Nein, wir dienen einfach nur noch aus Trägheit.« – Und ein Soldat: »*Wem* dienen? Alle wollen leben!«

Eine Reform, eine Reform der Armee! Sie hat sie nötig – und von Grund auf!! Aber wie gedankenlos gehen wir seit Jahren in der Ökonomie mit dem Wort »Reform« um, und genauso ergehen wir uns in vielstimmigem Wortgeklapper über die Armeereform. (Und das, obwohl der Präsident uns immer wieder versprochen hat, sie wie so viele andere schon in die eigenen Hände zu nehmen!)

Noch vor kurzem veröffentlichte der General Andrej Nikolajew (inzwischen natürlich vom Dienst suspendiert) eine Analyse[24], in der er überzeugend darlegte, daß alle unsere höchsten Instanzen zwar oft und gern von einer »Armeereform« reden (die, abgesehen von einigen kosmetischen Details, bis heute noch nicht begonnen hat), aber vermutlich eher an einer Komödie teilnehmen – »ohne ein klares Bild vom Sinn, vom eigentlichen Ziel und dem endlichen Resultat einer Armeereform zu haben«; sie verlieren sich in Details und sind außerstande, dieses Problem in seiner ganzen Globalität zu verstehen: Für *welche* spezielle militärische Situation wird heute die russische Armee gebraucht? Erst dann kann man doch entscheiden, *woraus* sich die Armeereform zusammensetzen soll. Der General bestand auf der Notwendigkeit, einen Unterschied zu machen zwischen einer allgemeinen »Verteidigungsdoktrin« (die auch die Möglichkeit einer Offensive nicht ausschließt) und einer »reinen Verteidigung«, die alles andere ausschließt. Und er kommt zu dem richtigen Schluß: Nach so vielen Jahren, in denen wir *überall* in der Welt *alle* unsere Positionen aufgegeben haben und Rußland zum Objekt allgemeinen Spotts geworden ist, können wir als letzte Ultima ratio nur noch die zweite Möglichkeit ins Auge fassen.

Aber jegliche Armeereform bedarf finanzieller Mittel – doch wo finden wir diese, wenn wir nicht einmal genug Geld haben, um die gegenwärtige Armee zu unterhalten, noch dazu angesichts ihrer Zerrüttung? Der Unterhalt eines freiwilligen Zeitsoldaten kostet das Armeebudget ebensoviel wie der von vier Wehrpflichtigen. Und verringert man die Armee, braucht sie zur Bedienung der komplizierten Technik um so qualifiziertere Kader.

Diejenigen, die glauben, einen Staat wie Rußland noch erhalten zu können, ohne für unsere Armee zu sorgen, ohne sie zu stärken und ihr ihre Würde wiederzugeben, sind von allen guten Geistern verlassen. Es ist schließlich allgemein bekannt: »Ein Volk, das seine eigene Armee nicht ernähren will, wird eine fremde ernähren müssen.«

Und je gewaltiger ein Land, je zahlreicher seine Bevölkerung ist, desto mehr bedarf es einer starken Armee und aufopferungsvoller Generäle, die sich nicht den Genüssen materiellen Wohlstands hingeben.

Und noch ein Echo des anfänglichen Enthusiasmus der *Perestroika:* Wozu brauchen wir jetzt noch diesen barbarischen Komplex der Militärindustrie? Keinen Rubel mehr dafür! Soll er mit seinen Forschungsinstituten, mit seinen Konstruktionsplänen, seinen fertigen oder halbfertigen Produkten ruhig selbst alles auslöffeln und meinetwegen Kasserollen und Rechen produzieren (noch dazu in einem Flugzeugwerk). Und genau das tat die Regierung. Aber selbst für diese Konversion war kein Geld vorhanden.

Und es setzte ein rascher Zerfall von wissenschaftlichen, technischen und technologischen Zweigen der Rüstungsindustrie ein, begleitet von einer Massenflucht kluger Köpfe (nicht selten auch ins Ausland). Dazu kam noch die »Privatisierung« mit Beteiligungen aus dem Ausland. Erst vier Jahre später (2.10.1995) erfuhren wir aus einem unerwarteten Ukas des Präsidenten, daß »die Art und Weise des Verkaufs von Aktien staatlich-strategischen (!) Charakters undurchsichtig und nebulös« gewesen war. (Ein Berater des Präsidenten: »Der Verkauf nahm einen lawinenhaften Charakter an.«) Und erst jetzt geht man daran, diesen Verkauf einzuschränken. Aber wo wart Ihr bis dahin, meine Herren Regierenden? *Erst wenn das Kind in den Brunnen gefallen ist, deckt man ihn zu.*

Dementsprechend hat man auch das Budget der strategischen nuklearen Streitkräfte reduziert, und man hat heute allen Grund zu der Hoffnung, daß sie in einigen Jahren verrottet und nicht mehr vorhanden sein werden.

Was ist uns zum Atmen geblieben?

Gegen Ende der 90er Jahre hat sich in Rußland eine gespenstische Pseudo-Existenz breitgemacht, die uns vorgaukelt, wir würden in einer Republik mit freien Wahlen leben und wir hätten eine »freie Presse«, die uns vormacht, alle Bemühungen der Regierung wären darauf gerichtet, die Produktion wieder aufzurichten, und die Regierenden würden seit sieben Jahren einen angestrengten Kampf gegen die Korruption im Staatsapparat und gegen die galoppierende Kriminalität führen. Aber: Die notorisch korrumpierten Verantwortlichen bleiben auf ihren Posten; und Mörder können fast nie dingfest gemacht werden. Die Zügellosigkeit und der Zynismus der kriminellen Banden haben den Preis für ein Menschenleben auf Null sinken lassen. Das organisierte Verbrechen triumphiert seit dem Beginn der großen Reformen und unterwirft sich mittels Geld die allgemeine Ideologie. Die Ohnmacht der Justizorgane ist so offensichtlich geworden, daß sie kaum noch von jemandem um Hilfe gebeten werden: Es wäre ohnehin nutzlos. Kann man da noch von einem »Rechtsstaat« reden?

Es wäre der reine Hohn.

Angeblich schützen unsere Grenztruppen die Grenzen, aber diejenigen Offiziere, die sich weigern, sich von den Schmugglern bestechen zu lassen, und sogar ganze Abteilungen der Grenzwachen fallen Bombenanschlägen zum Opfer, und natürlich kommt man den Mördern nie auf die Spur. Angeblich ist die im Land existierende Armee in der Lage, die Heimat zu verteidigen, aber sie ist nicht einmal imstande, selbst in Friedenszeiten ordentlich die Kasernen zu bewachen.

Man könnte diese Beispiele beliebig fortführen: Die traurige Wirklichkeit wird mit schönen Worten verschleiert.

Die Bevölkerung dieses gewaltigen Landes wird auf die primitive Naturalwirtschaft zurückgeführt und ernährt sich mit Hilfe ihrer kleinen Gemüsegärten. Weite Gebiete Rußlands – der äußerste Norden, Kamtschatka, der ferne Osten und ein Gutteil von Sibirien – werden sich selbst überlassen und haben im Winter nicht einmal Heizmaterial! Den Bewohnern bleibt nur, davonzulaufen oder sich nach einer anderen Herrschaft umzusehen.

Unsere wissenschaftliche Forschung vermag sich kaum noch irgendwo zu halten, und ihre leistungsfähigsten Einrichtungen gehen zugrunde: Es fehlt an Geld, und man kann nicht einmal ihren Bestand sichern. Renommierte Wissenschaftler sehen sich gezwungen, in Hungerstreiks zu treten, und Institutsdirektoren sehen keinen anderen Ausweg als den Selbstmord. Doch nein, der Selbstmord ist hier zum allgemeinen staatlichen Maßstab geworden: Unsere wildgewordenen Führer erdolchen die Zukunft Rußlands. Die begabte akademische Jugend geht ins Ausland und zerstört damit die Tradition unserer Lehranstalten. Die Studenten hungern buchstäblich. Und die Kultur? Die Bibliotheken? Die Museen? Das ist nur der Anfang der Liste unseres Scheiterns.

Der gesamten Krankenhausmedizin mangelt es an Medikamenten und Geräten, sie wird für Patienten, die nicht über die entsprechenden Geldmittel verfügen, immer unzugänglicher und treibt die Ärzte dazu, sich völlig zu verausgaben. Die »Liquidatoren« Tschernobyls, die ihre Gesundheit hingegeben haben, um die Folgen der Sorglosigkeit des Staates zu beheben, werden nicht mehr gebraucht und können nun sterben, ohne eine Entschädigung erhalten zu haben. Und selbst das Recht der Menschen, in einem Sarg oder sogar ohne Sarg beerdigt zu werden, wird letztlich zu einer Frage des Geldes.

Nicht scheinbar aber ist der demographische Niedergang, das unheilschwangere *Aussterben* nicht nur aller Völker Rußlands, sondern vor allem der slawischen Population. Wie die Statistik der letzten Jahre zeigt, sterben gerade die ethnischen Russen aus – und mit welcher Schnelligkeit? Seit 1993 hat die Zahl der Sterbefälle unter den Russen die der Geburten um *eine Million im Jahr* übertroffen. Das ist ein Verlust innerhalb eines Jahres, als hätte ein Bürgerkrieg gewütet. Einen derartigen Bevölkerungsrückgang hatte man seit dem Zweiten Weltkrieg *nirgends* auf der Welt zu verzeichnen. Alles weist daraufhin, daß das auch in den künftigen Jahrzehnten so weitergehen wird: Und es gibt nicht den geringsten Hinweis darauf, daß sich das ändern könnte. (Dazu kommt, daß der Zufluß der russischen Flüchtlinge diesen Schwund zum Teil überdeckt.) Aber ruft diese Verminderung bei unseren so redegewandten Politikern Sorge hervor? Hat je einer von ihnen auch nur den Versuch unternommen, ihr Einhalt zu gebieten, hinreichend stabile Existenzbedingungen zu schaffen, die der Erhaltung der Bevölkerung dienen?

Der Geburtenrückgang bei den Russen ist ebenfalls ohne Beispiel in der Welt. Während des ganzen 19. Jahrhunderts und am Beginn des 20. kamen auf eine russische Frau im statistischen Durchschnitt 7,5 Geburten (es gab nicht wenig Familien, die 12 bis 14 Kinder hatten): Innerhalb einer Generation nahm die Bevölkerung um das Anderthalbfache zu. Heute hingegen gibt es in den russischen Familien häufig nur noch ein Kind, und die durchschnittliche Geburtenzahl pro Frau beträgt statistisch 1,4 bis 1,8; die fatale Grenze für die Reproduktion der Bevölkerung liegt jedoch bei 2,15, darunter beginnt der Prozeß des Aussterbens. Es gibt Berechnungen, denen zufolge der Anteil der Russen in der Russischen Föderation bereits in der Mitte des 21. Jahrhunderts weniger als die Hälfte ausmachen wird.[25]

Immer häufiger kommen mißgebildete und geistig behinderte Kinder zur Welt. Offizielle Angaben beziffern (eher zu niedrig angesetzt) die Säuglingssterblichkeit bei uns auf 20 je Tausend (in den entwickelten Ländern liegt sie bei acht bis zwölf je Tausend). In den Städten sinkt die Geburtenrate – in den ländlichen Gegenden steigt die Sterblichkeit. Auch die Lebenserwartung nimmt ab, sie liegt bei den Männern bei 57 Jahren (dieser Prozeß hat bereits in den 70er Jahren begonnen). (Sie läßt sich mit der in Indien, Indonesien und zum Teil in Afrika vergleichen, und in bestimmten Regionen Afrikas ist sie sogar höher als bei uns.) Die Zahl der Frauen übersteigt die der Männer um neun Millionen, und diese Diskrepanz wird zunehmen. Die Männersterblichkeit nimmt aus den unterschiedlichsten Gründen beträchtlich zu: Da ist der hemmungslose Konsum verfälschten Alkohols (hier zeigt sich die Klugheit unserer Regierung); da sind die häufigen Arbeitsunfälle als Folge der immer desolater werdenden Industrieanlagen (ein Erfolg der Reformen und Ausdruck der Verelendung des Staates): Bereits die Produktion selbst wird lebensgefährlich; und da ist die Hoffnungslosigkeit, die Unmöglichkeit, seine Familie zu ernähren, der Verlust des Glaubens an sich selbst (man registriert Zigtausende von Selbstmorden jedes Jahr).

Die Ärzte in den Krankenhäusern konstatieren, daß die Neuaufnahmen mit immer komplizierteren Krankheitsbildern kommen und die Krankheiten einen immer schwierigeren Verlauf nehmen. Und oft wird das mit den Lebensbedingungen erklärt: »Es ist alles so bedrückend ...«

Und das Los Hunderttausender junger Leute, die nicht wissen, wohin sie gehen und was sie tun sollen. (Ich kenne Fälle junger Universitätsabsolventen, die buchstäblich auf der Straße gelandet sind.)

Wer aber trägt die Verantwortung für das alles, was sich in unserem Land vollzieht? Soll man sagen, daß es die Exekutive, die Legislative oder die Bankiers sind? Oder mit einem Wort – die Oligarchie? Auf jeden Fall scheint es klar zu sein, daß diese Clique selbstsüchtiger Menschen dem Schicksal des ihnen ausgelieferten Volkes und der Frage, ob es überhaupt leben oder untergehen wird, vollkommen gleichgültig gegenübersteht.

Und über diese ganze Düsternis unseres Alltags ergießt sich, Leben und Kultur verheißend, das flimmernde Blau unserer Fernsehgeräte als das einzige reale Bindeglied in diesem zerfallenden Land. Aber was offeriert man uns dort, um uns Trost zu bringen und unseren Hunger zu stillen? Abgeschmacktes und noch einmal Abgeschmacktes im Überfluß. Werbung für ein »schönes Leben«, das für achtundneunzig von hundert Zusehern so real ist wie ein Leben auf dem Mars. Verwirrende Bilderfolgen mit zuckenden Figuren. Importierte »Serien« primitivster Art. Geistesersatz. Wildnis, in der die Reste der Kultur versinken. Kult des Profits, des Profits und der Prostitution. Oder wüste Gelage der hauptstädtischen Glücksritter, die sich vor dem beraubten Land produzieren, die Protzerei der Millionäre. Oder die lärmende Possenreißerei des Sich-selbst-Auszeichnens vor laufenden Fernsehkameras ...

Wie heißt es doch? *Verdorbenes Fleisch läßt sich nicht würzen.* Es ist zum Speien: Das Volk haßt diesen »Kasten«, aber es kann sich nicht von ihm trennen.

Und dazu gibt es jetzt noch die Medien (dieses wendige Wörtchen ist jetzt Mode), die sich heute nicht mehr unter der Fuchtel des Glavlit,[26] sondern unter der Peitsche der Oligarchie befinden, doch sie strahlen kaum auf die Weiten Rußlands aus, und ihre Aufmerksamkeit richtet sich nahezu ausschließlich auf prominente Persönlichkeiten, auf Intrigen, Winkelzüge, Manipulationen oder Affären, die schon allzu offensichtlich geworden sind.

Von Zeit zu Zeit bieten sie eine Analyse der Lage an, daß es einem kalt den Rücken hinunterläuft. So fand sich in einer Zeitung mit dem bezeichnenden Namen »Inostranez«[27] (Der Ausländer) ein allgemeiner Überblick über das, was Rußland heute darstellt und was ihm droht. Eine »national-chauvinistische Ideologie« droht ihm zum Glück nicht: Sie kann in unserem russischen Boden keine Wurzeln schlagen. (Endlich haben sie das verstanden.) Aber die Gefahr besteht darin: Um ein Modell für die menschliche Gesellschaft darzustellen, ist Rußland zu heterogen: Es vereinigt in sich die Erste, die Zweite und die Dritte Welt. (Und diese sind auf wirklich gefährliche Weise verschiedenartig.) Unsere »Erste Welt«, das ist die »Lokomotive der Modernisierung und der Verwestlichung«, »der die Politik, die Finanzen und die Information beherrschende Hegemon« – Moskau. Die diesem nicht unähnliche

»Zweite Welt« bilden die Städte Petersburg, Jekaterinburg, Nishnij Nowgorod und Samara. Der Rest Rußlands ähnelt mehr und mehr der »Dritten Welt«: der Süden, der Osten (das heißt ganz Sibirien, aber auch die entvölkerten Regionen Nordrußlands – wo sonst soll man sie einordnen?), dazu noch »die trüben Vororte und kleinen Städte«. Es ist gerade diese »Dritte Welt«, die eine Gefahr *für uns*, die Erste und die Zweite Welt, darstellt, und *man muß wachsam sein*, damit dort keine »ganz und gar bizarre Kombination« aus Losungen von Maoisten und Dorfschriftstellern (??) entsteht. Seid wachsam! Muß man sich also darauf vorbereiten, dieser obskuren Masse zu widerstehen, ihr rechtzeitig Einhalt zu gebieten, solange noch Zeit dazu ist? ... (Klang in einem großen Artikel nicht schon der Gedanke an, diese Verelendeten ein wenig am Potential der »Lokomotive« teilhaben zu lassen?)

Das Land lebt unter dem Joch des Alltags (Familie, Nahrung, Gemüsegarten) ohne irgendeinen Kontakt zum ungenierten Leben seiner Führer. Die Menschen haben alle Hoffnung darauf verloren, daß *Wahlen* ihnen irgend etwas Gutes bringen könnten. Eine tiefe Gleichgültigkeit allen öffentlichen Dingen gegenüber. Niemand vertritt die Rechte des kleinen Mannes, und niemand wird für sie eintreten. In einer Vielzahl von kleinen Städten herrscht eine würgende Arbeitslosigkeit, und es ist unmöglich, irgendeine Beschäftigung zu finden. Veteranen des Großen Krieges, Pensionäre, ehemalige Opfer des Stalinschen GULAG – sie alle führen eine klägliche Existenz und verziehen das Gesicht zu einer Grimasse, wenn sie sehen, wie einstige Rotznasen in ausländischen Autos an ihnen vorüberfahren und in Saus und Braus leben. Wahrhaftig, auch diese Gestaltlosigkeit unserer Gesellschaft ist ein Erbe des langwierigen Sterbeprozesses der kommunistischen Epoche, aber auch die neue Epoche hat ihre giftige Dosis injiziert.

Und stellt denn nicht auch diese ganze Masse *Ausgegrenzte* dar?

Seit den 20er Jahren hat es keinen derart brutalen Umschwung in der Psychologie der Menschen, in ihrer Mentalität, in ihren geistigen und moralischen Werten mehr gegeben: Nur in *diesen* Jahren haben sie eine ganze Welt vor ihren Augen zusammenbrechen sehen – und heute ist es das Gleiche. Das ist die Welt, in die wir hineingezogen wurden: Reich gewordene Emporkömmlinge und von Habgier Besessene, die mit allen Mitteln ihre Profitmoral postulieren: Moralisch ist, was Gewinn bringt. Ein gegebenes Ehrenwort gilt nichts mehr, und es zu halten lohnt nicht. Und ehrliche Arbeit ist verachtungswürdig, sie ernährt nicht mehr ihren Mann. Diese Verwüstung ist nicht in wenigen Jahren wiedergutzumachen, dazu werden, im besten Falle, Jahrzehnte nötig sein.

In dieser Atmosphäre, in der alle sozialen Bande zerschnitten sind und man sich nicht mehr für den anderen interessiert, in der jeder mit seinem Unglück und seinem Schmerz allein gelassen wird; in dieser Atmosphäre der Hoffnungslosigkeit und der Gleichgültigkeit, in der nichts mehr zu irgend etwas dient und die Menschen von moralischer Müdigkeit erfüllt sind, ergreift jeden das Gefühl, daß er zu nichts mehr zu gebrauchen ist, daß er die Kontrolle über sein Leben verloren hat und Verwüstung sich in seiner Seele ausbreitet.

Wie es schon im Sprichwort heißt: *Wer auf üblem Weg ist, hat Not davonzukommen.*

Mich erreichen Briefe und Briefe aus allen Ecken und Enden Rußlands, aus der »Dritten« und aus der »Zweiten« Welt. Und ich lese und lese sie immer wieder von neuem.

»Sie verwandeln unser Land eher in einen Friedhof, als daß sie auf ihren Profit verzichten.« – »Unser Staat ist der Feind der einfachen Leute.« – »Das Volk glaubt niemandem mehr und erwartet von niemandem noch etwas Gutes.« – »Ich habe mich noch nicht entschieden, für welchen Dreck ich stimmen werde.« – »Wenn uns der Staat nicht beraubt, sind es die Schutzgelderpresser; auf ehrliche Weise ist nichts zu verdienen.« – »Man ist von dem Wort ›Stiehl das Gestohlene‹ zu dem Wort ›Stiehl das ehrlich Verdiente‹ übergegangen, man zwingt uns, für nichts zu arbeiten.« – »Vom Minister bis zum Werkmeister, alle stehlen. Man stiehlt bedenkenlos und dreist, als käme morgen schon das Ende der Welt.« – »Alle geistigen Werte werden systematisch zerstört.« – »Man nimmt uns zielgerichtet die Kultur, um uns in Vieh zu verwandeln.« – »Wer hat die Absicht, uns unser Denken und unsere Geschichte zu nehmen?« – »Wie erschreckend ist es, daß wir uns selbst verloren haben: Wir sehen nicht, wohin wir gehen, wissen nicht, was uns werden wird.« – »Es ist entsetzlich, aus Rußland ist etwas völlig anderes geworden als das, was wir gewollt haben.«

Und, mit einem aus den Tiefen des Herzens kommenden Seufzer: »Das ist kein Leben, nur noch ein Dahinvegetieren.« – »Ein Leben ohne Ziel.« – »Selbst in der Luft, die wir atmen, spüren wir unsere Erniedrigung.« – »Die Trauer im Herzen wird unterdrückt.« – »Wie soll man moralisch überleben?« – »Wir gehen ins Nichts. Man hat keinen Anhaltspunkt mehr.« – »Man stirbt nicht am Elend, sondern an der Bedrückung.«

Aus einer Befragung auf den Straßen Moskaus: »Was denken sie über einen kollektiven Rücktritt der ganzen Regierung? Sie haben nichts mit uns zu tun, und wir nicht mit ihnen.«

Aber bei all meinen persönlichen *Begegnungen* auf meinen Reisen durch die Provinz und die kleinen Städte überwog in diesen Klagen die Hoffnungslosigkeit. Und dazu kommen die Briefe von jungen und nicht mehr ganz so jungen Intellektuellen mit konkreten Handlungsvorschlägen.

Nein, die Menschen sind noch nicht völlig am Ende.

Es ist noch Leben in ihren Blicken und ihren Gedanken.

Es gibt noch Energie zu guten Taten, auch wenn sie nur auf den kleinen individuellen Radius beschränkt sind, aber darüber hinaus erheben sich Mauern, ist alles versperrt. Und mit diesen kleinen individuellen Initiativen kann man nicht auf eine breite öffentliche Unterstützung hoffen.

Aber wir leben nicht erst ein, sondern schon elf Jahrhunderte, und das ist nicht die erste Probe auf die Standhaftigkeit des Volkes; dieses Mal gilt es, sich mit den kriminellen Abenteurern zu messen, die die Macht innehaben, und in dem Chaos zu bestehen, in dem sie Rußlands Leben versinken ließen.

Trotz all dem, was uns die Luft zum Atmen nimmt, ist das Streben nach sozialer Gerechtigkeit und einem moralischen Leben nicht erloschen.

Und wir sind von ihrer Kraft überzeugt.

Der Wirrwarr der Nationen

Hundertfünfzig Völker

Das vorrevolutionäre Rußland umfaßte mehr als hundertfünfzig Völker und Völkerschaften. Viele Völker, wie die kleinen Völkerschaften Sibiriens (z. B. die Mandjis, die Wogulen, die Kakasen, die Jukagier und andere; Zwangsarbeit der Urbevölkerung kannte Sibirien nicht), schlossen sich Rußland freiwillig an; ebenso die Aleuten, die Alaska-Eskimos, kleine und mittlere Kasachenhorden, Syrjaner (Komi), Marijer, Tschuwaschen, Mordwinen und Kabardiner. Andere Völker, wie im 16. Jahrhundert die Tataren an der Wolga und in Sibirien und im 19. Jahrhundert die Tscherkessen, die Tschetschenen, die Dhagestaner, die Kokander, Chiwaer und Bucharaer, wurden gewaltsam angeschlossen oder erhoben sich später, wie im 17. Jahrhundert die Jakuten, die Kirgisen am Jenessei und die Tschuktschen oder im 18. Jahrhundert die Baschkiren. Einige, wie die Osseten, die Georgier und die Armenier, suchten selbst nachdrücklich um russischen Schutz an. Jahrhundertelang gab es noch Raubzüge, wie die der Krimtataren gegen Moskau und später die sich ständig wiederholenden der Tschetschenen, die über die Ebenen herfielen, aber auch aus Kokand, Buchara und Chiwa; viele der Ausdehnungen Rußlands kamen nicht durch Angriffs-, sondern durch Verteidigungskriege zustande. (Allerdings gab es für die Annexion Mittelasiens und Transkaukasiens keine Notwendigkeit, wie sie etwa eine Bedrohung der Stabilität Rußlands dargestellt hätte.)

Wir können im nachhinein nicht sagen, welchen Verlauf die Entwicklung all dieser Völker und Völkerschaften ohne die Anwesenheit der Russen genommen hätte. Sicherlich hätten sich die einen erfolgreich entwickelt, eine gewisse Stärke erlangt und ihre Nachbarn dominiert; die anderen hätten sich ihrer eigenen Macht untergeordnet, und wieder andere schließlich hätten sich in inneren Kämpfen verzehrt. So nannte man beispielsweise in Jakutien die Zeit vor den Russen die »Epoche der blutigen Kriege«; die häufigen innerethnischen Kriege in Turkestan flauten erst nach der Eroberung durch die Russen ab; in Aserbaidshan blieben die Spannungen zwischen den Armeniern und den »Tataren«, wie man damals sagte, bis ins 20. Jahrhundert erhalten. All diese Konfrontationen dämmte die russische Staatsmacht ein.

Gelegentlich weist man auf den blutigen (von grausamen Repressionen gegen die friedliche russische Bevölkerung begleiteten) Aufstand von 1916 in Turkestan hin (Kasachen und Kirgisen), aber diesem lagen weniger die Unterdrückung als die Privilegien der regionalen Bevölkerung zugrunde: Während des schon drei Jahre andauernden Ersten Weltkrieges wurde die regionale Bevölkerung nicht zum Kriegsdienst herangezogen, man mobilisierte sie lediglich für einen kurzzeitigen *Arbeitsdienst*, doch ungeachtet der Anforderungen des Krieges lehnte sich die Bevölkerung dagegen auf. Indessen gehörte aber die Tusemnaer (die »wilde«) Division, die sich aus sechs Regimentern kaukasischer Völkerschaften (einschließlich Tschetschenen) zusammensetzte, im Verlauf dieses Krieges zu den besten in der russischen Armee. Und während des Bürgerkrieges kämpften auf seiten der Weißen nicht nur die Kalmüken, sondern auch kabardinische, ossetische und Inguschen-Regimenter.

Dank der konzilianten russischen Politik fanden die Rußland angegliederten Völker ihren organischen Platz in dem einheitlichen Staat, und sie erhielten sich ihre physische Integrität, ihr natürliches Umfeld, ihre Religion, Kultur und ihre Identität. Und keine einzige dieser Völkerschaften wurde ausgerottet, wie man das von den Kolonialreichen und von Nordamerika her kennt.

Wie konnte eine Union aus derart vielen Völkern und Völkerschaften Bestand haben? In entscheidendem Maße durch eine Regierungsform, die in der Weltgeschichte mit dem gleichen Ziel schon erfolgreich praktiziert worden war: Vor dem Monarchen sind alle Untertanen gleich, haben ohne Unterschied der Religion und der Rasse die gleichen Rechte und werden, weder was die Art ihrer Beschäftigung noch was ihren Wohnsitz betrifft, eingeschränkt, und es ist eine Tatsache, daß die Völker aufgrund der relativen Immobilität dieser Jahrhunderte, obwohl ihnen kein »Lebensraum« aufgezwungen wurde, keinen Hang zur Wanderschaft entwickelten. Die kasachischen Nomaden, die vor den djungarsker Armeen und den Überfällen aus Kokand zurückgewichen waren, hatten im Süden Sibiriens vorteilhafte Bedingungen für ihr Nomadentum und die Unterstützung der dort ansässigen russischen Bevölkerung gefunden. (Die einzige Ausnahme in Rußland bezog sich auf die Juden, und sie hatte schwerwiegende Konsequenzen.)

Aber spielten die Russen in diesem russischen Reich, dem Brauch der Engländer folgend, die Rolle einer »imperialen Nation«? Keineswegs. Der überwiegende Teil des damaligen russischen Volkes bestand aus der Bauernschaft, und das war die leidende, die duldende Schicht. Sie bezog weder materielle *Vorteile* noch Privilegien aus dem Reich, im Gegenteil, sie trug die volle Last der staatlichen Steuern, und sie bezahlte mit ihrem Leben sowohl die Bauwerke Peters des Großen als auch die Kriege der Zaren (viele Völker Rußlands wurden nicht in die russische Armee aufgenommen): Die Bauernschaft hatte auch die Leibeigenschaft zu ertragen und wurde beim Bodenbesitz benachteiligt. »Reichsbewußtsein« war bei der höheren Beamtenschaft (*verschiedenster* Nationalität) zu finden, bei diesem und jenem aus der Hocharistokratie, doch bei weitem nicht bei allen, und bei manchen aus den bürgerlichen Kreisen, die zu Beginn des 20. Jahrhunderts erstarkt waren, aber nicht bei der Masse des Volkes, und das war ein Glück! Das Reichsbewußtsein deformiert das nationale Bewußtsein, beeinträchtigt es und fügt seiner inneren Entwicklung schweren geistigen Schaden zu.

Nein, es war nicht so sehr die »imperiale Nation«, die die Russen in Rußland im Laufe der Jahrhunderte zu einem vereinigenden Volk, gleichsam zum Webgrund eines multinationalen Teppichs werden ließ, was keine häufige ethnische Erscheinung ist, es war die Rolle, die sie bei der Herausbildung des Staates spielten, und es war ihre unterschiedliche Ansiedlung an den verschiedensten Orten. Das wurde für die Russen im Verlauf ihrer Geschichte zur Bürde oder zum Verhängnis. Und aus dem gleichen Grunde mußten sie die Peitschenschläge der »Leninschen Nationalitätenpolitik« und des Hitlerschen Krieges hinnehmen. Dort findet sich auch die Quelle der unsäglichen Schwierigkeiten aller heutigen russischen Probleme.

Diejenigen, die dem russischen Volk nicht eben das Beste wünschen, beschuldigen es, den anderen Völkern und den Ausländern gegenüber äußerst feindselig zu sein. Aber der ganze Strom der russischen Geschichte läßt derartigen Anschuldigungen keinen Raum: Die Russen haben Fremde aus vielen Ländern stets gern bei sich aufgenommen, waren stets offen für sie und gingen gern bei ihnen in die Lehre (das betrifft sowohl technische Verfahren, bereits im 16. Jahrhundert, als auch landwirtschaftliche Methoden, die sie im 19. Jahrhundert bei den deutschen Kolonisten lernten); der staatliche Apparat des vorrevolutionären Rußland verfügte selbst in gehobenen Positionen über zahlreiche Beamte nichtrussischer Herkunft, und selbst die mehrere Jahrhunderte andauernde stabile Existenz eines ausgedehnten multinationalen Reiches wäre bei einer Xenophobie des Basisvolkes undenkbar gewesen. (Man mag dem entgegenhalten, daß es in den Jahren 1881–82 und 1903–05 in Moldawien und in der Ukraine Pogrome gegen die Juden gab, aber in den von Großrussen bewohnten Territorien fand kein einziger Pogrom statt.) Und in wie vielen russischen Regionen und Städten haben, wie das heute der Fall ist, Nichtrussen aus *fremden* Staaten Schlüsselpositionen inne, darunter Georgier, Armenier und Aserbaidshaner – würden wir ähnliches in den neuen Ländern der GUS oder in den autonomen Gebieten in Rußland selbst finden? *Nein*, hier wie dort beeilt man sich, die Russen hinauszudrängen, dort herrscht Fremdenfeindllichkeit.

Kann man sich vorstellen, wie die Beziehungen zwischen den verschiedenen Völkern Rußlands sich im 20. Jahrhundert weiterentwickelt hätten, wäre es nicht zur Revolution gekommen? Die revolutionäre Katastrophe gab dem Lauf der Dinge eine gewaltsame Wendung, und es ist uns heute kaum mehr möglich, eine nicht mehr überprüfbare Perspektive zu beurteilen.

Aber vieles kann uns der durch das ganze 20. Jahrhundert fließende Weltprozeß erklären.

Wir stellen fest, daß zum Ende dieses Jahrhunderts die Walze der Nivellierung immer brutaler über die Eigenheiten, die Charakterzüge, die Eigentümlichkeiten der Nationalkulturen und der nationalen Mentalitäten hinweg rollt und, soweit das möglich ist, diese individuellen Besonderheiten der Elle eines weltweiten Standards unterwirft (des amerikanischen oder angelsächsischen). Diese Walze droht alle Farben auf der Palette der Menschheit, ihre ganze geistige Komplexität und Buntheit auszulöschen. Dieser Standardisierungsprozeß hat einen geradezu entropischen Charakter. Indem er die potentiellen Unterschiede ausgleicht, schwächt er die Fähigkeit der Menschheit zu geistiger Entwicklung und in letzter Konsequenz auch zur Entwicklung auf anderen Gebieten.

Ich hatte Gelegenheit, schon mehrmals darüber zu schreiben, wie segensreich jede nationale Kultur ist, daß die Nationen die Farben der Menschheit sind; würden sie verschwinden, würde die Menschheit in eine düstere Uniformität verfallen, wie wenn alle Menschen in ein gleiches Erscheinungsbild gekleidet wären und den gleichen Charakter hätten. Es steht außer Zweifel, daß die Existenz, der Ursprung der unterschiedlichen Stämme der Absicht des Schöpfers entspricht. Im Unterschied zu allen menschlichen Vereinigungen und Organisationen ist der Ethnos, wie auch die Familie und die Persönlichkeit, nicht vom Menschen gemacht und hat eine nicht geringere organische Existenzberechtigung als die Familie und die Persönlichkeit.

Wie immer regen sich im menschlichen Leben, je nachdrücklicher sich irgendeine Kraft äußert, desto hartnäckiger und sogar verzweifelter zumindest vereinzelte Widerstände. So nahm im 20. Jahrhundert das Streben nach nationaler Selbstbestimmung außerordentlich zu, und wenn wir uns auf unserem Planeten umschauen, sehen wir die verschiedenartigsten und auch in ihrer Intensität unterschiedlichsten Widerstände gegen diese alles nivellierende Kraft. Dafür gibt es viele Beispiele, aber die vor allen anderen augenscheinlichsten sind: die erstaunliche Beständigkeit des japanischen Nationaltypus und seiner Lebensweise, der sich über alle Prüfungen der modernen Epoche hinweg durchsetzte und sich seine Eigenständigkeit erhielt; das unerschütterliche Fortbestehen der islamischen Kultur mit all ihrer Originalität; oder der auf wunderbare Weise auf dem Boden der Ahnen wieder erstandene jüdische Nationalstaat, und das nach einer zwei oder gar drei Jahrtausende währenden Zerstreuung über alle Welt und einer für einige Jahrhunderte beinahe erloschenen nationalen Existenz. Schon diese wenigen Beispiele lassen uns hoffen, daß die Menschheit noch nicht dazu verurteilt ist, in der Uniformität unterzugehen. Nein, die Verteidigungsimpulse schlagen schon bei vielen Völkern Wellen: angesichts dieser neuen Bedingungen zu überleben und die Tiefgründigkeit ihrer geistigen und kulturellen Traditionen zu erhalten, ihr unverwechselbares Gesicht zu bewahren.

Dieser Prozeß der Verteidigung ihrer eigenen Identität zeigte sich auch bei den Nationen Rußlands. Viele haben sich ein sehr lebendiges Nationalgefühl erhalten, und es manifestierte sich deutlich im Verlauf des Jahres 1917, als angesichts der Erschütterung des Staates alle Schichten und alle Zwischenschichten der Bevölkerung sich beeilten, die Erweiterung ihrer Rechte zu fordern oder sie selbst zu proklamieren. Ich hatte Gelegenheit, mich ausführlich mit dem Faktenmaterial über die Zeit zwischen dem Februar und dem Oktober 1917 zu beschäftigen. Natürlich erwachten damals auch die nationalen Bewegungen. Zwar stellten damals einzelne Nationen (besonders die ukrainische) und einzelne Glaubensrichtungen (der Islam) nachdrückliche Forderungen, aber – außer in Polen und dem schon zur Unabhängigkeit herangereiften Finnland – ging keine einzige der Forderungen über die kulturelle Autonomie und die örtliche Selbstverwaltung hinaus – niemand (einschließlich der Ukraine) verlangte damals eine territoriale Trennung.

Danach eröffnete und bereitete die Leninsche Revolution den Nationen Rußlands (außer der russischen selbst) den Weg zu einem übersteigerten Selbstbewußtsein und zu einer völligen kulturellen und administrativen Autonomie. Im Laufe von siebzig Jahren gab dieser Prozeß vielen »Titular«-Nationen die Möglichkeit, die Initiative zu ergreifen und ihre Autonomien zu festigen, die dank der wirtschaftlichen Großzügigkeit Rußlands eine beachtliche Entwicklung erfuhren. Und von dieser Machtposition aus nahmen die nationalen Führer dieser Autonomien die Geschehnisse des Jahres 1991 in Angriff. Dieser Prozeß nahm im weiteren einen erstaunlich dynamischen Verlauf, und einige dieser Autonomien verstiegen sich bis zu der Forderung, ihnen, wenn schon nicht die volle Unabhängigkeit von Rußland, dann zumindest die Rechte internationaler Subjekte zuzugestehen (und manchen wurde das auch zugebilligt).

Dieser Prozeß des gewaltigen Aufflammens der nationalen Gefühle hielt bei allen – außer bei den Russen – auch die ganzen 90er Jahre hindurch an. In den Pässen der baltischen Staaten findet sich der Vermerk »Nationalität«. In Kirgisien versuchte man ihn anfangs aus »progressiven Überlegungen« heraus zu streichen, aber nachdem die Bevölkerung dagegen protestiert hatte, nahm man davon Abstand. Ich zweifle nicht daran, daß die kleinen Völkerschaften Sibiriens, hätte man ihnen diese Frage gestellt, noch verbissener auf ihrer Nationalität bestanden hätten. Das ist eine der Kraftanstrengungen von Nationen, die vom Untergang bedroht sind und sich gegen die universelle Nivellierung wehren, jener bereits weiter oben erwähnte Verteidigungsimpuls. (Überdies, wozu braucht man bei einer allgemeinen Volkszählung eine Spezifizierung der Nationalität? Und braucht man sie dafür nicht – dann ist sie völlig überflüssig.) In Rußland zeigte sich das 1997 auf bezeichnende Weise: Ohne das Völkergeflecht in Betracht zu ziehen, beschlossen die zentralen Behörden ohne große Umstände, im neuen russischen Paß die Benennung der Nationalität wegzulassen. Sie hatten die Druckerpresse zum Druck von Zigtausend und Hunderttausenden dieser Pässe schon in Bewegung gesetzt, als eine Stimme laut und entschieden Einhalt gebot. Und woher erklang sie? Natürlich kam sie nicht von den Russen, sondern von den anderen Nationen, von den Kabardinern, den Baschkiren, den Tataren. Sie wollen – und sie haben das Recht dazu! – mit ihrer Nationalität genannt werden, sie halten an ihr fest, wollen sie nicht verlieren und nicht ausradiert wissen. Und die zentralen Behörden waren plötzlich ratlos: Soll man neue Pässe drucken und die schon gedruckten einstampfen? Danken wir all diesen Völkern, die uns diese Lektion erteilt haben. Wir sind bereit, dieses Recht, uns *Rus-*

sen zu nennen, aus falscher Scham abzutreten. Aber niemandem ist es verboten, sich den Instinkt der nationalen Selbsterhaltung zu bewahren, das Recht, sich als er selbst zu begreifen. Warum sollten wir dieses Recht nicht genauso besitzen, wie es andere – sehen wir uns um – ganz selbstverständlich besitzen und sich erhalten?

Föderation?

Ja, in Rußland leben mehr als hundert Nationen, es ist die Geschichte, die diese Mannigfaltigkeit der Völkerschaften hervorgebracht hat, mit der wir uns auf den Weg in die Zukunft machen werden: die allgemeinen staatlichen Interessen mit denen der ethnischen Gruppen in Übereinstimmung bringen. I. S. Aksakow fragte noch: »Wie kann man auf vernünftige Weise so viele und so verschiedenstämmige Völker durch eine einheitliche Gesetzgebung vereinen?«

Zumindest seit dem 15. Jahrhundert waren die Unitarität und die einheitliche Verwaltung des Staates die fundamentale Tradition der russischen Staatlichkeit, die sich in ihren besten Perioden mit dem *Semstwo* zusammenschloß. Im Laufe der folgenden sechs Jahrhunderte zeigte sich weder die Notwendigkeit noch der Gedanke einer föderativen Strukturierung Rußlands. Es war Lenin, der sie aus seinen theoretischen Schemata entwickelte und mit dem Schwert der bolschewistischen Diktatur durchführte.

Wirkliche Föderationen entstanden, wie die Geschichte zeigt, nur aufgrund freiwilliger Zusammenschlüsse halbstaatlicher Formierungen mit dem Ziel wechselseitiger Unterstützung und einer stabileren Existenz. (Wie z. B. die schweizerischen Kantone, die deutschen Länder oder die Staaten Nordamerikas.) Im Gegensatz dazu wurde nach dem revolutionären Leninschen Plan die *Föderation* der Völker auf der Grundlage des einheitlichen Rußlands geschaffen. Aber Lenin und seine Nachfolger dachten durchaus nicht daran, auf die Einheitlichkeit des Staates zu verzichten, und sie setzten diese durch die Diktatur der Partei aufrechterhaltene Einheit entschlossen in die Praxis um. Aber ihr unmittelbares Kalkül war es, alle kleineren Nationen im Innern Rußlands zu ihren Verbündeten zu machen und durch das eigene Beispiel die Sympathie der östlichen Völker außerhalb Rußlands zu erlangen. Und so gelangte man (in den 20er und 30er Jahren) zu einer monströsen Zersplitterung: Auf der Landkarte entstanden hier und dort »nationale Gebiete« und sogar »nationale Landwirtschaftssowjets« mit besonderen Rechten und Privilegien, über die benachbarte, ursprünglich russische Gebiete und Landwirtschaftssowjets nicht verfügten.

Indessen blieben diese Entscheidungen, wie formal sie auch immer waren, nicht ohne Wirkung, doch dieser angeblichen, aber weithin propagierten Föderation stand es noch bevor, sieben Jahrzehnte lang unter der Oberfläche zu reifen, indem sie von der Bedeutung und dem Einfluß der nationalen Führer zehrte. Übrigens berieten bereits 1926 die »nationalen« Mitglieder des ZK der KPdSU (mit T. Ryskulow an der Spitze) in einer getrennten Sitzung und wandten sich mit ihren Forderungen an das ZK; in der Folge manifestierten sich die »nationalistischen Abweichler« in der Partei noch mehrere Male. Aber 1991 wälzte sich all das geradezu schlagartig und allenthalben nach oben, die in siebzig Jahren aufgesplitterte Vielzahl der nationalen Eliten trat plötzlich hervor, und jede von ihnen stellte sich als Herrin irgendeines Stückchens Rußland dar.

Der Zusammenbruch von 1991 erfolgte in einer gewaltigen Lawine noch unumkehrbarer als der Zusammenbruch von 1917. Angesichts dieses neuen revolutionären Bebens veränderte sich in unserem Land vieles, das kaum wahrgenommen wurde, darunter auch – und das in radikalster Weise – die Staatlichkeit. Die autonomen Gebiete wuchsen zu autonomen Republiken auf, und sie alle zusammen erlangten das spezifische Gewicht der einstigen Unionsrepubliken und sind nun unabhängig. Die nationalen Eliten der autonomen Regionen, die jahrzehntelang bei vorteilhaften Bildungsquoten und niedergehaltener professioneller Konkurrenz großgezogen wurden, ergriffen jetzt rasch und entschlossen die reale Macht, wobei sie insbesondere in den Verwaltungs- und Justizbehörden ihren nationalen Anteil drastisch erhöhten. (Und dieses Aufflammen des ethnischen Nationalismus wurde fernab von uns als eine Flut von Demokratie begrüßt, obwohl eine nationale Selektierung der wahren Demokratie geradezu diametral entgegengesetzt ist.) Die Voreingenommenheit dieser ethnischen Eliten kam auch mehr als deutlich im Verlauf der lokalen Privatisierung zum Ausdruck (»die Unseren« haben Vorrang).

Man sieht auch niemanden unter den Machthabern, der verstanden hätte, daß sich die Entwicklung der Nationalitäten und der Staatlichkeit im 20. Jahrhundert in unterschiedlichen Richtungen vollzieht: Die Formen des Nationalbewußtseins stellen sich immer aufgesplitterter dar, während die Staaten (auch in der Form von Unionen) sich immer mehr ausdehnen. Als unabhängiger Staat zu existieren wird für eine kleine Nation nahezu unmöglich. Und in dem erhalten gebliebenen Korpus Rußlands (ich lasse hier das tschetschenische Ungestüm oder das, was dem Banditentum und dem Parasitismus zuzurechnen ist, beiseite) hat keine einzige Nation die reale Möglichkeit, sich abzuspalten und außerhalb der Einheit mit dem russischen Volk zu leben, und will es auch nicht.

Nein, von den Machteliten hörten wir nur sich an sich selbst berauschende Losungen des Föderalismus, ohne jedes Verständnis dafür, daß Föderationen nur dank zentripetaler und nicht zentrifugaler Kräfte existieren können. Und so hörten wir die berühmte Aufforderung (an die Tataren): »Nehmt euch soviel Souveränität, wie ihr nur schlucken könnt!« (Und das taten sie denn auch.)

Manche Autonomien handelten nach diesem Rezept, und danach, ihrem Beispiel folgend, auch andere russische Gebiete und, wie man heute sagt, »Regionen«. Dieser Prozeß ist überaus gefährlich, denn ein derart weitläufiger Staat wie Rußland kann ohne eine einheitliche und starke Macht nicht existieren; angesichts der instabilen Situation und der andauernden Konfusion wäre das für den russischen Staat ein Prozeß unmittelbaren Zerfalls. In diesem Falle könnte sich die Stabilisierung der Gebiete sogar als Rettung herausstellen. Vor allem für die weit entfernten und sich selbst überlassenen Regionen wie den Fernen Osten, Sibirien, den äußersten Norden oder den Nordkaukasus könnte der Umstand, daß diese Regionen solche Rechte erlangen, nicht zum Zerfall, sondern im Gegenteil zu einer gewissen Form der Rettung dieser Gebiete führen, zu einer stärkeren Realität der lokalen Macht und einer direkteren und lebendigeren Berührung mit der Bevölkerung, wie wir das schon in einigen Gebieten beobachten können. Aber was ist es für ein Unsinn, durch Verträge des Zentrums mit den jeweils einzelnen Regionen »Vollmachten aufzuteilen«? In einem einheitlichen Staat muß es auch einen *einheitlichen* Vertrag für alle Regionen geben.

Und was lebenswichtig ist: Wird diese Dezentralisierung bis zu den kleinen Städten und Bezirken hinunter wirksam? Das wäre ein wahrhafter Jungbrunnen! Von unseren kleinen Städten sind jetzt zweihundert im Begriff zu erlöschen, dem Verfall preisgegeben, und gerade das wird das Ende noch gesunder Teile Rußlands bedeuten! Wenn der russische Präsident erklärt (am 17.5.1996 im Zweiten Fernsehkanal): »Ich will so wenig Macht wie möglich, ich will sie nach unten delegieren«, wenn er das wirklich will, ist dem Gesagten dennoch nicht zu entnehmen, ob eine Delegierung der Macht bis hinab zu den Bezirken vorgesehen ist. Man kann eher schon erwarten, daß die Gouverneure, nachdem ihnen das Zentrum umfassende Unabhängkeit zugestanden hat, versuchen werden, diese Macht weiterhin in ihren Händen zu behalten.

Somit hat die föderale Struktur Rußlands eine Realität angenommen, die schon nicht mehr der des illusorischen Leninschen Plans entspricht, sondern eine Konsequenz aus dem Großen Unglück und dem Zerfallsprozeß ist.

Obwohl die Föderation keineswegs eine organische Form für Rußland ist – sie wurde zwangsweise eingeführt –, hat sie schon im Bewußtsein von Millionen Menschen, im allumfassenden Empfinden der nationalen Massen Platz gegriffen. Und angesichts des allgemeinen Niedergangs unserer Staatlichkeit und der Rolle, die das russische Volk in ihr spielt, sind wir gezwungen, diese Erbschaft anzunehmen. Aber wir dürfen diese Föderation nicht im Gegensatz zur wahren Demokratie verwirklichen, nicht im Gegensatz zur allgemeinen Gerechtigkeit und auf keinen Fall in dem Chaos, das heute mit bilateralen privaten Abmachungen und dem Gewähren von Privilegien praktiziert wird.

Und hier – nicht aufgrund der Weitsicht der Verfassung von 1993, sondern aufgrund einer spontan entstandenen stabilisierenden Bewegung – begann der an Bedeutung und Einfluß gewinnende Rat der Föderation zu wachsen, der nicht nach Parteikriterien und nicht aus Abgeordneten zusammengestellt wurde, die keinerlei administrative Verantwortung tragen, sondern aus den Ausrichtern der gesetzgebenden und gesetzausübenden Macht in den Gebieten. Diese sich aus praxisnahen Gebietsbevollmächtigten zusammensetzende Kammer, diese Vereinigung der Kräfte und der Willen, verspricht uns, entgegenwirkende Bindeglieder zu schaffen, die ausgleichen können, was uns im Zerfall Rußlands verlorengegangen ist, und ohne die Rußland nicht erhalten werden kann.

Doch leider gesteht unsere gegenwärtige Verfassung dem Staatsrat nur sehr beschränkte Rechte zu. Und es wäre sowohl für das heutige als auch für das künftige Rußland von vitaler Bedeutung, diese zu erweitern.

Die Autonomien

Alle Nationen Rußlands sollen unabhängig von ihren Dimensionen und von ihrer Besiedlung die gleichen kulturellen und bürgerlichen Möglichkeiten haben, damit weder das kleinste noch das größte Volk eine Beeinträchtigung erfährt. Das steht außer Frage.

Aber wie soll man das Kriterium der Nationalität grundlegend in das System der allgemeinen Struktur des Staates einpassen? Keinesfalls kann es als Grundlage für einen multinationalen Staat dienen, denn das hätte schwere Konflikte zur Folge. Es ist also unerläßlich, darauf zu verzichten und es nicht ohne Grund fortdauern zu lassen.

Seit Lenin wurde bei uns (ohne irgendwelche wirtschaftlichen Überlegungen) das Prinzip der »national-territorialen Autonomien« eingeführt, demgemäß einzelne Nationen (bei weitem nicht alle) faktisch das Recht erhielten, einen mitunter nicht unbedeutenden Teil des Landes zu kontrollieren. Nach der Volkszählung von 1989 bildeten sieben Prozent der Bevölkerung des Landes (etwa zehn Millionen Menschen) 21 autonome Republiken[28] und zehn nationale Bezirke mit im Vergleich zu den anderen Völkern des Landes vorteilhaften Sonderrechten (oft unterschieden sich diese »föderalen Einheiten« sowohl nach ihren geographischen Dimensionen als auch nach der Bevölkerungszahl, dem wirtschaftlichen Potential und dem kulturellen Niveau erheblich von den anderen). Somit wurden die Interessen von 93% der Bevölkerung des Landes, der man ähnliche Vorteile versagte, beschnitten (und auch in den Autonomien selbst leben etwa zehn Millionen Einwohner anderen nationalen Ursprungs ...)

Im Zusammenhang damit dürfen wir aber auch nicht außer acht lassen, daß in Rußland verstreut noch zahlreiche Völker ohne kompaktes eigenes Territorium leben (»Völker ohne Status«) – Ukrainer, Weißrussen, eine nicht geringe Zahl von Deutschen, Polen, Juden, Koreaner, Griechen und andere; und deren Rechte dürfen nicht geringfügiger sein als die, mit denen die »territorialen Autonomen« ausgestattet sind. Und unter den »Autonomen« leben viele, wie die Tataren, weit außerhalb der Grenzen ihrer autonomen Einheit verstreut (in Tatarstan leben 1,8 Millionen, außerhalb Tatarstans 3,8 Millionen). Und vergessen wir auch nicht (noch immer nach derselben Volkszählung von 1989), daß unter denen, die ethnisch nicht zu den Russen gehören, 15,8 Millionen Russisch als ihre Muttersprache betrachten.

Die Leninsche Struktur ist *ungeeignet* für einen Staat, in dem alle Nationen untereinander vermischt sind; sie entbehrt jedes vernünftigen Sinnes und konnte nur aufgrund eines politischen Kalküls eingeführt werden. Eine derartige Struktur macht auch den Aufbau einer *übernationalen* lokalen Selbstverwaltung unmöglich, das heißt, sie behindert den Weg zur *Demokratie*. Sie verzerrt nur das natürliche System der *kulturellen* und allen zugänglichen Autonomien.

Die Ausschließlichkeit der bolschewistischen Konstruktion wiegt dadurch um so schwerer, daß in den Autonomien (mit ihren eigenen Präsidenten, Verfassungen, Flaggen und Hymnen) die »Titular«-Völker fast überall (außer in Tuwa, in Tschuwaschien, in Tschetschenien und komplizierter in Dhagestan) in der *Minderheit* sind, und das mitunter sogar beträchtlich (wie in Jakutien, Baschkirien und in Karelien), aber inzwischen den Apparat und die Ideologie der Administration bestimmen. Nirgends in einer Welt, die Anspruch auf Demokratie erhebt, kann man sich vorstellen, daß eine Minderheit »legal« über die Mehrheit herrscht, überall wird die Macht der Mehrheit anerkannt (was den unbedingten Schutz der Rechte der Minderheit einschließt); überall wird anerkannt, daß eine Nation nur das Territorium kontrollieren darf, auf dem sie die Mehrheit darstellt. Und selbstverständlich ist sie aufgefordert, allen Bürgern, unabhängig von deren Nationalität, die gleichen Rechte zu gewähren. Aber diese Gleichheit wurde in unseren Autonomien durch die sprachlichen und administrativen Privilegien für die Angehörigen der »Titular«-Nation aufs Gröbste verletzt.

Das alles ist ein schreiendes Unrecht und muß unverzüglich korrigiert werden. Die ungelösten interethnischen Spannungen sind keineswegs von geringerer Bedeutung als die hastig vorangetriebenen Wirtschaftsreformen: Sie können den Staat nur noch früher zugrunde richten. Man darf in den Autonomien als »Titular«-Nation, selbst wenn man die Mehrheit besitzt, nicht das faktische Recht für sich beanspruchen, die gesamte Bevölkerung des Territoriums *nach Belieben* zu regieren und nicht als Bestandteil der allgemeinen staatlichen Administration und entsprechend den Gesetzen dieses Staates. Das ist in der Welt ohne Beispiel.

(Bis in die jüngste Zeit hinein gab es im Strafgesetzbuch den Paragraphen 74, der nicht nur jegliche Diskriminierung untersagte, sondern auch alle auf Kriterien der Rasse, der Nationalität oder der Religion beruhenden Privilegien. Über die Diskriminierung ist in der Presse und vor allem in unserer Gesellschaft viel geredet worden, aber über die Privilegien wurde Stillschweigen bewahrt. Anläßlich der am 17. Februar 1995 im Kreml abgehaltenen Konferenz über die lokale Selbstverwaltung sah ich mich veranlaßt, die Teilnehmer darauf hinzuweisen: Die auf den nationalen Kriterien beruhenden *Privilegien*, auf denen unsere Föderation basiert, sind gleichzeitig eine *Diskriminierung* der russischen Regionen, das heißt ein Verbrechen, wenn man von unserem Gesetzestext ausgeht! Und bald drauf wurde dieser unglückselige Paragraph 74, der uns in den Ohren klang, stillschweigend aus dem Gesetzbuch gestrichen. Und man ersetzte ihn in dem neuen Gesetzestext durch den nicht eben glücklich formulierten Paragraphen 282: er verurteilt lediglich öffentliche *Erklärungen* und verschließt vor *praktischen Handlungen* die Augen.)

Die Rechtsungleichheit zwischen den »Titular«-Nationen und den »Nicht-Titular«-Nationen muß unbedingt beseitigt werden. Dem System der rechtlichen Ungleichheit zwischen den Nationen muß ein Ende gesetzt werden.

Ebensowenig dürfen die territorialen Autonomien irgendwelche über die allgemeine staatliche Ordnung hinausgehenden Vorteile genießen, und auf keinen Fall dürfen sie über besondere und exklusive Rechte bezüglich ihrer Bodenschätze und strategischen Ressourcen verfügen, wie das gegenwärtig ungeniert praktiziert wird. In allen nationalen Kulturen muß das vernünftige Gleichgewicht zwischen ihnen und der Einheit des Staates gewahrt bleiben, und sie dürfen in ihrem Bildungssystem die allgemeingültigen Forderungen des Staates nicht mißachten. Zum Beispiel dürfen die Schulprogramme in den einzelnen Autonomien nicht so gestaltet sein, als lebte die Bevölkerung außerhalb Rußlands. (Denn heute herrscht in einigen der Autonomien schon die Praxis vor, die russische Sprache mit dem Etikett einer »Fremdsprache« zu versehen, die russische Geschichte wird zu einem kleinen Kapitel der Weltgeschichte, was inzwischen, zum Schaden der ganzen Bevölkerung, schon zu einer eklatanten Aufspaltung des allgemeinbildenden und kulturellen Raumes des einheitlichen Landes führt.

In dem durch Anarchie und Machtlosigkeit gekennzeichneten Ablauf der Jahre 1992–93 erlangten die Autonomien entscheidenden Einfluß auf unser sogenanntes »Verfassungswerk«, weil sich die im Zentrum der Macht streitenden Kräfte auf jegliche Weise darum bemühten, die Autonomien für sich zu gewinnen und sie auf ihre Seite zu ziehen. (Man gelangte schließlich bis zum Tätigwerden eines »Rates der Republiken«, in dem die Russen von drei Dutzend Stimmen nur eine einzige hatten!) Im Ergebnis schuf man ein System rechtlich ungleicher »Subjekte der Föderation«: Diesen autonomen »Subjekten« wurden im Unterschied zu den russischen Regionen günstige Bedingungen eingeräumt, oder sie erhielten aus dem Zentrum, das heißt auf Kosten des eigentlichen Rußlands, Subventionen (aus denen sich z. B. ein großer Teil des Budgets Dhagestans zusammensetzt), bzw. man erließ ihnen alle Zahlungsverpflichtungen, die sie Rußland gegenüber hatten (wie Baschkirien, Tatarstan, Jakutien und andere mehr, nicht zu reden von Tschetschenien); und zuweilen gestand man ihnen auch internationale Rechte zu.

Nach all den politischen Konzessionen, die den territorialen Autonomien 1992–93 zugestanden wurden, und der bizarren Formel »Souveränität innerhalb der Föderation«, die sie sich selbst zugelegt hatten, waren den separatistischen Egoismen Tür und Tor geöffnet.

Aber sieht man die Verfassung von 1993 noch als wirksam an, dann sind noch immer, gemäß Artikel 5, »alle Subjekte innerhalb der Russischen Föderation gleichberechtigt« – aber heißt das nicht auch, daß sie gleiche Pflichten haben? Die föderative Struktur Rußlands soll auf einer gerechten und *völligen Gleichheit* aller »Subjekte der Föderation« beruhen (was aber nicht für die *nationalen Bezirke* gilt, die auch die Struktur ihren eigenen Regionen unterminieren). Wenn man jedoch die Artikel der Verfassung außer acht läßt und irgendwer einen Paragraphen des Strafgesetzbuches willkürlich wegradiert, wird es dann nicht nötig, ein klares *Gesetz über die Gleichheit aller Nationen in Rußland* zu schaffen?

Es könnte zum Beispiel in der folgenden Weise formuliert werden:

Auf dem Territorium Rußlands sind alle Nationen, die seinem historischen Bestand zugehören, in allen ihren Rechten und in all ihren Pflichten gleich. (Das betrifft nicht Bürger der Länder der GUS, die nach 1991 nach Rußland übergesiedelt sind.[29]) Alle Nationen haben das Recht auf eine ungehinderte Entwicklung ihrer nationalen Kultur, ihrer Bildung und ihrer Sprache. Ihre kulturellen Bedürfnisse werden vom Staat entsprechend den Völkern und Völkerschaften, aus denen sie sich zusammensetzen, proportional finanziert.

Diese Gleichheit schließt für jeden Russen, der permanent dort ansässig ist, das Recht ein, aufgrund von Wahlen oder Nominierungen jegliche Funktion zu bekleiden, wobei allein seine berufliche Qualifikation maßgebend sein darf. (Die Kenntnis der lokalen Sprache darf dabei keine einschränkende Bedingung sein; es genügt die solide Kenntnis der Staatssprache.) Auf dem ganzen Territorium Rußlands unterliegt jede aus ethnischen Überlegungen erfolgende Nominierung oder deren Ablehnung den Bestimmungen des Strafgesetzbuches der Russischen Föderation über die »Verletzung der nationalen Würde«.

»Russisch« und »russländisch«

Obwohl die Russen, nach der letzten Volkszählung, in der russischen RSFSR 82% der Bevölkerung repräsentieren (man findet nicht in jedem uninationalen Land ein derartiges Übergewicht), leben sie doch auch verstreut in verschiedenen Autonomien und befinden sich heute selbst dort, wo sie die Mehrheit bilden, in der Situation einer Minderheit und besitzen weniger Rechte: die der Titular-Nationen werden ihnen nicht zugestanden. (Angesichts der brüsken Ungleichheit, die heute in diesen Autonomien herrscht, kann man erwarten, daß sich bei der bevorstehenden Volkszählung von 1999 viele Russen der »Titular«-Nation zuordnen werden, womit sich auch ihr allgemeiner Anteil an der Bevölkerung ändern wird.) Daraus ergibt sich, daß diese Russen nicht, wie andere rußländische Nationen, eine besondere »republikeigene« Stimme in den administrativen und legislativen Instanzen beanspruchen können.

Sieht man aber genauer hin, erkennt man hier unser verhängnisvolles Erbe einer *allumfassenden* Nation. Denn würden wir heute all diese staatlichen Rechte mit dem gleichen Anspruch wie die Autonomien erhalten, es gäbe kein Rußland mehr, es würde zusammenbrechen. Hier verläuft die Grenze, wo im Verlauf von Jahrhunderten »russisch« mit »rußländisch« zusammengewachsen ist. Es bedarf schon einer besonderen Aufmerksamkeit, um diese Fusion verstehen zu können.

Wenigen ist bekannt, daß dieses Problem bereits 1909 in Rußland Gegenstand aufmerksamer Betrachtungen wurde. Und es ist keineswegs erstaunlich, daß das in diesem Moment geschah: nach den Freudenausbrüchen in der gebildeten russischen Gesellschaft anläßlich der russischen Niederlagen bei Mukden und Tsushima (die Petersburger Studenten schickten dem Mikado Glückwunschtelegramme), nach den revolutionären (ernste Warnungen darstellenden!) Erschütterungen von 1905–06 und nachdem das Manifest des Zaren vom 17. Oktober 1905 über die Einsetzung einer gesetzgebenden Vertretung, die bei der gebildeten Klasse einen Sturm von Hohn und Spott sowohl über die historische Macht Rußlands als auch über den Begriff »russisch« selbst hervorgerufen hatte. Das Jahr 1909 fügte dem auch noch die deutliche Niederlage der russischen Diplomatie auf dem Balkan hinzu (die von der erniedrigenden Zustimmung Rußlands begleitete Annexion Bosniens und der Herzegowina durch Österreich), was einem Schlag gegen die zum Teil noch nicht verstummten Ansprüche des Panslawismus gleichkam.

Wortführer in der damaligen Diskussion war die Petersburger Zeitung »Slowo«. Die Diskussion wurde von Peter Struwe eröffnet – und es ist erstaunlicherweise nicht überholt, ihn hier nach 90 Jahren zu zitieren.

Es handelt sich um den Artikel »Die Intelligenz und das nationale Antlitz«.[30] Wir können bereits aus dem Titel ersehen, daß diese beiden Erscheinungen vom Autor als Antagonismen angesehen wurden. Struwe schrieb: »Die russische Intelligenz verblaßt zur rußländischen … ohne Not und vergeblich verbirgt sie ihr nationales Antlitz, denn man darf es nicht verbergen … Die Nationalität ist etwas, das weit mehr außer Frage steht (als die Rasse oder die Hautfarbe), und gleichzeitig etwas überaus Subtiles … Es steht uns nicht zu, spitzfindig zu sein (mit unserem russischen Nationalgefühl) und unser Antlitz zu verbergen … Ich habe, wie jeder andere Russe, ein Recht auf dieses Gefühl … Je klarer das verstanden wird, desto weniger Mißverständnisse wird es in Zukunft geben.«

Hat man das gelesen oder nicht? Denn alle diese Mißverständnisse oder präziser zerstörerischen Konflikte haben wir auf unserem langen, 90jährigen Weg angetroffen und haben nichts ausgelassen.

In der darauffolgenden Diskussion erinnerte man daran: »Nicht allein physische Kraft konnte ein solches Reich schaffen, es bedurfte dazu auch der moralischen Stärke.« Und man rief dazu auf, sich »eines Nationalismus, der einen Staat geschaffen hat«, nicht zu schämen.

Aber: Man schämte sich, und das Jahrzehnte hindurch. Gerade im Schatten des Imperiums schämten und genierten sich die russischen Intellektuellen, sich unmißverständlich als »Russen« zu bezeichnen und zu begreifen. Aber wie es den Anschein hat, beseitigen in unseren Tagen die den »rußländischen« Nationen zugesprochenen Rechte die Anlässe zu dieser falschen Scham.

Das Problem, das uns noch heute beschäftigt und für das wir dem Leser der vorliegenden Arbeit Lösungsmöglichkeiten anzubieten versuchen, regte sich bereits eindringlich in der Diskussion von 1909: »Die staatliche Gerechtigkeit verlangt von uns keine nationale Gleichgültigkeit ...« – »Wir dürfen nicht versuchen, diejenigen zu russifizieren, die keine Russen werden wollen, und ebenso sollten wir nicht uns selbst zu Rußländern machen, uns entpersönlichen und in der ethnischen Vielheit Rußlands aufgehen.« – »Die Versuche, ganz Rußland zu einer großrussischen Nation zu machen, haben sich nicht nur für die lebendigen nationalen Züge der weniger mächtigen Völker innerhalb des Imperiums, sondern auch und vor allem für die großrussische Völkerschaft als katastrophal erwiesen.«

Die ganze (durch die Zerrüttung verstärkte) gegenwärtige Kompliziertheit der »russischen Frage« reduziert sich darauf: Wie ist sie zu lösen, ohne im Widerspruch zur »rußländischen« Frage zu stehen und dieser zu schaden?

Es werden Stimmen laut: »Rußland den Russen!« – Aber das ist eine trügerische und destruktive Losung (genauso wie »Tatarstan den Tataren« oder »Jakutien den Jakuten«). Ebenso wie eine »Russische Republik« innerhalb der Föderation den Anstoß zu einer

Spaltung und zum Zerfall geben würde, haben doch die Russen die Pflicht, den Staat zu festigen. Ohne die Russen kann es auch kein Rußland geben.

Zwecklos ist auch das Gerede über die »Selbstbestimmung« der Russen. Das »Recht auf die Selbstbestimmung der Nationen« hat sich seit dem Ersten Weltkrieg in ganz Europa manifestiert, und am nachhaltigsten hatten sich die Bolschewisten seiner bemächtigt; und später (16.2.1966) wurde es durch die UNO bestätigt (mit dem verwirrenden Widerspruch, daß das Prinzip der Selbstbestimmung das der »Unverletzbarkeit der Grenzen« völlig negiert). Aber im gegenwärtigen Rußland hätte dann die *Selbstbestimmung* der Russen ihre *Selbstabspaltung* von den anderen Völkern Rußlands bedeutet, das heißt den Zerfall des heutigen Staates. Und das ist der Grund dafür, daß wir auf *diesem* Slogan nicht bestehen dürfen. Wie kann man für die Russen eine solche Staatlichkeit fordern, wenn wir sie uns selbst geschaffen haben, und dazu noch eine multinationale? Selbst eine proportionale Repräsentation in allen Machtorganen Rußlands wäre dann nicht mehr zu realisieren.

Aber die Russen sind heute eine *geteilte Nation*, sowohl aufgrund der neuentstandenen Grenzen der GUS als auch der im Innern Rußlands selbst: geteilt durch die verschiedenen Autonomien, die begonnen haben, nach eigenen Gesetzen zu leben. Und soll der Staat dort, wo die Russen die Kernmehrheit bilden, die Interessen der Russen verteidigen oder sie herunterspielen?

Die Sorge darum, daß die Russen die gleichen Rechte wie die anderen Völker haben, ist kein russischer nationaler Egoismus. Die Last einer umgekehrten nationalen Ungleichheit erfaßt in zerstörerischer Weise die russische staatliche Konstruktion in ihrer Gesamtheit. Und das russische Volk ist der staatsbildende Kern in Rußland, ohne den niemand imstande ist, die Verantwortung für die Erhaltung des Staates zu tragen.

Das Schicksal des russischen Volkes wird auch das Schicksal Rußlands entscheiden.

Unversöhnlichkeit

Der Bolschewismus und das russische Volk

Das Gefühl der Scham, das die gebildete russische Klasse allem »Russischen« gegenüber empfand und das schon in der Diskussion von 1909 spürbar gewesen war, entwickelte sich nach dem Staatsstreich vom Oktober dynamisch durch die alles zerstörende, auf die endgültige Vernichtung des russischen Nationalbewußtseins (eines politischen Kontrahenten des Bolschewismus) gerichtete Strategie Lenins. Bereits auf dem 10. Kongreß der Kommunistischen Partei Rußlands, man hatte sich noch nicht vom Bürgerkrieg erholt, erklärte man (gewissermaßen als dessen Fortsetzung): »Die Hauptaufgabe der Partei in der nationalen Frage ist der Kampf gegen den Großmachtchauvinismus der Großrussen«, der, nach Lenin, »tausendmal gefährlicher ist als jeder bürgerliche Nationalismus«. In dem Brief an die Partei, den Lenin Ende 1922 kurz vor seinem Tode schrieb (und der auf dem 13. Kongreß der Partei zusammen mit seinem »politischen Testament« verlesen wurde), hieß es: »das Meer des chauvinistischen großrussischen Lumpengesindels[31]«. Man brauche nicht nur die formale Gleichheit der Nationen nicht zu respektieren, sondern müsse »eine solche Ungleichheit schaffen, daß sie kompensierend an die Stelle der unterdrückenden Nation treten kann«, müsse sie, »die sogenannte große Nation (aber allein durch ihre Gewalt groß, groß nur wie ein schnauzender Gendarm)«, mit all dem kompensieren, was man von ihr zum Nutzen der kleinen Nationen bekommen könne. Seit der 1923 erfolgten Festlegung der administrativen Grenzen zu den nationalen Autonomien schuf man *rein russische* Rayons und Amtsbezirke. In den Unionsrepubliken setzte (trotz der Erklärungen über das gewünschte und angeblich schon bevorstehende »Verschwinden« und den »Zusammenschluß aller Nationen«) die Entfernung aller Russen aus dem Staats- und Parteiapparat ein. (Im Westen sind aber noch heute viele überzeugt davon, daß Lenin ganz im Gegenteil die Absicht hatte, »die Regionen an der Peripherie zu russifizieren«.) Und in der ideologischen Sphäre gab Lunatscharski seinen Senf dazu: »Die Idee des Patriotismus ist eine grundlegend falsche Idee[32]« – »der Geschichtsunterricht, der den Nationalstolz, das nationale Gefühl usw. zu wecken sucht, muß beseitigt werden; ein Geschichtsunterricht, der in der Vergangenheit nachahmenswerte Beispiele findet, muß eliminiert werden.[33]« Und während der 20er Jahre ergingen sich Dutzende von Parteirednern und Hunderte von servilen Federn in allen Tonarten darin, »diese russischen Querdenker« – »diese russischen Giftzwerge« – »diese russischen Hosenscheißer« zu beschimpfen und zu verspotten. Dazu kam eine Vielzahl von Gemeinheiten wie: »Wir haben das fettärschige Weib Rußland abgeknallt« und: »Hätten Minin und Posharski nicht vielleicht besser daran getan, Rußland nicht zu retten?« usw.

Zu dieser repressiven bolschewistischen Strategie gehörte auch der vernichtende Schlag gegen die orthodoxe Kirche – eine wilde Jagd zur Plünderung der Kirchenschätze setzte ein (insgeheim von Trotzki initiiert, wobei Kalinin gewissermaßen die Rolle des Feigenblattes spielte), dazu kamen die Verhaftungen der Patriarchen und Metropoliten, die Prozesse gegen sie, ihre öffentlichen Hinrichtungen und Abertausende von insgeheimen Erschießungen orthodoxer Geistlicher sowie ihre Vernichtung in den Lagern. Gleichzeitig damit, beginnend mit der Periode des Bürgerkrieges und die ganzen 20er Jahre hindurch, setzte die Ausrottung oder Verbannung des Adels und der russischen Intelligenz ein. Das Nationalbewußtsein der Russen wurde rigoros unterjocht und ausgelöscht, in die Illegalität gezwungen, von der Oberfläche eliminiert und als eine konterrevolutionäre Erscheinung verboten.

Diese Atmosphäre verstärkte sich noch über 15 Jahre hinweg bis in die Mitte der 30er Jahre, als Stalin (nach der millionenfachen Vernichtung der bewährtesten Bauernschaft und dem vernichtenden Schlag gegen den Adel und die Intelligenz Petersburgs im Jahre 1935, nach der 1931 erfolgten Sprengung der Erlöser-Kathedrale und nach der übereilten Zerstörung oder dem Verrottenlassen der Denkmäler des Vaterländischen Krieges von 1812) angesichts des Herannahens eines großen Krieges plötzlich zu erkennen begann, daß er diesen Krieg mit der unzureichenden Ideologie der Komintern und ohne einen russischen nationalen Aufschwung nicht würde überstehen können. Und man erinnerte sich in der sowjetischen Propaganda plötzlich wieder des seit langem vergessenen, dreimal verfluchten und zertretenen *Patriotismus*. (Ab 1936 begann man vom »älteren Bruder« zu sprechen und ab 1938 vom »großen russischen Volk«.)

Und es war gerade dieser Patriotismus, nicht der sowjetische, sondern ausdrücklich der russische Patriotismus, mit dem man an die militärische russische Vergangenheit und sogar an Dmitri Donskoi erinnerte (ohne nun zu befürchten, die Tataren »zu beleidigen«), und gerade er hat, indem er die Welt und Rußland rettete, gleichzeitig auch die sowjetische kommunistische Macht mit Stalin an der Spitze gerettet. (Nach dem Krieg würdigte Stalin das russische Volk mit einem dankbaren Toast. Aber nach und nach stellte er, als befände er sich damit nicht im Widerspruch dazu, vorsichtshalber auch alle Begriffe des internationalen Kommunismus wieder her, denn sie konnten ja noch nützlich werden.)

Die historische und universelle Heldentat des russischen Volkes im Zweiten Weltkrieg (und es ist eine schreckliche Vorstellung, daß es die *letzte* in seiner Geschichte gewesen sein könnte) ist eines der Rätsel des russischen Charakters. Denn Millionen von Menschen waren durch Säuberungen dezimiert worden, man lebte in ständiger Unterdrückung, in der Furcht, die eigene Meinung kundzutun, und fast die Hälfte der damaligen Bevölkerung erinnerte sich noch an das bessere vorrevolutionäre Leben und empfand nur allzu deutlich Kläglichkeit der sozialistischen Überbleibsel, die sie dafür erhalten hatte. Was aber war es, was die Volksmassen aus ehrlichem Herzen dazu veranlaßte, ihr Leben für eine derart elende und harte Existenz hinzugeben? (Nicht wenige Häftlinge in den Lagern schrieben Bittgesuche, sie an die Front zu schicken.) Hier zeigte sich natürlich auch die Macht des eisernen Zwangs (unwillkürlich denkt man an die Einschätzung Konstantin Leontjews, derzufolge die Tugenden unseres Volkes nur im Zustand der Unterdrückung wachsen würden), und es äußerte sich in einem gewaltigen Maße der natürliche, noch nicht endgültig unterdrückte russische Patriotismus – aber es zeigte sich auch das psychologische Bedürfnis, sich zumindest für eine kurze Zeit aufzurecken, sich als starke und sogar heroische Persönlichkeit zu fühlen, selbst im tödlichen Kampf, der eine kurze Illusion der Freiheit gab.

Diese Heldentat des russischen Volkes, nein, des dreifach slawischen Volkes (die überwältigende Mehrheit in der Roten Armee, in den Fabriken, im Hinterland und auf den Kolchosfeldern), die den Hitlerismus niedergerungen hat und die westlichen Demokratien rettete, deren Verluste an Menschen relativ gering waren, ist heute in den lebendigen Gefühlen und im Gedächtnis der Welt ohne Dank verblaßt und vergessen, verschlungen vom Sturzbach des modernen Lebens, für das der Rest des noch erhalten gebliebenen Rußlands – nur noch ein Relikt der Vergangenheit ist, das alle nur noch als störend und viele als verachtungswürdiges Ungeheuer empfinden.

Von Stalin zu Breschnew

In den letzten Jahren seiner Herrschaft zwang Stalin die sowjetische Propaganda zu einer monströsen Wendung zu der grenzenlosen nationalen Großsprecherei hin, die Russen wären überall und bei allen Erfindungen die Ersten gewesen. Es fällt schwer zu glauben, daß er diese Wendung vollzog, um dem russischen Bewußtsein erneut zu schaden; nein, er vollzog sie, weil ihm jedes Gefühl für Maß und Lebensart abging und weil er sehr wahrscheinlich der Auffassung war, daß er damit das russische »bucklige Füllen[34]« zum nächsten aggressiven Sprung, zur Eroberung der Welt anspornen könnte. Der Tod hinderte ihn daran, das zu irgendeinem Ergebnis bringen zu können, aber er erreichte es noch, dem russischen Bewußtsein einen weiteren schweren Schlag zuzufügen und es dem allgemeinen Spott der Welt auszusetzen.

Chruschtschow nun fachte überraschend das bolschewistische und internationalistische Feuer wieder an, das er sich aus seiner Lehrzeit als Jungkommunist erhalten hatte. Es zeigte sich, daß er der Leninschen Linie weitaus näher stand als der nüchterne Staatsstratege Stalin. Seit Lenin hatte niemand mehr so rücksichtslos russischen Boden an Tschetschenien, Dhagestan und vor allem an die Ukraine verteilt. Und auch er war es, der auf den ausgefallenen Gedanken kam, die Krim zu »verschenken«, so wie der Teufel zu locken pflegt, um die Seelen vom rechten Weg abzubringen – in diesem Falle das Staatsbewußtsein der Ukraine. Und es war auch Chruschtschow, der sich ohne jeden erkennbaren Grund ab 1961 geradezu wütend auf die sich still verhaltende, loyale und sich für die Fassade des Regimes als überaus nützlich erweisende orthodoxe Kirche stürzte und massenhaft die Gotteshäuser schloß. Diese Kampagne läßt sich nur mit einer ideologischen bolschewistischen Raserei erklären, die in ihrer Intensität an die Leninsche Kampagne in den 20er Jahren erinnerte, nur daß es diesmal keine Massenverhaftungen von Geistlichen gab. Aber den russischen Patriotismus zum Feind zu erklären, wagte Chruschtschow schon nicht mehr, doch er hatte auch keine Sympathien für ihn und versuchte ihn mit allen Mitteln in einen allgemeinen »sowjetischen« zu verwandeln.

Und es war vor allem diese politische Linie, die er dem Breschnewschen Politbüro vererbte: daß man in der UdSSR ein nie zuvor gesehenes Zusammenfließen aller Nationen zu einer einzigen »sowjetischen Nation« erreichte. Wie in vielem anderen, sahen diese Greise auch hier nur das, was sie sehen wollten, anscheinend glaubten sie allen Ernstes an den Mythos von einem »einheitlichen sowjetischen Volk«. (Und es gelang ihnen sogar, ihn dem Massenbewußtsein aufzupfropfen, und viele begannen daran zu glauben.)

In dieser Hinsicht näherten sich die russischen Nationalisten, immer mehr von seiner Solidität überzeugt, dem kommunistischen Kernpunkt an und schufen schließlich den Mythos von einer heilsamen nationalen Wiedergeburt unter dem Breschnewschen Regime; aber eben dieses Regime blieb auf der Hut: Es versetzte seinem gefährlichen Feind einen Schlag und ließ ihn die Krallen der marxistisch-leninistischen Ideologie spüren; 1972 gab der Propagandachef des ZK das Signal und veröffentlichte einen drohenden Artikel gegen das Erwachen des russischen Nationalismus und der Sympathien für die Religion. Dieser Artikel blieb über lange Zeit hinweg ein ideologisches Monument der Breschnewschen Epoche[35]. (Fast unbekannt ist jedoch der höchst geheime Bericht Andropows vom 28.3.1981 an das Politbüro über »die Tätigkeit antisowjetischer Elemente unter dem Deckmantel der Ideen des Russismus ...; ihre demagogischen Erörterungen über die Verteidigung der russischen Geschichte und Kultur können ihre Absichten zur Unterminierung der kommunistischen Macht nicht verdecken«.) Die Klagen der heutigen Patrioten – »man hätte den Kommunismus nicht niederwerfen sollen«, denn angeblich habe er »Rußland hervorragend zusammengehalten« – sind nichts anderes als eine jämmerliche Kapitulation des Geistes vor den Mördern.

Denken wir daran, daß das Breschnewsche Regime sich, wie es den Anschein hat, mit seiner gewaltsamen und nachdrücklichen Beseitigung Tausender »perspektivloser« Dörfer allein von ökonomischen (tatsächlich aber falsch verstandenen) Überlegungen leiten ließ und daß das Breschnewsche Politbüro mit dieser Aktion, der zerstörerischsten nach der Stalinschen Kollektivierung, ohne viel Lärm und ohne Ankündigung durchgeführt, noch nicht ruinierte und wertvolle landwirtschaftliche Nutzflächen der Verwilderung überlassend und selbst die Erde in Zentralrußland aufgebend, auch eine Vielzahl jener in den Weiten Rußlands liegenden Orte Rußlands zerschlug, in denen sich die Psychologie, die volkstümlichen Sitten und Bräuche des Volkes erhalten hatten, und dazu beitrug, die völkische russische Selbständigkeit zu untergraben. Fügt man dem das hirnlose und ruinöse Projekt der »Umleitung des Laufs der Flüsse im Norden« hinzu, das durch eine Fügung Gottes gerade noch aufgehalten wurde – durch das Ende der Breschnewschen Clique –, wird man es einen großmäuligen Mythos nennen müssen, daß diese Greise sich allmählich auf eine »russische Entwicklung« zubewegten.

Wer aber wirklich unter dem hinfällig gewordenen Breschnewschen Regime wiedergeboren wurde – das war die multinationale russische Intelligenz: In ihrem Innersten schien sie schon nicht mehr sowjetisch zu sein: Sie lebte ein reiches intellektuelles Leben, das sich aber gezwungenermaßen auf die private Konversation konzentrierte, auf den *Samisdat* und auf Veröffentlichungen im Ausland. Die Aufmerksamkeit dieses gärenden Milieus richtete sich auf viele zeitgenössische Fragen und wandte sich später auch historischen Betrachtungen zu: Einer der Kernpunkte dieser Aufmerksamkeit war zwangsläufig auch die russische nationale Frage, die eine neue Deutung erfuhr.

In den 20er und 30er Jahren hatten sich Tausende der neuen sowjetischen Intellektuellen mit ganzem Herzen dem Kommunismus zugewandt, wobei sie sich eifrig an seinem Apparat, vor allem aber an seiner Propaganda beteiligten; insbesondere hatten sie sich zum Verfassen von Büchern, verdummenden Massenliedern und Filmen für das Volk herbeigelassen – wohin aber war das alles plötzlich verschwunden? Das Engagement für den Kommunismus war plötzlich nicht mehr da, als hätte es nie existiert (bei anderen verringerte es sich): eine Umkehr des Gedächtnisses? Ein Hang zum Vergessen? Seit den 60er Jahren begann man ohne Umschweife für den *Samisdat* zu schreiben: »Nicht wir haben diese Macht gewählt!« Und mit einigem Befremden: »Seither hat sich irgendein revolutionäres Gesindel breitgemacht, um »alles zu werden.«[36] Plötzlich erfuhren wir, daß der einzige Schuldige an der Revolution das russische Volk in seiner Gesamtheit gewesen war und niemand anderes: »Die russische Idee ist der wesentliche Inhalt des Bolschewismus« – »das russische Volk ist der Unterdrücker und hat deshalb nicht das Recht auf den Nationalismus«, der ein »rassistisches Russentum« ist.

Wie sich bald danach herausstellte, war diese Stimmung nicht nur Ausdruck einer kleinen Gruppe, sie verbreitete sich vielmehr in starken Maße unter den Intellektuellen der Hauptstadt und äußerte sich im *Samisdat*, in der Zahl der in den Westen ausgereisten Emigranten, in den westlichen Radiosendungen in russischer Sprache, die über Millionen von Radioapparaten in der ganzen Sowjetunion gehört wurden. Man nahm nun bereitwillig die These von der hoffnungslosen Verdorbenheit des russischen Volkes und der russischen Geschichte auf, eine These, die auf die Menschewiken und Trotzkisten zurückgeht, die in den 20er Jahren von der Wendung, die die Revolution genommen hatte, enttäuscht waren: Ihr Ziel sei angeblich strahlend gewesen, aber war es überhaupt möglich, *mit diesem Volk* etwas so Großes zu vollführen? Ja, »lange Jahrhunderte hindurch habe Rußland unter einer manisch-depressiven Psychose gelitten« bis hin zu den »zahllosen düsteren Liedern« dieses Volkes, zu der »Monotonie des russischen Singsangs, der das Anfangsstadium einer seelischen Erkrankung dieser Nation widerspiegelte ...«

Und in Fortsetzung dessen: In »diesem Land fließt das ganze Volk zu einer reaktionären Masse zusammen« – »auf die Wahrhaftigkeit des Volkes zu setzen ist ein Selbstbetrug«; in diesem Land wird sogar »die Tiefe des Christentums fast immer mit den Schluchten moralischer Niedrigkeit verflochten« – »Von Rußland ist mehr Bosheit in die Welt getragen worden als von jedem anderen Land«.

Und neben schmerzhaft zutreffenden Bemerkungen (»das heutige Rußland spiegelt sich in den Fensterscheiben der Bierbuden wider«) hörten und lasen wir das: »Vom Grund bis zum Deckel ist dieses Rußland mit Widerwärtigkeit angefüllt« – »ein menschlicher Schweinestall« – »eine Müllgrube« – »das ist *euer* Land, *euer* Volk!«; oder so ganz nebenbei hingeworfene Sarkasmen von der Art: »das Land der Iwans und Jemels«[37] – »drunter und drüber« und anderes in dieser scharfsinnigen Weise. Es gab auch noch schärfere Urteile (besonders in den Veröffentlichungen schon ausgereister sowjetischer Autoren: »Rußlands Wahrheit ist die Mutter des Lasters« – »die Orthodoxie ist eine Hottentottenreligion« – »die räudigen Einwohner« Rußlands). – Es ist wohl überflüssig, hier noch weitere der zahllosen Beispiele anzuführen.

Der Streit der 80er Jahre

Die von Gorbatschow proklamierte *Glasnost* eröffnete die berauschende Möglichkeit zu reden, jedoch nicht ohne Gefahr für diejenigen Stimmen, die nicht zu den anerkannten *kulturellen Kreisen* gehörten. Aber laut zu reden bemühen sich (in Rußland wie anderswo) immer nur kleine sozial aktive Gruppen oder professionelle Stimmen und Federn. Man kann den Grad des Krankseins (oder der Gesundheit) einer Gesellschaft danach beurteilen, in welchem Maße diese schmale aktive Zwischenschicht den Sorgen, den Schmerzen und Stimmungen der Volksmasse entfremdet ist (oder nicht). Es ist wohl auch nicht nötig zu erwähnen, daß es schwierig ist, sich eine Gesellschaft vorzustellen, die kränker ist als unsere gegenwärtige.

Also von dem Augenblick an, als der gebildeten sowjetischen Klasse plötzlich die Freiheit zugestanden wurde, über alles, was sie wollte, zu reden, fanden sich alsbald »Demokraten« und »Patrioten«, die jedes Gefühl für Maß und Selbstkontrolle verloren, das allein es erlaubt, die Freiheit des Wortes der Vernunft zu bewahren. Der rasch wachsende Extremismus des Wortes dieser beiden Lager ließ die ihnen zuhörenden Massen ihrer rasch überdrüssig werden und sich von dem lauten Getön abwenden.

Die Patrioten (von denen viele seit langem durch ihre Sympathie mit der nun niedergehenden kommunistischen Macht verschweißt waren) unternahmen keine Anstrengungen, den Fall des totalitären Regimes, das siebzig Jahre Rußland erwürgt hat, voranzutreiben. Und nicht um unsere moralischen und physischen Verluste und das Ausmaß unseres geistigen Verfalls in diesen Jahrzehnten zu analysieren, nicht um nach einem sicheren moralischen Fundament für die Wiedergeburt des russischen Daseins und Geistes zu suchen, verschwenden sie ihre gegenwärtig so fieberhaften Bemühungen und Reden. Sie verfielen in ein blindes Extrem: die Schuldigen für die Niederlagen Rußlands im 20. Jahrhundert nicht bei uns selbst zu suchen, die wir so folgsam den Leninschen Aufrufen zur Ausplünderung gehorchten und, statt die Heimat zu verteidigen, das »Bajonett in die Erde« stießen, nicht bei unserer durchaus nicht freimaurerischen Dynastie und Führungselite, sondern für alles Geschehene den »Zionismus« und sogar direkt »die Juden« verantwortlich zu machen, womit sie die Ereignisse karikiert darstellten. Die Angriffe seitens der Patrioten konzentrierten sich fast nur darauf. Dazu kam dann noch die sich *Pamjat* nennende Organisation (unbekannten und ursprünglich nicht provokativen Ursprungs), die, an ihren Kräften gemessen, zwar winzig war, aber, vor Leidenschaft brennend, das Feuer schürte und für etwa zwei Jahre in der ganzen Welt (und ich übertreibe damit nicht) für Aufregung sorgte, die bis zu einer fragwürdigen Resolution im Europäischen Parlament führte.

Die *demokratische* Seite verfiel hingegen in ein anderes panisches Extrem: Jegliche patriotische Gruppierung in der UdSSR wurde als »Schwarz-Hunderter«[38], als »chauvinistisch«, »reaktionär« und »nazistisch« gebrandmarkt. Jetzt kamen zu den »Russophilen« auch die »Russiten« hinzu, und wiederum tauchte auch der Begriff der »russischen Querdenker« auf: Man hatte auch diesen hübschen kleinen Ausdruck aus der Zeit vor 60 Jahren, der Blütezeit des Bolschewismus, nicht vergessen. (Gleichzeitig gingen ihnen auch die wesentlichen Ziele der *Demokratie* und der nicht eben einfache Weg, der vom totalitären Regime zu ihr hinführt, verloren. Und sie glaubten zu Unrecht, daß sie gewissermaßen schon eine hinreichende Autorität erlangt hätten; um Einfluß auf die neue Macht und den Verlauf der Reformen nehmen zu können.

Indessen eröffnete diese *Glasnost* auch die Möglichkeit zu einem freien Dialog zwischen den Stimmen in der Metropole und denen der noch kurz zuvor erfolgten Emigration, der sich noch entscheidende Stimmen zugesellten: »Rußland befindet sich noch immer dort, wo es sich schon vor einem Jahrhundert befand – in der Lüge.«[39] – »Wir hören sehr oft sagen ... daß das russische Volk das Recht auf seine ihm eigene Entwicklung hat.« – »Die Russophilen stellen heute eine Kraft im Lande dar, deren Bedrohlichkeit unterschätzt wird«; im Kampf gegen diese Gefahr wäre »die beste Lösung eine Konsolidierung (der Progressisten und der Demokraten) mit dem Parteiapparat, dem KGB und dem Wirtschaftsapparat gewesen«[40].

Aber auch ohne diese nicht verwirklichte Konsolidierung setzte sich die Zerschlagung der »Russophilen« fort und wurde sogar noch erweitert: »Die sogenannte russische Wiedergeburt ist eine faschistoide Strömung.« Sogar die »Dorf«-Schriftsteller wurden direkt und nicht nur einmal den »Pogrom-Anzettelern«, den »Faschisten« zugezählt (auch von Radio Liberty und der Presse), so hieß es über das hartnäckige Bestehen Walentin Rasputins auf der Reinheit der uralten russischen Ursprünge: »Das hat einen gefährlichen Geruch.« Über die Aufrufe der Patrioten zur Festigung der Familie, der Moral, zur Steigerung der Geburtsrate und zur Verteidigung der Natur hieß es in einer Moskauer Zeitschrift, daß das »eine explosive Mischung« wäre. Und sogar der Schmerz über die Zerstörungen, die Rußland vom Kommunismus zugefügt wurden, wäre eine »masochistische Ekstase, ... als würde man sich das Hemd bis zum Nabel aufreißen.«[41] (Diese lawinenartig losgetretene Attacke wurde auch durch Artikel in der amerikanischen Presse unterstützt.) Und Radio Liberty wurde in diesen Jahren schon zu einem legalen, beinahe innersowjetischen Sender. Er strahlte eine Radioserie mit dem Titel »Die Russische Idee« aus, in der er sowohl die russische Geschichte als auch den russischen Gedanken mokant herunterspielte und offen »eine Mutation des russischen Geistes« forderte, er erfüllte die russischen Hirne mit Hoffnungslosigkeit und nährte bei den anderen Hörern die Feindseligkeit gegenüber den Russen. »Gehört das russische Volk nicht schon einer Vergangenheit an, die nicht mehr existiert?« Die erniedrigte und verzweifelte Rus bekam zu hören: »Die Ursache des Totalitarismus ist die russische Neigung zum Atavismus« (11.12.1989). – »Bei den Russen gründet sich immer alles auf den Knochen und auf dem Blut, das russische Volk ist unfähig, mit Herzensgüte umzugehen« (27.10.1989). – »In solch einem Land von russischem Patriotismus zu reden ist einfach unaufrichtig und unmoralisch« (12.1.1989). (Alle diese Radiosendungen wurden derart nachdrücklich wiederholt, daß man annehmen durfte, daß sie nicht nur das Resultat von Direktiven *der Geldgeber* waren, sondern auch die ungezügelten persönlichen Gefühle ihrer Autoren ausdrückten.)

In den gleichen Jahren fanden Massenmorde in Aserbaidshan, in Transkaspien, in Kirgisien, in Karabach und in Süd-Ossetien statt – alle außerhalb Rußlands und ohne jegliche russische Beteiligung. Aber die sowjetische Presse und die amerikanische Radiostation tönten ausschließlich gegen den »russischen Rassismus«, gegen den »übelriechenden« russischen Patriotismus.

So entwickelten sich jahrelange Streitereien zwischen den verschiedenen Verästelungen der Gesellschaft in der UdSSR.

»Demokraten« und »Patrioten« beschimpften einander, statt sich gegen den wendigen und mit allen Wassern gewaschenen Kommunismus und Komsomolgeist zusammenzutun. Sowohl die einen als auch die anderen waren ihrer Natur nach nicht fähig dazu. Das ist ein Unglück für das Land, in dem man die Bezeichnungen »Patrioten« oder »Demokraten« als Schimpfworte betrachtet ... Und währenddessen verwandelte sich die kommunistische Nomenklatura mit Erfolg in eine »demokratische Nomenklatura«, zusammen mit den kommerziellen und gestern noch niemandem im Lande bekannten Geschäftemachern, die ihre Hände auf Posten und auf Vermögen legten. Und nachdem sie so wertvolle Zeit gewonnen hatten, blieb ihnen nur noch, den zwei sich unversöhnlich Bekämpfenden, die sich auf den beiden Seiten des Weges gegenüberstanden, mit Dank zuzunicken: »Danke für euren Streit!«

Dieser Streit erlaubte es nicht einmal den moderaten und achtbaren, über unsere Zukunft in ihrem ganzen komplizierten Umfang besorgten Stimmen der beiden Seiten den geringsten Laut von sich zu geben. Ebenso blieben die wirklichen Probleme unbeachtet. Zwischen den beiden erhitzten Polen wurde ein toter Raum geschaffen, in dem es als unzweckmäßig und sogar greulich galt, selbst für die überlegtesten und fruchtbarsten Vorschläge einzutreten. Die Ölspur, die dieser Streit hinterlassen hat, zieht sich verunreinigend auch durch unser heutiges Leben.

Die Krankheiten des russischen Nationalismus

Zu unseren großen Denkern des 20. Jahrhunderts gehören S. Bulgakow, W. Wernadski, A. Lossew, N. Losski, doch fast keiner von ihnen beschäftigte sich näher mit dem russischen Nationalthema, ausgenommen I. Iljin, P. Struwe und N. Berdjajew (aber niemand wird wohl die prätentiöse Geschraubtheit des letzteren – das Dritte Rom, die Dritte Internationale – einer ernsthaften Betrachtung unterziehen; wir haben seither das Dritte Reich, die Dritte Welt, die Dritte Emigration und den Dritten Weg zur Kenntnis genommen – was für einen substantiellen Gedanken können wir noch auf dem Bergrücken dieser Gegenüberstellungen ernten?). In der zweiten Reihe wären W. Rosanow und G. Fedotow zu nennen. Doch dann mußten wir die russischen Denker für lange Zeit entbehren, man hatte sie entweder rigoros verbannt oder zum Schweigen verurteilt.

Die Auslegung des russischen nationalen Problems fiel vor der Revolution im besten Falle den Staatsmännern zu (und erhielt oft eine offizielle Färbung) und manchmal auch den politischen Journalisten. Diese waren aber von recht unterschiedlichem Niveau, und die Publikationen mancher von ihnen riefen durch ihre Schärfe und ihre Grobheit, die bis zu Beleidigungen ging, den Abscheu und die Ablehnung des kultivierten Publikums hervor. Man hatte den (für die Kritiker nicht unangenehmen) Eindruck, daß der russischen nationalen Publizistik grundsätzlich ein niedriges Niveau eigen war.

In den späteren Jahrzehnten der Zerstörung, der Repressionen und der Unterdrückung des russischen Nationalbewußtseins durch den Kommunismus, konnten dessen Verfechter das Niveau nur noch weiter absenken. Als in den 60er und 70er Jahren schon eine ganz andere Generation aus der ein halbes Jahrhundert hindurch herrschenden Gedächtnislosigkeit unter den Bolschewiken erwachte, vollzog sich das qualvoll, so sehr hatten sich die Lebensbedingungen verändert, so tief ging der Bruch mit der Tradition, und es war fast unmöglich, die alten, einst so rigoros verbotenen

Bücher zu bekommen. Die jungen russischen Intellektuellen sahen sich gezwungen, gleichsam aufs neue nach Erklärungen und Lösungen zu suchen. Die einen (die Gruppe um I. Ogurzow, »Die panrussische, sozial-christliche Union zur Befreiung des Volkes«) definierten den Kommunismus sehr zutreffend als die Hauptquelle unseres Unglücks und bildeten eine illegale Organisation mit dem Ziel, ihn zu stürzen, aber sie wurde rasch zerschlagen, was bei der Bevölkerung nicht nur auf Teilnahmslosigkeit stieß, sondern auch auf Unmut über Ogurzow und seine Organisation. Die anderen (die Gruppe W. Ossipows, die Samisdat-Zeitschrift »Wetsche«) entschieden sich, ihre gesellschaftliche Kraftlosigkeit begreifend, dafür, sich an etwas Solides, schon real Existierendes anzulehnen, um von dort Unterstützung und Schutz zu erhalten. Sie ließen sich von dem Mythos der angeblichen »nationalen Wandlung des Kommunismus« beeinflussen, den sie schon nicht mehr als den Schänder des russischen Volkes begriffen, sondern als dessen Retter: Denn er habe »eine Großmacht geschaffen«, und war er nicht im Begriff, unsere große messianische Bestimmung zu erfüllen? Die Dutzende von Millionen Opfer und die ganze antirussische Leninsche Raserei vergessend oder ihm verzeihend, warfen sie die Frage auf: »Ist denn der russische Patriotismus nicht mit der marxistisch-leninistischen Weltauffassung vereinbar?« Im Gegenteil: »Patriotismus und Kommunismus können nicht einer ohne den anderen existieren.« – »Der russische Kommunismus – ist der besondere Weg Rußlands.« – »Die Leninsche nationale Politik – das ist die russische Lösung der nationalen Frage ...« Mit solchen monströsen Formulierungen verhalfen sie dem Nationalbolschewismus der *Smenowechowzen*[42] wieder zu neuem Leben und vergaßen völlig, daß man unter dem frühen bolschewistischen Regime anderthalb Jahrzehnte lang das Wort »russisch« nicht aussprechen durfte. Und man hielt sogar die Kollektivierung für ein erstrebenswertes Geschenk an die russische Bauernschaft (das hörten wir auch schon aus dem Munde A. Sinowjews).

Ein systematisch unterdrücktes Nationalgefühl schlägt unweigerlich mit krankhaften und aggressiven Extremen durch, und wird es beleidigt, muß man immer mit einer aggressiven Reaktion rechnen, die sich bis zum Chauvinismus ausweiten kann. Bereits in den 70er Jahren manifestierte es sich in der Interpretation allen Geschehens in der Welt und in der russischen Geschichte als Resultat von Aktivitäten der Freimaurer und Juden. In den Jahren der *Perestroika*, als das nationale russische Jahrhundertdesaster offenbar wurde, begann man um so verzweifelter überall, nur nicht bei sich selbst, nach den Schuldigen dafür zu suchen. Und in eben dieser Periode, als das Volk sich im Niedergang, betrogen, ausgeplündert, elend und von allen verachtet sah, nahmen die ungezügelten Beleidigungen und üblen Beinamen durch die nunmehr freien Funk- und Printmedien zu. Die Antwort darauf war eine um so pathologischere Reaktion: nationale Arroganz und Hochmut, die dem aktuellen, wahrhaft elenden Zustand unseres Volkes nicht gerecht wurden. Wir haben unseren unfaßbaren historischen Niedergang, unsere auch ohnedies hoffnungslose Situation durch unsere zügellosen, grobschlächtigen Drohungen nur noch verschlimmert.

Auch hier suchte das zerschlagene russische Bewußtsein noch den verlorenen Halt wiederzufinden, hier – in der Vereinigung von Nationalismus und Bolschewismus. Und es entstand ein wüstes Durcheinander: eine Vermischung von »Weißen« und »Roten«, ihre »Versöhnung« auf man weiß nicht, welcher Grundlage; die Schaffung eines »patriotischen Blocks« mit den Kommunisten – und die Patrioten, die sich weigerten, bei den Wahlen von 1990 in dieses Gewand zu schlüpfen, erlitten eine vernichtende Niederlage. (Und wo, wenn nicht hier, ist an die unverschämte Dreistigkeit zu erinnern, mit der die heutige Kommunistische Partei der Russischen Föderation, die sich auch in ihrem Namen noch nicht vom Kommunismus abgewandt hat, sich als eine »volkstümliche, patriotische Bewegung« präsentiert, die der orthodoxen Religion wohlgesinnt ist. Und *kein einziger* ihrer heutigen Führer empfindet Reue oder erwähnt zumindest, wie viele von diesen Patrioten und Orthodoxen sie ertränkt, erschossen, zu Asche verbrannt haben. Und welche Dreistigkeit ist es, heute die »Schrecken des Bolschewismus« in Anführungszeichen zu setzen, »die doch ein halbes Jahrhundert zurücklägen und über die längst Gras gewachsen«[43] sei. Nein, von diesem kosmischen Greuel ist der Kommunismus nicht reinzuwaschen.)

Gleichzeitig machten sich diese neuen Theoretiker des Unglücks daran herauszufinden, wie die Russen sich durch den »eurasischen« Kunstgriff retten oder sich durch ein Neoheidentum vom Christentum freimachen könnten: »Wer weiß denn, ob sich nicht gerade hier die neue Wahrheit für Rußland eröffnet?«

In dieser Verwirrung gingen die wenigen vernunftbegabten patriotischen Stimmen unter und blieben ohne Einfluß. Doch es sind eben diese Stimmen, in denen der Wirklichkeitssinn der Masse des Volkes zum Ausdruck kommt.

Und aufgrund dieses ohnmächtigen Zusammenbruchs des russischen Nationalbewußtseins zog sich auch noch während des allgemeinen Desasters der 90er Jahre die gleiche ölige Spur.

Noch unter Stalin fand man heraus, daß die Begriffe »Nationalsozialismus« und »Hitlerismus« sich wenig für Beschimpfungen eigneten – und so übernahm man bereits damals von den Italienern das verkleisternde Wort »Faschismus«. Und dieses Wortes bemächtigte sich dann auch rasch der primitive Jargon – und man klebte uns, den politischen Häftlingen, darunter auch solchen, die kurz zuvor noch Frontoffiziere gewesen waren, das Etikett »Faschisten« auf. Und während der Periode der Perestroika begann man, rasch vergessend, auch das ganze Rußland, die entscheidende Kraft, dank der die Welt vor Hitler gerettet worden war, mit dem »faschistischen Kleister« zu überschütten. Witterte man im Rücken der zahlenmäßig schwachen aber sich lauthals bemerkbar machenden russischen Nationalisten irgendeine bedrohliche millionenfache Kraft? Man hörte erst die radikal-demokratischen Möchtegern-Intellektuellen, danach die ausländischen Radiostationen von einem herannahenden und alles erfassenden »russischen Faschismus« schwafeln, der auf den Seiten der Moskauer Zeitungen geradezu als Teufel an die Wand gemalt wurde.

Und hier meldete sich nun der tiefsinnige russische Präsident zu Wort. Mitte Januar 1995, kurz nach unserer kläglichen militärischen Niederlage in Grosny, über das Blut und das Stöhnen der dort zugrunde gehenden Bevölkerung und der dort Kämpfenden hinweg, berief man in Moskau ein internationales antifaschistisches Forum zum Kampf gegen die anwachsende bedrohlichste aller Gefahren ein. Und in seinem Februarschreiben an die föderale Versammlung forderte der Präsident nicht die Beendigung des Blutvergießens in Tschetschenien, sondern verlangte von der Staatsanwaltschaft und den Gerichten, Rußland entschieden gegen die faschistische Ideologie zu verteidigen.

Eine Ideologie, die nie in Rußland existiert hatte und Rußland keinesfalls bedrohte.

Das Brandzeichen »Faschismus« ist wie seinerzeit die Begriffe »Klassenfeind« und Volksfeind« ein noch immer wirkungsvolles Mittel, um einen Opponenten niederzuhalten, ihn zum Schweigen zu bringen, repressiven Maßnahmen auszusetzen und ihn entsprechend den jeweiligen Umständen zu brandmarken. Aber auch unser simpler Versuch, unsere nationale Existenz vor dem Zustrom arbeitsscheuer Banden aus den asiatischen Ländern der GUS zu schützen (welches europäische Land hat nicht ähnliche Sorgen?) – ist Faschismus ! Jedenfalls haben das viele unserer Zeitungen geschrieben.

Es müßte doch so sein: Wenn es darum geht, auf eine wilde, fanatische Grausamkeit hinzuweisen, die zur Gewalt bereit ist (diese Definition läßt sich auch auf die frühen Bolschewisten anwenden), dann nennt man sie auch unmißverständlich beim Namen, aber beleidigt nicht das Volk, das Hitler niedergekämpft hat, mit dem *Brandzeichen »Faschismus«!*

Stellt man in Rechnung, daß man in denselben Jahren, beim Hervorbrechen der grausamsten und unversöhnlichsten Nationalismen in Mittelasien, in Transkaukasien, in der Ukraine (mit den Sturmtrupps der UNSO und sogar mit dem legalen Treffen von Veteranen der Hitlerschen SS-Division »Galizien« in Lwow), diese nicht mit dem Brandzeichen »Faschismus« versah, dann kommt man nicht umhin, in dieser ganzen Kampagne einen unwiderstehlichen Reflex zu sehen: dadurch, daß man eifrig den Kleister des »russischen Faschismus« rührt, dem Wiedererstehen des russischen Bewußtseins nicht die geringste Chance zu geben.

Ja, die extremen Formen *jeglichen*, ausnahmslos jeglichen

Nationalismus auf unserem Planeten stellen eine Krankheit dar. Und der pathologische Nationalismus ist vor allem für das eigene Volk gefährlich. Aber nicht mit wütenden und noch so zornigen Beschimpfungen, sondern nur durch Appelle an das Gewissen kann man ihn zur Vernunft bringen, in einen positiven, schöpferischen Nationalismus verwandeln, ohne den kein Volk in der Geschichte seine Existenz errichten konnte.

Werden wir noch Russen sein?

Der Patriotismus

Es gibt sicher zahlreiche Definitionen des Patriotismus. Doch dessenungeachtet will ich hier meine eigene anbieten, die ich seit meiner Rückkehr nach Rußland und im Verlauf meiner öffentlichen Begegnungen in vielen Regionen oft wiederholt habe und mit der ich überall auf Zustimmung und Verständnis gestoßen bin: »Der Patriotismus ist ein starkes und dauerndes Gefühl der Liebe zu seiner Heimat und beinhaltet die Bereitschaft, sich für sie zu opfern und all ihre Unbilden zu teilen, ihr aber nicht unterwürfig zu dienen und nicht ihre ungerechten Absichten zu unterstützen, sondern aufrichtig bei der Beurteilung ihrer Laster, ihrer Sünden und ihrer Reue darüber zu sein.«

Der Patriotismus ist ein organisches, natürliches Gefühl, das keiner Rechtfertigungen, keiner Begründungen bedarf, und alles, was man ihm hinzufügt (»Sozialpatriotismus« ist eine linke und Leninsche Injurie; »Nationalpatriotismus« ist eine heutige Injurie), ist entweder Unverständnis oder eine absichtliche Verhöhnung. P. Wjasemski hatte einmal das Wort »*Kwas-Patriotismus*«[44] geprägt, das bei den russischen Liberalen große Zustimmung fand. Aber im Grunde hatte sich darin nur sein aristokratischer Hochmut gegenüber der treuherzigen und ungekünstelten, vom täglichen Leben geprägten Liebe des einfachen Volkes zu seinem Land ausgedrückt.

Bei uns aber gehört es inzwischen zum guten Ton, den Patriotismus in die Nähe des »Faschismus« zu rücken. Doch in den Vereinigten Staaten steht der Patriotismus hoch im Kurs. Nicht nur, daß man sich dort nicht seiner schämt, Amerika atmet seinen Patriotismus, ist stolz auf ihn, und die verschiedenen Volksgruppen fließen in ihm zu einer Einheit zusammen. In jedem amerikanischen Klassenzimmer hängt die Nationalflagge, und in vielen Schulen gelobt man ihr Treue.

Der Patriotismus ist in vielen Ländern, darunter auch in den europäischen, ein teures Gut, er ist der Beginn dessen, was ein Volk vereinigt und es keineswegs vom Rest der Menschheit trennt. Eine andere Sache ist es, daß er, wie jedes andere menschliche Gefühl, Mißbildungen und Verzerrungen ausgesetzt ist.

Ähnlich ergeht es in der heutigen Welt dem Begriff »Freiheit«, insbesondere im von zahllosen »Schocks« geschüttelten Rußland, bis hin zum Vergessen aller *Pflichten* und zur Preisgabe jeglicher Verantwortung des Menschen. Folglich sind wir dann aber nur bis zu jener Grenze menschliche Wesen, innerhalb derer wir ständig in uns und über uns unsere Pflicht empfinden.

Und wie eine Gesellschaft, in der das staatsbürgerliche Verantwortungsgefühl nicht assimiliert ist, nicht erhalten werden kann, so kann auch ein multinationales Land nicht existieren, in dem die Verantwortung gegenüber dem gemeinsamen Staat verlorengegangen ist.

Ein multinationales Land muß in schwierigen Momenten seiner Geschichte seinen Halt in der Unterstützung und in dem Enthusiasmus *aller* seiner Bürger finden können. *Jede* Nation muß die Überzeugung haben, daß die gemeinsame Verteidigung der allgemeinen Interessen des Staates lebenswichtig für sie ist.

Aber von diesem Patriotismus ist im gegenwärtigen Rußland keine Spur zu finden. Außer der verstärkten Propagierung der Patriotismen in den einzelnen Autonomien ist hier auch der globale Einfluß des Chaos und des gänzlich unwürdigen Verhaltens der Autoritäten des Staates, die bei der ganzen Bevölkerung des Landes jeden moralischen Kredit verloren haben, erkennbar. Anläßlich einer Begegnung in Jaroslawl sagte mir ein Offizier: »Das neue Rußland stellt sich nicht als Vaterland dar.«

Die nationale Ohnmacht

Aber wenn wir den Begriff des *staatsbürgerlichen Patriotismus* akzeptieren, dürfen wir nicht den *nationalen Patriotismus* außer acht lassen. In den ethnisch einheitlichen Ländern sind sie ein und dasselbe. In multinationalen Ländern wie dem unseren ist der nationale Patriotismus ein Bestandteil des allgemeinen Patriotismus aller Bürger, und übel ist ein Staat dran, in dem diese beiden Patriotismen auseinander laufen. Dem nationalen Patriotismus sind die bereits weiter oben angeführten Merkmale eigen: die Bereitschaft, Unbilden zu teilen, zu opfern, nicht unterwürfig zu dienen. Und ebenso natürlich ist das Bewußtsein, daß man sich, ohne das besonders zu betonen, eins fühlt mit seinem Volk.

Die Liebe zu seinem Volk ist ebenso natürlich wie die Liebe zu seiner Familie. Niemand darf um dieser Liebe willen getadelt werden, er verdient nur Respekt. Mag die heutige Welt auch wirr und desolat sein, so bemühen wir uns doch, die eigene Familie zu erhalten und sie nach einem Maßstab des inneren Verständnisses zu beurteilen. Und ebenso ist die Nation eine Familie, nur auf einer anderen Ebene und von anderer Dimension: Auch sie wird durch einmalige innere Bande zusammengehalten – durch die gemeinsame Sprache, die kulturellen Traditionen, das gemeinsame historische Gedächtnis und durch die Aufgaben für die Zukunft. Warum soll da die Erhaltung der Nation eine Sünde sein?

Viele der kleinen und sogar kleinsten Nationen unseres Landes übertreffen heute ohne jeden Zweifel mit ihrem Patriotismus die Russen bei weitem. Ihr Nationalgefühl ist dauerhaft.

Und das unsere? Das unsere ist zertreten, in Fetzen gerissen. Eine kurze Zeit, während des Krieges gegen Deutschland, wurde der russische Patriotismus erlaubt, in den Himmel gehoben und gepriesen, doch dann, nachdem man sich ihn zunutze gemacht hatte, wurde er beiseite geschoben und wieder in ein Schreckgespenst verwandelt.

Ich spreche hier von dem reinen, dem barmherzigen, dem aufbauenden russischen Patriotismus und nicht von dem äußersten nationalistischen Extrem (»Nur unsere Rasse! Nur unser Glaube!«), nicht von einem Patriotismus, der die Nationalität über alle vorstellbaren geistigen Höhen hinausträgt, sogar über unsere Demut vor dem Himmel. Und selbstverständlich werden wir nicht denjenigen den Namen »russischer Patriotismus« zugestehen, die eine kleinmütige Allianz mit seinen kommunistischen Vernichtern eingehen.

Der russische Patriotismus wurde nicht direkt und nicht per Dekret verboten, aber doch *beinahe*. Nicht wenige Kräfte – auch im Innnern des Landes und darüber hinaus – sind angetreten, uns Russen zu entpersönlichen.

Und wir? Wir unterwarfen uns. Und unter der Lawine unserer Jahrhundertniederlage wurde unser Wille, unsere Identität, unsere Eigentümlichkeit, unsere ureigenste Spiritualität zu verteidigen, gebrochen. Sehr, sehr viel Schuld an unserem Niedergang haben wir uns selbst zuzuschreiben.

Erinnern wir uns an Gogol: »Groß ist die Unkenntnis Rußlands mitten in Rußland.« Und erinnern wir uns auch an Iwan Aksakow (in seinem Diskurs über Puschkin): »Besteht die Summe unserer Mißgeschicke und unserer Unglücke nicht darin, daß in uns allen, auch in den Aristokraten und in den Demokraten, das russische historische Bewußtsein so schwach und das historische Gefühl so leblos ist?«

Das Problematischste bei den heutigen Russen ist das Fehlen des seit jeher schwach entwickelten Bewußtseins für ihre Einheitlichkeit. Heute, da die Mehrheit der russischen Völker sich in Not befindet, können sich viele noch dank ihres Zusammenhaltens und des Bemühens der örtlichen Instanzen behaupten. Und das russische Volk befindet sich in der denkbar schlimmsten Lage, denn in der Kette unserer Verluste haben wir das verbindende und rettende Glied verloren, das uns zusammenhält, und mit ihm auch das Bewußtsein für unseren *Platz* im Lande.

Unser Nationalbewußtsein ist in Lethargie verfallen. Wir leben nur noch irgendwie: zwischen dem stummen Gedächtnisschwund hinter uns und den drohenden Vorboten unseres Verschwindens vor uns.

Wir befinden uns in einer nationalen Ohnmacht. Während in der ganzen Welt entschiedene Nationalismen heranwachsen, raubt uns die Ohnmacht unseres Nationalbewußtseins auch die Lebenskraft und den Instinkt der Selbsterhaltung.

Mit bitterer Sorge befürchte ich, daß nach all dem Erlebten und dem, was wir bis heute erleben, dem russischen Volk immer mehr das Schicksal des Niedergangs, des Verfalls und der Schwächung droht.

Die Gründe oder die Kraftfelder, die uns diesem Verfall entgegendrängen, reichen aus unserer fernen Vergangenheit zu uns herüber und verknüpfen sich gestern wie heute vor unseren Augen zu einer Schlinge.

Das Recht auf Wurzeln

Die Russen haben ihre eigene durchlittene Kultur. Wir wollen sie nicht dem ganzen Jahrtausend zurechnen, aber zumindest sechs Jahrhunderte gehören dem Aufblühen der orthodoxen Kultur in der Moskauer Rus. Später erfuhr sie durch Peter I. einen starken Bruch, man zwängte sie gewaltsam in fremde Formen und zwang sie, sich in diesen zu entwickeln. (Man nennt das in der Geologie *Pseudomorphose*, eine Kristallisation in wesensfremden Formen.) Aber in der Schicht der Folklore, und seit der Puschkinzeit auch in den höheren Schichten, haben wir vieles von unserer Identität bewahrt. Und durch die Jahrhunderte speiste die Orthodoxie unsere geistige Ursprünglichkeit.

In der Sowjetzeit wirkte nicht nur der kommunistische Druck zerstörend, sondern auch das künstliche Bemühen, als Ersatz für die russische eine *sowjetische Kultur* entstehen zu lassen. (Und am meisten litt unter dieser groben Simplifizierung unsere Sprache. Heute hat das russische Volk bis in die gebildete Schicht hinein den Sinn und das Verständnis für die *eigene Sprache* verloren. Wegen der Verwendung von reichhaltigen und hinreißenden russischen Wörtern aus dem lebendigen Vokabular des 19. Jahrhunderts warfen mir nicht nur Dutzende gewöhnlicher Leser, sondern auch Kritiker, sogar einige ländlicher Herkunft, »Neuerergehabe« und »Experimentiersucht« vor: Sie *erkennen schon nicht mehr* die volkstümlichen Worte! Vor kurzem veröffentlichte ich in einem Massenblatt hundert wenig gebräuchliche russische Sprichwörter – es kam eine Flut von Briefen mit Klagen darüber, daß man diese Sprichwörter *nicht verstehen* könne, zum Beispiel: *Trage den Kopf nicht höher als der Wind«* – wie ist das zu verstehen? Natürlich auf die für uns belehrendste Art und Weise: Sei nicht hochmütig, brüste dich nicht mit deinen Kräften – eine Lehre für unsere rasenden Nationalisten.)

Und während des letzten Jahrzehnts wurde die russische Kultur aufs neue durch ihre verderbliche Berieselung deformiert – durch die öffentlichen Beispiele, durch die Informationskanäle, durch das Bildungssystem, das in dem Augenblick, als das Land sich von der kommunistischen Ideologie zu reinigen begann, von der Notwendigkeit überrascht wurde, sich zu reformieren. Als besonders verderblich erweist sich die Aufsplitterung der Schulbildung: Für die russischen Jugendlichen und auch für die schon Älteren hört Rußland auf, als geistige Wesenheit und als historisches Phänomen zu existieren. Aber ohne das vereinigende Nationalgefühl werden wir Russen – insbesondere angesichts Streuung unserer Räume – als verschwommenes ethnisches Material ohne klare Gestalt, als amorphe Masse resorbiert.

Man wird uns entgegenhalten, daß es *gefährlich* ist, die Bedeutung der Nation, der nationalen Zugehörigkeit zu überschätzen. Wir haben keineswegs die Absicht, zu *übertreiben*, denn zumindest stellen wir den Himmel über die Nation. Überdies: Wir glauben, daß die Überschätzung einer Person bis hin zum heutigen Kult der »Menschenrechte« nicht weniger verderblich für die historische Entwicklung ist: Auch die Persönlichkeit erkennt die geistigen Instanzen über sich an. Doch dieser Kult, der schon bis zur Aufdringlichkeit geht, ruft niemandes Protest hervor.

Oder drücken wir es so aus: »Seien wir wie alle Völker! ... Auch in der Hinsicht, daß wir uns wie sie nicht unseres Ursprungs schämen und wie sie die eigene Sprache und die eigene Würde schätzen!« Ich höre schon schnauben: »Was ist das denn noch, diese ›eigene Würde‹?« – Vergebens: Denn das sind die vernünftigsten Worte des Vorläufers des russischen Zionismus, Perets Smolenskin[45], und wir stimmen mit ihnen überein. Oder, wie etwas später ein anderer Vorläufer, Achat Gaam, sagte: Vor allem »muß man für die Wiedergeburt der Herzen und für die geistige und moralische Vervollkommnung des Volkes Sorge tragen«[46]. Und das ist wahr.

Aber Rußland ist heute nicht nur geistig gebrochen, es ist auch physisch ausgezehrt. Noch am Anfang des 20. Jahrhunderts waren wir der Bevölkerungszahl nach das zweite Land in der Welt. Aber das ganze 20. Jahrhundert hindurch fand eine massive Ausrottung der Russen statt: im Japanischen Krieg, im Verlauf des Ersten Weltkrieges, während des kommunistischen Genozids, im maßlose Opfer fordernden sowjetisch-deutschen Krieg; aber auch heute, da das Volk immer mehr durch den Hunger dezimiert wird, verlieren wir bis zu einer Million Einwohner im Jahr. Angesichts dieser ständigen Verringerung und des geistigen Verfalls bieten sich uns immer weniger Chancen, wiedergeboren zu werden.

Wir haben den Kommunismus abgeschüttelt, aber diese Befreiung hat uns abermals Verluste gekostet, so daß auch unsere Zukunft ins Wanken geraten ist. Verschließen wir nicht die Augen vor dem Ausmaß unseres nationalen Zusammenbruchs, der auch heute noch nicht gestoppt worden ist. Wir stehen kurz vor dem Verlust unserer geistigen Traditionen, unserer Wurzeln, die den besonderen Charakter unserer Existenz ausmachen. Unsere geistigen Kräfte sind verkümmerter, als wir es uns vorstellen können.

Aber finden wir uns nicht damit ab, indem wir uns Schlaflieder anhören, die uns einreden wollen, daß die Periode unserer »Passionarität«[47] schon vorüber sei und daß von uns schon nichts mehr zu erwarten wäre. Und hoffen wir auch nicht darauf, daß sich von irgendwoher ein Wunder zeigt und uns »von selbst« rettet. Rußland – das sind wir alle. Und wir sind es, die es so gemacht haben, was nichts anderes heißt, als daß wir es auch selbst aus der Misere herausziehen müssen. Damit das 21. Jahrhundert nicht das letzte für die Russen wird, müssen wir in uns selbst die Kräfte und das Vermögen finden, dem Zerfall zu widerstehen, und je nachdrücklicher man unser Leben zerstört, desto energischer muß unser Widerstand sein.

Aber: Wird unser Nationalcharakter das zulassen?

Der Charakter des russischen Volkes in der Vergangenheit

Sind Urteile über eine Nation in ihrer Gesamtheit statthaft? Wir urteilen doch leichthin über die Menschheit im allgemeinen, über »die Frauen im allgemeinen«, über »die Jugend im allgemeinen«, über die Bauern, über die Städter – zwar wird man uns jedesmal zu Recht entgegenhalten, daß es *Unterschiede* gibt, aber wir verstehen sehr wohl, daß es überall Vielfalt gibt und ein globales Urteil nie alles erfaßt und nur mit Vorsicht gefällt werden darf, denn es hat stets auch seine Bedeutung und seinen Sinn.

Ohne Zweifel haben alle Völker ihre besonderen Charaktereigenschaften, selbst wenn man sie nicht in jedem Individuum wiederfindet. Sie bilden sich allmählich in den aufeinanderfolgenden Schichten der Erfahrung, der Geschichte, in den Traditionen, den Sitten und der Weltauffassung eines Volkes heraus.

Im zeitgenössischen ethnologischen Wörterbuch lesen wir, daß der Nationalcharakter die Gesamtheit der psychologischen Züge ist, die sich in der Art und Weise des Verhaltens, in der Art zu denken und in der Sinnesart manifestiert. (Selbstverständlich finden sich darunter auch allgemeine menschliche Züge, von denen wir manche auch bei anderen Nationen antreffen.)

Und wie das Schicksal eines Menschen durch seinen Charakter, seine Persönlichkeit, bestimmt wird, so definiert sich auch das Schicksal eines Volkes.

Ausländische Reisende, die zwischen dem 17. und dem 19. Jahrhundert immer häufiger Rußland besuchten, vermerkten in ihren Beobachtungen oft den deutlichen Unterschied zwischen der ganzen russischen Lebensatmosphäre, dem russischen Charakter und denen des Westens. Rußland erwies sich – und für lange Zeit erschien es dem Westen »unmöglich, das anzuerkennen« – als »eine ganze, von ihrem Beginn an *einheitliche* Welt« – »lebend in ihrem eigenen, organischen, eigentümlichen Leben« (F. Tjutschew).

Wie aber konnte ein derart krasser Unterschied entstehen? Machten das nur die weiter östlich gelegenen Meridiane, die Nachbarschaft der aggressiven Nomadenvölker, die Dimensionen unserer Weiten, unserer Wälder und Steppen? All das fand man in den Erklärungen für die Besonderheiten des russischen Charakters. Oder daß im Unterschied zu vielen Ethnien, die in einer durch Blutsbande geprägten Gemeinschaft lebten, bei unseren slawischen Vorfahren (außer den Polanen[48]) die Gemeinschaft territorialer Natur war? (Die slawischen Stämme erhielten ihre Namen nach ihren Siedlungsorten und nicht nach denen ihrer Vorfahren, wie das z. B. bei den Germanen der Fall war.) In ihr wurde jeder Neuankömmling, der sich ansiedeln wollte, selbst ein ehemaliger Sklave, nicht als Fremdling angesehen, sondern konnte sich der Gemeinschaft anschließen und durfte dort auch heiraten. Es gab keine abgeschlossene Sippe, sondern nur die Einheit der »Heimaterde«. Daraus resultiert die allgemeine Offenheit des russischen Charakters, seine unkomplizierte Fähigkeit, andere Völker zu assimilieren. (Im weiteren wollen wir noch einen wichtigen Unterschied anmerken: Eines der wesentlichsten Merkmale des slawischen Systems war es, daß die Macht von unten nach oben delegiert wurde; »die slawischen Stammesbündnisse des 9. Jahrhunderts ... waren Staaten, die sich von unten nach oben aufbauten.«[49])

Sehr viel später wurde eine Vielzahl von Zügen des russischen Charakters durch die Orthodoxie bestimmt. »Alle nationalen Prinzipien, die wir so sehr bewundern, sind ohne Ausnahme der Orthodoxie entsprungen« (Dostojewski). Nicht die Meridiane, nein: Es ist diese gleiche Orthodoxie, die uns vom muselmanischen und vom buddhistischen Osten getrennt hat. (Natürlich zeigte sich auch der reziproke Einfluß des ostslawischen Charakters auf die Formen der assimilierten Orthodoxie – das unterscheidet uns von den Griechen.)

Über die vergangenen Jahrhunderte sprechend, haben wir natürlich vor allem den Charakter der Bauern im Blick, des damals überwiegenden Teils der Bevölkerung. Und da gibt es einige Züge, die einem geradezu ins Auge springen: eine demütige Schicksalsergebenheit; die bevorzugten russischen Andachten sind demütig-sanfte Kontemplationen (verwechseln wir hier nicht überzeugte Demut und Willensschwäche); die Russen haben die Friedfertigen, die Demütigen und die Narren in Christo stets respektiert; die Anteilnahme; die Bereitschaft, anderen zu helfen und Lebensnotwendiges mit ihnen zu teilen; »die Fähigkeit zur Entsagung und zur Selbstaufopferung« wurde von Tjutschew ebenfalls mit den orthodoxen Ursprüngen erklärt; die Bereitschaft zur Selbstanklage, zu öffentlichem Reuebekenntnis und sogar zur Übertreibung der eigenen Schwächen und Fehler; und vor allem der Glaube als die wesentlichste Stütze des Charakters; die Rolle des Gebets; »der russische Mensch ist nicht imstande, ohne den Herzenskontakt mit Gott zu leben« (L. Tichomirow).

Daher auch Sprichwörter (Lebensregeln! Verhaltensgesetze) wie diese:

Armut ist keine Sünde.
Unterwirf dich dem Unglück,
und das Unglück wird sich dir unterwerfen.
Je mehr Kummer, desto näher zu Gott.
Geduld ist der Seele Nahrung.

Mit vielen ähnlichen Sprichwörtern könnte man noch Seiten füllen. (Dem westlichen Geist würde es schwerfallen, sich solche Verhaltensrichtlinien anzueignen.) Und noch weitergehend in dieser Weltauffassung: die Leichtigkeit des Sterbens, die epische Ruhe in der Akzeptanz des Todes (bei L. Tolstoi und vielen anderen russischen Autoren); und schließlich: in seinem Leben nicht nach äußerlichen Dingen, nicht nach Reichtum jagen; sich mit mäßigem Wohlstand zufriedengeben, wie die Sprichwörter sagen:

Wer das Geringere nicht zu schätzen weiß,
ist des Größeren nicht würdig.
Wer über seine Verhältnisse lebt,
bringt kein Gut zusammen.

Aber wenn das Ziel des Lebens nicht der materielle Erfolg ist, worin besteht es dann? In der heutigen irregeleiteten Menschheit hören wir keine vernünftige Antwort auf diese unausweichliche Frage; das Ziel hat sich in einen Schleier gehüllt, immer häufiger leben die Menschen nur, *um zu leben*, und manchmal auch, um nurmehr zu existieren.

Nicht zufällig kennen wir außer dem Wort »Wahrheit« auch das besondere Wort »Wahrhaftigkeit«, es enthält sowohl die Wahrheit als auch die persönliche Sittlichkeit und die allgemeine Gerechtigkeit. Doch nein, bei weitem nicht nur die Gerechtigkeit des Lebens, sondern auch den *Durst nach dem Gerechten.*

Und selbstredend manifestierten sich im russischen Charakter, und nicht im Zusammenhang mit dem christlichen Glauben, vielfach auch angeborene, originäre Züge (es ist unmöglich, all das zu erfassen, zu zitieren, was dieser oder jener Beobachter vermerkt hat):

die Offenheit, die Freimütigkeit;
die natürliche Ungezwungenheit, die Einfachheit im Umgang (bis hin zu einer gewissen Treuherzigkeit);
das Fehlen jeglicher Rastlosigkeit;
in großem Maße der Humor; die russischen Sprichwörter reflektieren ihn mit ihrer Ausdrucksfähigkeit in tausend Facetten;
die Großherzigkeit: »Die Russen sind keine Menschen mit dauerhaftem Haß, sie können nicht lange hassen« (Dostojewski);
die Umgänglichkeit; die Leichtigkeit der menschlichen Beziehungen; »Fremde fühlen sich selbst bei einer flüchtigen Begegnung als einander nahestehend« (G. Fedotow);
die Anteilnahme, die Fähigkeit, alles »zu verstehen«;
das Ausmaß von Fähigkeiten im weitesten Sinne: ein »weitschweifender, für alles offener Geist« (Dostojewski);
ein generöser Charakter, Entscheidungskraft:
Singend sterben ist besser, als unter Tränen zu leben.

Ich bin mit den zahlreichen Behauptungen, daß der Maximalismus und der Extremismus für den russischen Charakter bezeichnend sind, nicht einverstanden. Das Gegenteil ist der Fall: Die überwiegende Mehrheit strebt nur nach einem einfachen, bescheidenen Leben.

Aber jeder Charakter auf Erden ist widersprüchlich und kann sogar absolute Gegensätze in sich vereinigen, und das ist bei verschiedenen Individuen ganz besonders der Fall; also dürfen wir nicht verwundert sein, wenn wir in der weiteren Aufzählung Eigenschaften begegnen, die den bereits angeführten widersprechen.

Unser wohlbekannter Pädagoge S. A. Ratschinski wies darauf hin, daß ein und dasselbe moralische Ideal, das man im Herzen trägt, sich »bei starken Naturen, wenn diese eine große Tat vollbringen, mit einer extremen Einfachheit und Bescheidenheit äußert«, bei »schwachen Naturen aber ein übersteigertes Gefühl der eigenen Machtlosigkeit mit sich bringt«. Und Tschechow stellte fest (in »Unterwegs«): »Die Natur hat dem russischen Menschen eine ungewöhnliche Fähigkeit zu glauben eingepflanzt, einen kritischen Sinn und die Gabe nachzusinnen, aber all das wird durch seine Nachlässigkeit, seine Faulheit und seinen Hang, Luftschlösser zu bauen, zu Staub.« Wie sind uns diese Züge doch vertraut, wie oft sind wir ihnen begegnet … Undeutliche und vage Charakterkonturen – auch die gibt es bei uns.

Der letzte französische Botschafter im vorrevolutionären Rußland, der lange dort gelebt hat, Maurice Paléologue, hat uns ebenfalls nicht wenige zutreffende Beobachtungen hinterlassen: »Die Einbildungskraft der Russen zeichnet nie deutliche Konturen, sie träumt, anstatt die Realität zu begreifen. Die Russen denken viel, aber sie können nicht vorausschauen, werden von den Folgen ihrer Handlungen überrascht. Sie trösten sich dann damit, daß sie ›nitschewo‹ (›macht nichts‹) sagen, das ist ein nationaler Charakterzug, eine Manier, die Bedeutung eines Ziels herunterzuspielen, die Vergeblichkeit jeden Bemühens zu akzeptieren – eine Selbstrechtfertigung, die den Verzicht auf die konsequente Durchführung ihrer Absichten ausdrücken soll, die Bereitschaft, sich dem Schicksal zu fügen und einen Mißerfolg passiv hinzunehmen.«

W. Kljutschewski: »Wir arbeiten nicht ausdauernd, sondern ruckartig« – dieser Ruck ist dann aber oft gewaltig. »Die Arbeit des russischen Menschen kennt keine gleichmäßig angespannte Anstrengung; sie hat weder Methode noch Maß« (S. S. Maslow, öffentliche Persönlichkeit, 20. Jahrhundert). Am schmerzlichsten vermißt man am russischen Charakter die maßgerechte Methodik, die Beharrlichkeit und die innere Disziplin; das ist möglicherweise unser größtes Laster. (Hier sind wir schon, ungeachtet des zügellosen Alkoholismus, bis zur Entmenschlichung herabgesunken.) Wir sind oft nicht in der Lage, all unseren Willen auf einen aktiven Kernpunkt zu konzentrieren. Und nicht selten fehlt es uns auch an eben diesem Willen.

Die obengenannten Fähigkeiten hatten nichtsdestoweniger Konsequenzen – die allenthalben bekannte (berüchtigte), durch physische und geistige Ausdauer unterstützte russische Langmut. (Halten wir fest, daß diese jahrhundertealte Duldsamkeit eher der Demut als der Angst vor den Regierenden entsprang.)

Bei den Russen hat sich das Rechtsbewußtsein, das den Menschen des Westens eigen ist, über Jahrhunderte hinweg kaum entwickelt. Den Gesetzen gegenüber hat man immer eine mißtrauische und ironische Haltung eingenommen: Ist es denn überhaupt möglich, ein Gesetz zu schaffen, das allen besonderen Fällen, die einander kaum gleichen, gerecht wird? Dazu kommt die Bestechlichkeit unter denen, die das Gesetz machen. Anstelle des Rechtsbewußtseins lebte in unserem Volk immer, und lebt noch heute, der starke Hang zur Gerechtigkeit, die beispielsweise ein Sprichwort ausdrückt:

Verschwänden alle Gesetze,
würden die Menschen durch die Wahrhaftigkeit leben.

Hier schließt sich auch die jahrhundertelange Entfremdung unseres Volkes von der Politik und den öffentlichen Angelegenheiten an. Wie schon Tschaadajew vermerkte, zieht sich durch die russischen Chroniken »eine tiefgehende Einwirkung der Macht … und fast nie eine Äußerung des öffentlichen Willens«. Wie das Gras sich unterm starken Wind neigt und sich danach, ohne Schaden genommen zu haben, wieder aufrichtet, so überlebte auch das Volk, wenn es ihm gelang, geduldig diese »tiefgehenden Einwirkungen der Macht« zu erdulden, ohne seinen Glauben und seine Überzeugungen zu ändern. »Der russische Geist inspirierte sich mehr an der Idee der göttlichen Wahrheit auf Erden als daran, die äußere Freiheit zu erhalten« (S. Lewizki, Philosoph des 20. Jahrhunderts). Mehr noch, man strebte nicht nach der Macht: Der russische Mensch wich ihr aus und verachtete sie als die Quelle unvermeidlicher Unreinheit, der Versuchungen und der Sünden. Im Gegensatz dazu wünschte er sich starke und gerechte Taten des Herrschers, wozu er auch Wunder zählte. (Speziell in unserer Epoche sehen wir viele Male, wie die Masse von dem Fürsten abhängt und völlig von ihm dirigiert wird, alles ruht in seinen Händen, und will er Krieg, wird es Krieg geben.)

Von dorther rührt auch unsere nahezu völlige Unfähigkeit, unsere Kräfte zu vereinigen, uns zu organisieren, was uns heute am meisten schadet. »Die Russen sind nicht imstande, aufgrund spontan entstandener Organisiertheit zu handeln. Wir gehören zu den Völkern, die einen Anführer brauchen. Mit einem guten Anführer könnten die Russen sehr stark sein ... Es ist schwierig, Rußland individuell zu dienen, aber gemeinsam bringen wir das nicht zustande« (W. W. Schulgin).

Ein Sprichwort sagt das ganz richtig: *Eine Garbe, die nichts zusammenhält, ist nur – Stroh.*

Und so entsteht diese grenzenlose Unfähigkeit und Ergebenheit dem Schicksal gegenüber, die in aller Welt Verwunderung und Verachtung hervorruft. Ohne diese komplizierte geistige Struktur, aus der das alles herrührt, zu verstehen und ohne zu begreifen, wie das alles funktionierte und noch funktioniert und wohin uns das noch führen wird, beschimpft man uns als unverbesserliche Sklaven, wie das heute in der ganzen Welt Mode geworden ist.

Die Evolution unseres Charakters

Selbstverständlich bleibt der nationale Charakter nicht ewig der gleiche. Im Laufe von Jahrhunderten, und manchmal auch nur im Laufe von Jahrzehnten, ändert er sich in Abhängigkeit vom umgebenden Milieu, von der die Seele nährenden Landschaft, von den Geschehnissen, die ein Volk erleidet und vom Geist einer Epoche, die reich an schroffen Umwälzungen ist. Und so veränderte sich auch der russische Charakter.

Unsere Wirren des 17. Jahrhunderts konnten, obwohl sie räuberische und grausame Akte einer bestimmten Volksschicht, besonders der Kosaken, auslösten, die ethischen Grundlagen des Volkes nicht ins Wanken bringen und ließen sie gesund bleiben. Als weitaus tiefgehender und ausschlaggebender erwies sich das »Schisma«, die religiöse Spaltung im 17. Jahrhundert. Sie provozierte den verhängnisvollen Riß, auf den später die Keule Peters I. niedersauste und unsere Sitten und Lebensregeln wahllos zerschlug. Seitdem hat sich der originäre russische Charakter über lange Zeit hinweg unverfälscht in dem abgeschiedenen Milieu der Altgläubigen erhalten – und ihnen wird man weder Zügellosigkeit noch Laster oder Faulheit oder mangelnden Unternehmungsgeist auf industriellem, landwirtschaftlichem oder kaufmännischem Gebiet vorwerfen können, noch Analphabetentum oder gar Gleichgültigkeit in geistigen Fragen. Und das, was wir seit drei Jahrhunderten als den »russischen Charakter« betrachten, ist schon das Ergebnis seiner Entstellung durch die ebenso grausame wie gedankenlose Spaltung seit Nikon und Alexej Michailowitsch, die ebenso grausam von Peter und seinen verknöcherten Nachfolgern fortgeführt wurde. Wie diese Erben, die Petersburger Dynastie, in vielem die Kräfte des Volkes zerrieb, habe ich in einem anderen Aufsatz einer Betrachtung unterzogen (»Die russische Frage am Ende des 20. Jahrhunderts«, 1994). Und allen ist bitter bekannt, daß die Dynastie und der Adel zumindest ein Jahrhundert lang egoistisch den Zustand der Leibeigenschaft eines großen Teils der russischen Bauernschaft verlängerten, indem sie deren Ergebenheit ausnutzten.

Und als man nach diesem, ein Jahrhundert währenden Hinauszögern die befreiende Reform verkündete, war sie zaghaft und gab den Bauern nicht genug Land, und selbst das nur bei Loskauf mittels eines langfristigen Kredits, und überdies war sie kurzsichtig und kümmerte sich wenig darum, wie man der Bauernschaft die Erschütterung dieses Übergangs sowohl ökonomisch als auch sozial und moralisch hätte erleichtern können. Das blieb auch nicht ohne Auswirkung auf die Verwirrung des Volkscharakters, der sich mit dem neuen System der Verhältnisse und dem niederschmetternden »Rubel-Schlag« (Gleb Uspenski) nicht so leicht abfinden konnte. Bestimmte Schichten des Volkes – oh, bei weitem noch nicht alle – wurden von dem Riß, der sich durch das alltägliche Leben zog, in Mitleidenschaft gezogen, sahen sich dem moralischen Verderb, dem Aufflammen von Verdorbenheit und dem sich ausbreitenden Alkoholismus ausgesetzt. Diesen Verfall spiegeln viele unserer Schriftsteller, nicht nur Uspenski, wider. 1891 schrieb K. Leontjew: »Unser Volk ist alkoholisiert, verlogen, unehrlich und hatte im Laufe von dreißig Jahren Zeit, sich an eine unangebrachte Eigenwilligkeit und an schädliche Ansprüche zu gewöhnen.« Und er sagte voraus: Wenn sich das fortsetzt, dann wird sich »das russische Volk nach einigen fünfzig Jahren aus dem Volk der Verfechter Gottes, allmählich und ohne das selbst zu bemerken, in ein Volk der Kämpfer gegen Gott verwandeln«. Seine Voraussage hat sich vorzeitig erfüllt …

Ein Bild des Alkoholismus im Volk zu Beginn des 20. Jahrhunderts finden wir in dem Buch Iwan Radionows »Unser Verbrechen«. Man liest das, und es hat den Anschein, als könne der Verfall der Sitten nicht düsterer und grenzenloser sein – aber der große Ausbruch stand noch bevor … Wir lesen dort (1910) auch: »Alle Herrschaften sollte man erdrosseln, und Boden und Gut verteilen« – »all diese Herrschaften erschlagen!« (Wir finden dort auch die Schwächung der Justiz, auch das die Folge einer weiteren Reform Alexanders II.)

Der General Denikin, der auf eine langjährige Erfahrung mit den russischen Soldaten verweisen konnte, bezeugte: »Die Religiosität begann zum Anfang des 20. Jahrhunderts ins Wanken zu geraten. Das Volk verlor die christliche Physiognomie, verfiel den abscheulichsten materiellen Interessen und begann in ihnen den Sinn des Lebens zu sehen.« (Das wird von vielen vermerkt.) Und er fuhr fort: »Das ungebildete Volk begriff die nationale Aufgabe nicht, die Verteidigung des Staates« – und das setzte sich auch beim Rückzug von 1915 fort: »Bis zu uns, den Saratowern, wird der Deutsche nicht kommen …«

1905 zeigte sich die angesammelte Erbitterung im Niederbrennen und Plündern der Gutsherrensitze, aber der Revolutionsversuch von 1905 selbst und sein revolutionär-krimineller Ableger von

1906, die von Stolypin rigoros unterbunden wurden, berührten nicht die Tiefen der Volksmassen und führten nicht zu einem krassen Bruch im Charakter des Volkes.

Und selbst 1917 hörte der amerikanische Senat (die »Overman-Kommission«) von dem prostestantischen Pastor Simmons, der mehrere Jahre unter den Russen gelebt hatte: »Ich habe nirgends einen besseren Typ von Frauen oder Männern gefunden als in den russischen Dörfern und sogar im Arbeitermilieu. Und ich fühlte mich unter ihnen, bis die Bolschewiki zur Macht gelangten, immer völlig sicher.«[50]

Die plötzlichen Umschwünge des russischen Charakters wurden von vielen bemerkt. Bereits der Kanzler der Kaiserin Elisabeth, A.P. Bestushew-Rjumin, schrieb: »Das russische Volk ist nach einem ersten Anstoß imstande, zu einer Handlung überzugehen, aber sobald dieser Augenblick vorüber ist, verfällt es in völlige Ergebenheit.« Der bereits zitierte M. Paléologue kam am Vorabend der Revolution zu dem folgenden Schluß: »Zu leicht gewinnt der impulsive Instinkt die Oberhand gegenüber dem maßvollen Licht der Vernunft, sie überlassen sich mühelos dem Elementaren. Diese plötzliche Entfesselung der Instinkte verändert den russischen Charakter bis zur Unkenntlichkeit.« Man findet – auch in der russischen Literatur, in einem verkürzten und häufig zitierten Satz Puschkins – die Vorstellung von der Maßlosigkeit und der unvergleichlichen Wut der russischen Revolten bestätigt. Möglicherweise durch den frappierenden Kontrast zur grenzenlosen russischen Geduld. Überhaupt weisen die Aktionen jeglicher revolutionären Masse, die der berühmte Psychologe Gustave Le Bon so klug und differenziert analysiert hat, allgemeine Charakteristika auf, die durchaus nicht von der Nationalität, der Rasse oder dem Temperament der Volksmasse abhängig sind. Und das Verheerende und die Gewaltsamkeit der Manifestationen während der russischen Revolution war keineswegs furioser und grausamer als das während der Französischen Revolution oder während des Spanischen Bürgerkriegs (1936–39) der Fall gewesen war. Iwan Solonewitsch stellt durchaus zutreffend fest, daß die russischen rebellischen Aufstände während der Zeit der Wirren und unter Pugatschow ganz und gar nicht anarchisch oder »sinnlos« waren, »sie vollzogen sich unter dem Banner der legitimen Monarchie« und im Glauben bzw. in der selbstbetrügerischen Annahme, daß sie angetreten waren, um die Macht eines guten Monarchen zu etablieren.

Das abstoßende Überborden unserer Elementargewalt und die ungebremste Zügellosigkeit des Volkes wurden am stärksten seit dem Februar 1917 sichtbar. Der Staatsstreich vom Oktober in Petrograd und die Moskauer Kämpfe fanden hingegen bei völliger Teilnahmslosigkeit des Volkes statt; auf beiden Seiten waren nur kleine Gruppen aktiv. Und diese Apathie war um nichts besser als die zügellose Explosion.

Aber die Bolschewisten legten den russischen Charakter schon bald in Ketten und veranlaßten ihn, für sie zu arbeiten. In der Sowjetperiode verwirklichte sich so auf ironische Weise der Rat Leontjews, daß man dem russischen Volk »die äußeren Beschränkungen und Fesseln, die es so lange Zeit in Ergebenheit und Duldsamkeit gehalten haben, nicht zu nehmen braucht ... Es sollte wiederum klug in seiner Freiheit eingeengt und von oben auf dem abschüssigen Pfad der gleichmacherischen Eigenwilligkeit gehalten werden«. Das trat ein und wurde noch um ein Vielfaches übertroffen.

Durch eine *auf das Gegenteil gerichtete* Auswahl, durch eine selektive Zerstörung all dessen, was ausdrucksvoll war, was markant hervorstach und ein höheres Niveau verriet, veränderten die Bolschewisten den russischen Charakter systematisch, zerzausten und verzerrten sie ihn in jeder Hinsicht. Über das Wegschmelzen der volkstümlichen Moral unter dem bolschewistischen Joch habe ich schon ausführlich im »Archipel GULAG« (Teil 4, Kap. 3) und in vielen Artikeln geschrieben. Ich will das hier nur noch einmal kurz wiederholen. Die lähmende Angst, die sich über das Land ergoß (und durchaus nicht nur die Angst vor der Verhaftung, sondern vor jeder Aktion der Obrigkeit angesichts des allgemeinen rechtlosen Elends, bis hin zu der Unmöglichkeit, sich der Willkür durch den Wechsel des Wohnsitzes zu entziehen), das die ganze Gesellschaft durchdringende dichte Netz aus Denunziantentum, der Zwang, sich verstellen zu müssen, das sich im Volk ausbreitende Mißtrauen, das einen derartigen Grad erreichte, daß jedes offene Verhalten schon einer Provokation gleichkam. Wie viele Verzichte auf nächste Verwandte (!) und unter das Fallbeil geratene Freunde! Die allgemeine Gleichgültigkeit denen gegenüber, die das Unglück von deiner Seite riß – ein zutiefst geknechtetes Feld voller Verrat. Der Zwang zu lügen, zu lügen und sich zu verstellen, wenn man überleben wollte. Anstelle des absterbenden Guten behaupteten sich Undankbarkeit, Grausamkeit, der Hang, alles bis zur äußersten Unverschämtheit zu treiben. Wie Boris Lawrenew (bereits in den 20er Jahren, nach dem Bürgerkrieg) schrieb: »Die Bolschwisten haben das russische Blut auf großer Flamme sieden lassen.« Wahrhaftig, das war so – und war das nicht eine völlige Verwandlung, ein Umschmelzen des Nationalcharakters?

Das Sowjetregime hat den Aufstieg und den Erfolg der übelsten Personen ermöglicht. Man muß sich darüber wundern, daß sich das Fundament des Guten noch in so vielen Menschen erhalten hat! Und es ist auch erstaunlich, daß unser Volk noch nicht unumkehrbar zerrüttet war, woher hätte es sonst diese titanischen Kräfte für den sowjetisch-deutschen Krieg nehmen sollen?

Der sowjetisch-deutsche Krieg, die zahllosen Verluste, die wir durch ihn zu beklagen hatten, und die inneren Massaker unterminierten für lange Zeit, mag sein für ein ganzes Jahrhundert, das Reckenhafte im russischen Volk. Lassen wir den Gedanken nicht zu, daß das für alle Zeit der Fall sein wird.

Das Dahinvegetieren des Volkes unter Chruschtschow und Breschnew ist nicht durch gigantische Umbrüche gekennzeichnet, die den Charakter des Volkes hätten verändern können. Es kam die von Leontjew vorhergesagte Zeit einer schlummernden und nahezu bequemen Ergebenheit. Die Säfte des dahinwelkenden russischen Recken nährten in verstärktem Maße das zunehmende Verlangen der Peripherien, sich abzuspalten – und wir waren schon froh, daß man uns nicht in Massen ins Schlachthaus trieb.

Und dann brachte man uns mit den beiden durch nichts gerechtfertigten Großen Sprüngen Gorbatschows und Jelzins durcheinander. Ohne uns Zeit zu lassen, zur Besinnung zu kommen, uns auf die Veränderungen einzustellen, uns selbst und unsere Kinder darauf vorzubereiten, und ohne daß wir Zeit gehabt hätten, das uns kläglich Gebliebene beschützen zu können, sprangen wir – das heißt man warf uns – nicht nur in den »Markt«, sondern in die Marktideologie (ohne daß es einen Markt gegeben hätte): »Der Mensch ist des Menschen Wolf« – »Du stirbst heute und ich morgen«. Dieser »Dollar-Rubel-Schlag« gegen das tägliche Leben und mehr noch gegen die Psyche erwies sich als noch weitaus folgenschwerer als der »Rubel-Schlag« zur Zeit Alexanders II. (Und mit all unserem »auf großer Flamme gesottenen Blut« vollbrachten wir einen neuen Weltrekord an Geduld: ergeben und ohne Löhne zu leben. (Da graben wir denn lieber ein im Boden verlegtes Militärkabel aus, um es als ein Stück Buntmetall zu verkaufen.) Die »Reformen« Gai-Tschubais[51] brachten unserem Volk eine weitere geistige Zersetzung ein. Und die Ergebensten, Arbeitsamsten und Gutgläubigsten erwiesen sich als am wenigsten auf diesen gewaltigen Sturm des Zerfalls vorbereitet. Wie sollten die verbliebenen, noch nicht zugrunde gerichteten Reste des nationalen Charakters diesem Zerfall widerstehen? Mit welchen Resten von Großmut, von lebendigem Mitgefühl mit dem Unglück der anderen (wenn man selbst im Unglück stak), von Hilfsbereitschaft (wenn es einem selbst unendlich schlecht ging)? Und das Wichtigste, das Allerwichtigste – wie kann man die Kinder vor dieser wüsten, unverschämten, triumphierenden Verderbnis schützen?

Die einstigen Züge des russischen Charakters – die guten sind verloren gegangen, die verletzlichen haben sich herausgebildet – haben uns den Prüfungen des 20. Jahrhunderts gegenüber schutzlos gemacht.

Und hat sich unsere einstige Offenheit allem gegenüber nicht auch in eine Widerstandslosigkeit gegen fremde Einflüsse, in eine geistige Rückgratlosigkeit verwandelt? Manifestiert sich nicht auch darin unsere gegenseitige Entfremdung und der Verlust der inneren Einheit? Bitter zeigte sich das in der Art und Weise, wie wir unsere Flüchtlinge aus den Republiken zurückgestoßen haben. Diese Gefühllosigkeit der Russen den Russen gegenüber erstaunt! Selten lassen Völker in solchem Maße die nationale Solidarität und die Bereitschaft zu gegenseitiger Hilfe vermissen, wie es das unsere demonstriert. Macht das möglicherweise nur der gegenwärtige Zerfall? Oder ist das eine Eigenschaft, die uns die sowjetischen Jahrzehnte eingekerbt haben? Gab es doch über Jahrhunderte hinweg die freundschaftlichsten und brüderlichsten Artel-Gemeinschaften, ein lebendiges Gemeindeleben – läßt sich das wiederherstellen?

Es darf uns nicht genügen, nur die Volksgesundheit wiederherzustellen. Bedenkt man die hohen Anforderungen des bevorstehenden elektronischen Informationsjahrhunderts, müssen wir – wenn wir inmitten der anderen Völker noch etwas darstellen wollen – unseren Charakter auf die hohe Intensität des 21. Jahrhunderts einstellen. Aber wir sind, wie unsere ganze Geschichte gezeigt hat, bedauerlicherweise die Intensität nicht gewohnt.

Der heutige russische Charakter befindet sich in einem völligen Schwebezustand. Und wohin wird er sich neigen?

Werden wir noch Russen sein?

Die Darlegung verlangt, wie es scheint, schon lange nach einer Präzisierung: was wir unter dem Wort »Russen« verstehen. Vor der Revolution wurde dieses Wort als gemeinsamer Name für die drei ostslawischen Völker verwendet (Großrussen, Kleinrussen und Weißrussen) und trat nach der Revolution an die Stelle des abgeschafften Begriffs Großrussen. (Die Verwässerung unserer Sprache hat uns schon seit langem der ausdruckskräftigen Wörter »Rußländer« und »rußländisch« beraubt, und der Bezeichnung »Großrussen« sind wir schon nicht mehr gewachsen.) Dem Inhalt nach verstehen wir unter diesem Wort jedoch nicht unbedingt die ethnischen Russen, sondern diejenigen, die aufrichtig und dem Geist nach Russen sind, durch ihr Zugehörigkeitsgefühl, ihre Treue zum russischen Volk, seiner Geschichte, seiner Kultur und zu seinen Traditionen.

Ende 1919, nach dem Rückzug der Freiwilligenarmee, die damit der völligen Zerschlagung zuvorkam, hatte der General Pjotr Wrangel diesen Appell erlassen: »Mit uns ist, wer mit dem Herzen Russe ist.« Präziser kann man das nicht ausdrücken. Die Nationalität hängt nicht unbedingt vom Blut ab, sondern vielmehr von der engen Vertrautheit und der geistigen Orientierung eines jeden. Das zeigte sich besonders wirkungsvoll in der Zusammensetzung des russischen Volkes: Weil es durch die Jahrhunderte ein *vereinigendes* Volk war, wurde es auch zu einer *gestaltenden Nation*: Viele der Andersstämmigen, die sich im russischen Staatsdienst befanden oder die für lange Zeit in die russische Kultur und Lebensweise eintauchten, wurden ihren Herzen nach zu wahrhaften Russen.

Aber: Wird man uns noch das Recht zugestehen, uns »Russen« zu nennen? In den heutigen flüchtigen Medien sehen wir so gut wie nie, daß die Interpretation von Ereignissen, das Erfassen von Perspektiven vom eigenen russischen Standpunkt aus geschieht. Es ist so weit gekommen, daß die Verwendung des Wortes »russisch« gewissermaßen unter ein moralisches Verdikt gefallen ist, es erscheint schon als gewagte Herausforderung: und was wollen wir damit »ausdrücken«? Von wem wollen wir uns damit *abgrenzen*? Und was wäre dann mit den anderen Nationen? Aber die anderen Nationen bestehen weitaus nachdrücklicher auf ihren Namen als wir. Heute versucht man, vor allem in der amtlichen Sprache, den Terminus »Rußländer« wieder einzuführen. Es gibt eine sinnbezogene Grundlage für dieses Wort, ja, aber sie entspricht notwendigerweise dem Adjektiv »rußländisch«. Doch dieses Wort wird man in der gewöhnlichen, natürlichen Rede nie zu hören bekommen, es ist nicht lebensfähig: Kein einziger nichtrussischer Bürger Rußlands wird sich auf die Frage »Was bist du?« als *Rußländer* bezeichnen, sondern umißverständlich erklären: Ich bin Tatar, ich bin Kalmüke, ich bin Tschuwasche oder eben ich bin ein Russe, wenn er sich in seinem Herzen als ein solcher fühlt. Und so bleibt uns nur, das verschwommene Wort *Rußländer* lediglich im offiziell-förmlichen Umgang und als Ersatz für die korrekte Bezeichnung der Staatsbürgerschaft zu verwenden. Aber wir würden uns nicht mehr definieren und uns selbst nicht mehr verstehen können, wenn wir dieses stillschweigende Verdikt, uns »Russen« zu nennen, akzeptieren würden.

Außer den allgemeinen menschlichen Werten existieren – als deren Bestandteile – national-kulturelle Werte, die man keiner einzigen Nation absprechen kann.

Dieses Kapitel begann mit der Frage »Werden wir noch Russen sein?« Diese Frage wird bereits seit 80 Jahren unterdrückt: Bald heißt es, »sie stört die internationale Erziehung«, bald heißt es, »sie behindert die Durchführung der demokratischen Reformen«. Doch diese Frage nimmt einen bedrohlichen Charakter an: Werden die Russen auch noch morgen auf dieser Erde existieren? Die bevorstehende Volkszählung von 1999 wird zweifelsohne ein radikales Absinken unserer Bevölkerungszahl zeigen, und das vor allem aufgrund der zunehmenden Sterblichkeit und des Sinkens der Geburtenrate. Wird die russische Regierung sich dazu herbeilassen, den Bestand der russischen Bevölkerung zu erhalten? Dazu braucht man ein rücksichtsvolles Herz und umfangreiche Mittel, und heute schon für Jahrzehnte. (Der statistische Abfall der Bevölkerungszahl wird auch dadurch verstärkt, daß Nichtrussen, die sich früher als »Russen« einschreiben ließen, nun zu ihrer Nationalität zurückkehren, und darüber hinaus werden auch nicht wenige Russen, sofern sie die jeweiligen Sprachen beherrschen, nicht mehr unter den Russen leben wollen).

Aber wie ein schonungsloser Indikator dreht sich der Zeiger und bleibt bei der Frage stehen: *Werden wir noch Russen sein?* Und selbst wenn wir physisch überleben, werden wir uns dann unser Russentum erhalten können, die Gesamtsumme aus unserem Glauben, unserer Seele, unserem Charakter, unserem Kontinent in der universellen kulturellen Struktur? Werden wir uns unseren Geist, unsere Sprache, das Bewußtsein unserer historischen Tradition bewahren?

Zahlreich sind die Umstände, die sich heute auftürmen, um die Russen daran zu hindern, sich ihre nationale Einheit zu erhalten. Der wichtigste Umstand ist die Frage nach dem Schicksal unserer Jugend. Wird unsere *Schule* zum Sammelpunkt der russischen Kultur werden? Wird sie deren Kontinuität, die Lebendigkeit des historischen Gedächtnisses, den Respekt des Volkes vor sich selbst sichern können?

Kaum hatten sich die Republiken der GUS abgespalten, paßten sie ihre Schulen sofort den nationalen Erfordernissen an. Jetzt sind auch die russischen Autonomien eifrig dabei, ihre nationalen Schulen einzurichten, und ebenso einige Nationen in Rußland selbst, die über kein eigenes autonomes Territorium verfügen. (Allein in Moskau existieren bereits viele solcher Schulen: jüdische, armenische, georgische, tatarische, litauische u.a.) Den Russen schallen jedoch schon im voraus Zurückweisungen entgegen: Ist das etwa kein *Chauvinismus*, wenn man verlangt, »daß das Kind sich gründlich die unverfälschte russische Sprache, die russische Geschichte und die humanistisch-philosophische Kultur aneignet«[52]?

Indessen hatte schon 1857 Uschinskij ein detailliertes Projekt für die nationale (»volkstümliche«, wie er nach Puschkin sagte) Bildung ausgearbeitet: Ein einheitliches Erziehungssystem für *alle* Völker ist sowohl in der Theorie als auch in der Praxis unmöglich; jedes Volk hat das seine. Kultur kann sich nur in nationalen Formen fruchtbar entwickeln – selbstverständlich nicht innerhalb der eigenen vier Wänden, die einen isolieren, sondern im Zusammenwirken mit anderen universellen Kulturen. Dabei darf die organische Verbindung mit den Wurzeln und der Tradition die Schüler auf keinen Fall daran hindern, sich auf einen intensiven Kontakt mit ihrer Zeit zu orientieren (und sie nicht allzu sehr den Volkstänzen und Balalaikaspielern überlassen).

Die Anforderungen der modernen Welt (hinter der wir mehr und mehr zurückbleiben) diktieren uns nicht einfach nur die Wiederherstellung der verlorenen Werte, sondern stellen uns die noch kompliziertere Aufgabe, ein neues Rußland zu errichten, wie es noch nie existiert hat. Und das heißt vor allem durch die schulische Erziehung, ohne die keine neue Intelligenz heranwachsen kann.

Und dieses Neue stellt zum Beispiel die Aufgabe der Vermittlung vaterländischer Geschichte im Schulunterricht dar. Die vorrevolutionären Schulbücher der Gymnasien verbrämten die vorangegangenen Jahrhunderte allzu stark, und je näher sie der zeitgenössischen Geschichte kamen, desto zurückhaltender wurden sie, vor allem was die letzen beiden Regierungen betraf. Von den groben historischen Entstellungen in den sowjetischen Schulbüchern zu reden erübrigt sich ohnehin. Und werden wir heute – angesichts des neuen Durcheinanders verantwortungsloser Projekte, die noch dazu durch ständige *Modifikationen* entstellt werden – in der Lage sein, der Jugend unsere vaterländische Geschichte in ihrer ganzen Fülle und in ihrer ganzen unvoreingenommen Wahrheit zu enthüllen? Man könnte sich Chrestomatien vorstellen, die sich durchaus nicht nur auf die russische Literatur beschränken, sondern auch Auszüge aus historischen Dokumenten enthalten und, für die oberen Klassen, bedeutende Zitatauszüge aus Werken russischer Denker des 20. Jahrhunderts. Natürlich muß in den Lehrplänen dieser Schulen auch eine entschiedene Widerspiegelung der Rolle ihren Platz haben, die in unserer Geschichte und unserer Kultur die Orthodoxie spielte. (Ich habe Schulen besucht, in denen man diesbezügliche Anstrengungen unternimmt, die aber keine staatliche Unterstützung bekommen, sondern nur auf die Initiativen des Lehrkörpers angewiesen sind. Man ist über die allgemeine lichte Atmosphäre erstaunt, die in ihnen herrscht, über das unbedingte wechselseitige Entgegenkommen, das zwischen den Schülern untereinander und zu den Lehrern besteht, so als wären diese kleinen Inseln nicht von unserer verbitterten Epoche umgeben.)

Angesichts unseres gegenwärtigen Verfalls ist es unmöglich, heute die sichere Prognose zu wagen, daß allein schon unsere Beharrlichkeit ausreichen wird, um solch eine unerläßliche Schule zu schaffen. Aber wenn wir sie nicht zustande bringen, wenn wir unsere Kinder nicht aus dieser gefährlichen, zerrissenen und düsteren, vom Gefunkel heidnischer Grausamkeit und von der Leidenschaft, sich um jeden Preis zu bereichern, durchdrungenen Atmosphäre hinausführen können – wird das das Ende des russischen Volkes und der russischen Geschichte sein.

Nach der UNO-Charta haben die Eltern das Recht, ihren Kindern auch eine religiöse Erziehung angedeihen zu lassen. Und selbst in dem gegenwärtigen Embryonalzustand Rußlands können wir schon hier und dort, wenn auch noch selten, neugeschaffene *orthodoxe Gymnasien* bemerken, in denen man Versuche unternimmt, ein innerschulisches Leben im orthodoxen Geist zu entwickeln. Unter den Bedingungen des gegenwärtigen Jahrhunderts ist möglicherweise ein direkter Unterricht in den Fächern der Glaubenslehre weniger effizient als eine allgemeine, alles erfassende Unterrichtsatmosphäre, die *alle* Disziplinen der humanistischen, ästhetischen und selbst der naturwissenschaftlichen Zyklen umfaßt. (Man kann doch in fast jedem der Schulfächer einen wenn schon nicht religiösen, so doch moralischen Gehalt finden.)

Der sich heute in den russischen Schulen vollziehende Bildungsprozeß ist jedoch auf eine Richtung orientiert, die unserer Errettung direkt zuwiderläuft. Hier eine der seltsamen Übergangskapriolen beim Ausmerzen der kommunistischen Lehrbücher: Sie werden als von der alten Ideologie gereinigt herausgegeben und sind es doch nicht; in unterschiedlichem Maße enthalten sie noch immer den gleichen Ballast. Dazu kommt der katastrophale materielle Verfall des ganzen russischen Bildungssystems, das zerstörte Vertriebsnetz, die kaum erschwinglichen Preise für die Herausgaben und die hilflose Abhängigkeit der Schulen und Lehrer von Geldgebern jeder Art und kostenlosen Lehrbüchern. Und da sind nicht zuletzt die dubiosen aber immens reichen ausländischen Stiftungen und internationalen pseudoreligiösen Organisationen, die Rußland mit ihren *Novitäten* überschwemmen und mit dieser Einflußnahme unser Bildungssystem gerade im Augenblick des kompliziertesten Übergangs überrascht haben. Viele russische (und manchmal auch ausländische) Autoren, die oft gar keine Pädagogen sind und über keine persönliche Erfahrung im Schulunterricht verfügen, haben sich überhastet und sogar leichtfertig in diese »kulturellen Initiativen« eingenistet – und schon wurden nicht wenige dieser neuen Lehrbücher und Leitfäden mit erstaunlicher Sorglosigkeit vom Bildungsministerium genehmigt und danach in hohen Auflagen gedruckt. In diesen »Leitfäden« redet man den Schülern zum Beispiel ein, daß man die Literatur, entgegen aller russischen Tradition, nicht in belehrendem Sinne aufzunehmen brauche, sondern lediglich als geschmackvolle Zerstreuung. Oder es wird in den jungen Gehirnen jegliche Achtung vor der Geschichte und den Werten ihres Vaterlandes untergraben.

Dieser negative Einfluß zeigt sich auch in der Methodik des Unterrichts und in der Beurteilung der erworbenen Kenntnisse. Statt des strengen Systems der Kenntnisse in der russischen Bildungstradition wird ein oberflächliches und bruchstückhaftes buntes Durcheinander von Daten und manchmal geradezu unglaublichen Informationsbrocken angeboten, unter dem Vorwand, daß der Schüler lernen soll, selbständig zu denken, und daß er gewissermaßen als Schiedsrichter über das angebotene Material urteilen soll. Bei einer derartigen Methodik werden die jungen, noch nicht ausgereiften Gehirne, noch bevor sie Zeit hatten, sich mit den systematischen Grundlagen des Faches vertraut zu machen, zur Ignoranz jeder entschiedenen Bewertung und zu kapriziöser Subjektivität verleitet. Demzufolge bedarf es auch bei der Überprüfung der Kenntnisse keiner zusammenhängenden und vollständigen Darlegung, keiner Offenlegung des gedanklichen Prozesses, sondern lediglich des Resultats: Man braucht nur ein »Ja?« oder ein »Nein?« oder eine der möglichen Antwortvarianten anzukreuzen.

Wie soll unter solchen zerrütteten und unsauberen Umständen eine neue russische Schule entstehen?

Aber auch das russische Bildungsministerium gibt unüberlegte und hastig zusammengestellte modifizierte Lehrpläne heraus. Man hatte ohnehin schon die Unterrichtsstunden für die russische Sprache reduziert, und nun gibt es ein Vorhaben, auch die gesonderte Behandlung der russischen Sprache zu streichen und sie in den Literaturunterricht mit einfließen zu lassen. Aber ist das nicht der endgültige Todesstoß für den Sprachunterricht?

Wie soll die Mehrzahl der deprimierten und unterdrückten Lehrer angesichts dieser »Reformen« und »Innovationen« noch zurechtkommen? Hier einige von mir notierte bezeichnende Lehrsätze, die an die Stelle der moralischen Kriterien und des reinen Wissensdurstes getreten sind. In einer Bezirksschule anläßlich einer Unterrichtsstunde über die »Geschichte des Vaterlandes«: »Man muß gut lernen, um reich zu werden«. In der Geschichtsstunde in einer der vernachlässigten ländlichen Schulen, in denen die unglücklichen Kinder zu niedrigstem Wissensstand und zu einem Leben in Armut verurteilt sind: »Kann nicht möglicherweise einer von euch eines Tages Fabrikbesitzer werden?« – »Und du, Wanja, würdest du nicht gern Präsident werden?«

Die orthodoxe Kirche in dieser Zeit der Wirren

Unter den Bolschewisten war die Kirche eine derart gefesselte Gefangene, daß ihre Befreiung, wie es schien, nur Freude hervorrufen konnte. Die ersten Schritte schienen hell und licht zu sein. Aber auch für die befreite Kirche erwies sich, wie auch für das ganze Rußland, der Übergang als kompliziert.

Dies um so mehr, als den sieben Jahrzehnten der Unfreiheit unter den Gottlosen nicht eben das beste Jahrhundert für die Kirche vorangegangen war. Während des ganzen 19. Jahrhunderts hatte – mit wenigen Ausnahmen – der Erstarrungsprozeß ihrer lebendigen Tätigkeit angedauert, begleitet vom Glaubensabfall eines großen Teils der gebildeten Klasse und deren Abwendung von der Kirche (auch aus Gründen ihrer *eigenen* Entwicklung). Und an der Wende vom 19. zum 20. Jahrhundert begann auch schon ein spürbarer Teil des einfachen Volkes distanzierter zu werden und abzufallen, was ebenfalls einer der verborgenen aber ausschlaggebenden Gründe für die revolutionäre Explosion des Jahres 1917 war. Abgesehen von den Großtaten der Geistlichkeit in den Tiefen der Kirche, wurde das alltägliche Leben der Kirche bedrückend, was viele Hierarchen aber auch Laien klar erkannten (Siehe den Roman »Die Klerisei« von Leskow). Allmählich wurde eine Reform des kirchlichen Lebens dringend erforderlich, und zu Beginn des 20. Jahrhunderts begann man mit diesem Ziel ein Konzil vorzubereiten. Aber all diesen Anfängen wurde durch den Willen des Monarchen Einhalt geboten.

Und wie begegnete die russische Kirche der großen russischen Katastrophe vom Februar 1917, dem sinnlosen Staatsstreich noch während des großen Krieges? Der Synod wandte sich an das Volk mit dem Aufruf, die chaotische revolutionäre Macht als eine »Macht von Gott« anzuerkennen, und nicht nur, daß er sie nicht formal ablehnte, er begrüßte sie untertänig, flehte den göttlichen Segen auf sie herab und trug Unterschriften zusammen – und nicht nur Sergej Stragorodski, sondern auch der künftige Patriarch Tichon und sogar der Bischof Chrapowizki, alle drei künftigen Richtungen der Kirche, beugten die Knie vor dieser sündhaften Quelle unserer künftigen Schrecknisse. (Aber wenn die orthodoxe Kirche im Ausland, die so stolz auf ihre Reinheit dem Bolschewismus gegenüber ist, die Kirche in ihrer Heimat mit zornigem Beschuldigen wegen deren unverzeihlicher Kompromißbereitschaft überhäuft und heute, was noch weitaus unverzeihlicher ist, daran geht, die Kirche in den russischen Gemeinden zu untergraben, dann sollte sie sich an diesen schwierigen Augenblick erinnern.)

Dann trat eine gleichsam tröstliche Entwicklung ein – das erfolgversprechende und gedankenerfüllte Konzil von 1917; aber es mußte wegen der Beschießung des Kremls durch bolschewistische Kanonen abgebrochen werden. Und im weiteren wurde unsere Kirche von der ein halbes Jahrhundert währenden grausamen Verfolgung mit der Vernichtung Zigtausender von Geistlichen eingeholt (daß ganze Familien in Eislöchern ertränkt, daß manche mit Säbeln in Stücke gehackt wurden – das alles hat man heute vergessen), die allein in den Christenverfolgungen der Antike ihr Pendant hat. Tausende von Umgekommenen haben ihre selbstlose Treue zum Glauben manifestiert, haben bewußt den Untergang für Christus gewählt – aber ach, ihre Opfer, ihr persönlicher Heroismus konnten weder das restliche orthodoxe Volk noch die Kirche verteidigen, die, nachdem man ihr wieder eine bescheidene Existenz zugestanden hatte, seit 1943 in einer unsicheren und eingeengten Legalität lebend, sich ein weiteres Mal den widersinnigsten Verfolgungen ausgesetzt sah, diesmal unter Chruschtschow.

Man muß sich heute diese Tatsachen in Erinnerung rufen, um nachfühlen und verstehen zu können, aus welchem Zusammenbruch, aus welchen Erniedrigungen, aus welcher allgemeinen Verwüstung und Ausplünderung unsere Kirche wiederersteht, und noch immer entbehrt sie jeglicher materiellen Unterstützung.

Ja, natürlich, viele wollen und erwarten zu Recht, daß die orthodoxe Kirche sich wieder *völlig unabhängig* als eine starke Autorität im Land etabliert, denn jegliche staatliche Hilfestellung würde den Geist der Kirche nur schwächen. Sie erwarten, daß sie nicht an den so demonstrativ die Kirche »einbindenden« Fernsehausstrahlungen der unwürdigen und verirrten Macht teilnimmt und statt dessen mit eigenständiger und sicherer Stimme die Blindheit oder Nachsicht der Machthaber den kriminellen Kräften gegenüber anprangert und daß die Stimme der Kirche uns irgendwann endlich mit Nachdruck in unserer täglichen Mühsal zu Hilfe kommt.

Aber die maßlose physische Kraftlosigkeit unserer heutigen Kirche und ihrer dezimierten und geschwächten Geistlichkeit bedenkend (um das wiederherzustellen, wird man lange Jahre brauchen), sollten wir ihr keine Vorwürfe machen, sondern über unsere eigene Schwäche und Kleinmütigkeit erschrocken sein: Haben wir, die Gläubigen, all das, was geschehen ist, nicht zugelassen? Diejenigen, die dem Schicksal des Vaterlandes gleichgültig gegenüberstehen, sind doch dafür, es aus der Misere hinauszuführen, nicht zu gebrauchen.

Aber die heutigen Schwierigkeiten unserer Kirche sind bei weitem nicht nur materieller Art.

Eine dieser Schwierigkeiten ist die Rolle der Kirche in der Gesellschaft und im Alltagsleben der Menschen. Richtigerweise um die Trennung von Staat und Kirche bemüht, kann die Kirche es sich aber nicht erlauben, sich von der Gesellschaft und deren schreiender Not abzuwenden. Die jahrhundertelange Tradition einer extrasozialen Orthodoxie – wie bitter ist sie angesichts der heutigen katastrophalen Lage des russischen Volkes und des Landes. Gerade in einer derart zerrütteten Zeit wie der unseren bedürfen die Menschen eines starken geistigen Beistands (und durch wen denn?) bei all der Problematik ihres sozialen Lebens. Einzelne Geistliche, einzelne Gemeinden tun heute schon viel außerhalb der Kirchenmauern, aber wird das zu einem bewußten Bemühen der ganzen Kirche werden? Ob Katholizismus, Protestantismus oder der Islam, sie alle sind sozial tätig, und auch darin manifestiert sich die Verbindung eines Volkes mit seiner Religion. Die orthodoxe Kirche muß einen angemessenen Platz im gesellschaftlichen Leben Rußlands (und auch in der Armee) einnehmen, aber auf eine würdige Weise und ohne sich zu einer Profanisierung ihrer Riten (wie etwa der Absegnung von nichtswürdigen Geldanhäufern) herbeizulassen. Und sie sollte dabei nicht in Konflikt mit den anderen religiösen Traditionen in Rußland geraten, sollte vermeiden, daß sie im Bewußtsein ihrer bedeutenden Rolle und ihres starken Einflusses nicht über die Grenzen hinausgeht, hinter denen Risse in dem multikonfessionellen und multinationalen Land entstehen können.

Andere Schwierigkeiten der Kirche sind interner Art. So die Wiederherstellung der geschwächten geistlichen Seminare, die noch außerstande sind, den Bedarf an vorzüglich ausgebildeten Geistlichen im ganzen Land zu decken; nach den folgenschweren bolschewistischen Jahrzehnten und angesichts der heutigen furiosen Zunahme des neuheidnischen Bewußtseins besteht eines der Probleme darin, eine adäquate Sprache für das überzeugende Predigerwort zu finden. Wie soll man zum Beispiel den Unterricht für die Kinder gestalten? Und wie soll man die erwachsenen Kirchgänger belehren? Und dann der Streit innerhalb der Kirche über den teilweisen Übergang vom Kirchenslawisch in den Gottesdiensten zum modernen Russisch. Und der ständige und zuweilen auch scharf geführte Richtungsstreit zwischen dem Flügel der Reformatoren und dem der starren Orthodoxen, die nicht nur nichts an der Entwicklung verändern, sondern nach Möglichkeit den Geist und die Struktur der Kirche aus der Zeit vor der Revolution wiederherstellen wollen. (Aber: So, wie in Rußland nichts von dem, was vor der Revolution existierte, zurückkehren kann, vermag das auch die Kirche nicht. Suche und Bewegung sind auch bei entschiedener Wahrung der Traditionen unerläßlich.) Die alljährlichen Konzile der Erzpriester arbeiten mit großem Eifer an diesen Problemen, aber es braucht viel Mut, um sie sich mit all ihren Konsequenzen voll bewußt zu machen. (Und wann kommt es endlich zur aufrichtigen Versöhnung mit unserem ursprünglichen Zweig, den Altgläubigen, wobei es nicht darum geht, ihnen zu »verzeihen«, sondern darum, ihnen gegenüber Reue zu zeigen ob der grausamen Verfolgungen in der Vergangenheit? Ist es denn heute, da das ruinierte Rußland angesichts dieses großen russischen Unglücks nicht einmal weiß, ob es überhaupt weiterexistieren wird, noch möglich, daß wir in unserem selbstgefälligen Stolz diesen uralten Rechtsstreit nicht als völlig unbegründet anerkennen?)

In unserer neuheidnischen Zeit kann man irritierte Stimmen vernehmen, die sich gegen ein »kraftloses« Christentum wenden, das angeblich unsere nationale Geschichte herabwürdigt. Und auch Stimmen, die den Patriotismus auf deren Kosten über die Orthodoxie stellen. Selbstverständlich überantworten wir uns dem Glauben, sowohl mit unseren persönlichen als auch mit unseren nationalen Besonderheiten und Weltsichten. Doch später, im Verlauf unserer religiösen Entwicklung, sofern sie uns gelingt, erheben wir uns zu noch größeren Höhen und bis zu einer noch weitaus umfassenderen Vision als sie uns das Nationale geben kann. Unsere nationale Zerstreuung, die sich im 20. Jahrhundert vollzogen hat, resultiert gerade daraus, daß wir den orthodoxen Glauben verloren haben, daß wir uns selbst in ein ungezügeltes neues Heidentum stürzten. Verzichten wir aber auf die Orthodoxie, wird auch unser Patriotismus heidnische Züge annehmen.

Heute findet auf dem Territorium Rußlands eine aktive »missionarische« oder propagandistische Tätigkeit von andersslawischen, andersgläubigen Predigern und von Sektenrednern statt, die im Vergleich mit der Armut der Kirche über immense, ihren Einfluß verstärkende finanzielle Mittel verfügen. Alle diese Kanzelredner (und sogar die Organisatoren der Bildung und Erziehung unserer Jugend!) bestehen auf ihrem *juridischen* Recht dazu. Wir lassen es zu. Aber der Grad eines juridischen Urteils ist nicht sehr hoch: Die *Jurisdiktion* hat sich ebenso herausgebildet wie die *minimale* Schwelle der moralischen Pflichten, ohne die (und vor allem unter der) die Menschheit auf die Stufe der Tiere hinabsinken kann.

Aber weder historisch noch weltanschaulich, weder kulturell noch psychisch noch im Alltagsleben können uns diese propagierten Varianten die Orthodoxie ersetzen. Es hat sich nun einmal so ergeben, daß unser Volk seit tausend Jahren gerade in der Orthodoxie heranwuchs und lebte. Und wir haben nicht das Recht, jetzt von ihr abzurücken, vielmehr muß man angesichts der künftigen und neuen Versuchungen, die uns auch im 21. Jahrhundert erwarten werden, einen vernünftigen und reinen Gebrauch von ihr machen.

Kürzlich lösten sogar unvollkommene und zweifellos zaghafte Maßnahmen der Regierung zur Verteidigung der traditionellen Religionen in Rußland einen Entrüstungssturm in der Presse aus (was von Radio Liberty mit Genugtuung aufgegriffen wurde), er richtete sich jedoch nicht gegen all diese Religionen, nein, hier handelte es sich nicht um eine Manifestation des Atheismus, er wandte sich allein gegen die Orthodoxie: Uns drohe die »Orthodoxisierung des ganzen Landes«, »eine Kasernen-Orthodoxie«. »Der Patriarch versucht systematisch, das Patriarchat mit dem Innenministerium zu verkuppeln.« Und sogar: Diese Kirche »hat den Totalitarismus wie die Muttermilch eingesogen«, sie ist »einer der Hebel für den Rückgang des gesellschaftlichen Bewußtseins«; man prophezeit ihr »skandalöse Enthüllungen« und behauptet, »eine Zusammenarbeit der Kirche mit den kriminellen Strukturen ist nicht auszuschließen«. Und nicht nur das! In dem Geist jener maßlosen Ungeniertheit, die man heute als den höchsten Stil der russischen Presse ansieht, hieß es: Man hat »dem Patriarchat das Recht der ersten Nacht« zugestanden, »wir werden heute nicht von Jelzin, sondern von Alexij II. regiert«.[53]

Diejenigen, die in der Zeit der Sprachlosigkeit der rote Huf gestreift hat, verhöhnen jetzt im lärmenden Rußland die Orthodoxie und jede noch unvollkommene Glaubensäußerung, aber Achtung vor den Abertausenden von Märtyrern, die von eben diesen Hufen zertrampelt wurden, sucht man bei ihnen vergebens. Verworren ist doch das bittere Resümee des christlichen Jahrtausends in Rußland.

Aber um so komplizierter ist die Situation der Bischöfe und Geistlichen, die aufrichtig nachdenken und suchen: Die kirchlichen Formen können nicht noch ein zweites Jahrtausend in der

Erstarrung verharren, sie rufen selbst nach einer Weiterentwicklung und Auffrischung in dieser bewegten und stürmischen Epoche. Doch die Kreise, die in starrer Unbeweglichkeit verharren, »hemmen« sie auf Schritt und Tritt und suchen ihnen Einhalt zu gebieten. Was ist also zu tun? Würde eine offene Auseinandersetzung nicht einer »religiösen Rebellion« gleichkommen und den Geist der Spaltung in die Kirche tragen, der überdies nicht ungelegener kommen könnte angesichts der wütenden Angriffe von außen? Doch wie alarmierend, wie bedrückend ist die gefährliche Möglichkeit, daß eine Selbstabkapselung, eine Lähmung der Kirche die Antwort darauf sein könnte.

Aber in dem heutigen zerschlagenen, verderbten, ruinierten Rußland, das dem Laster ausgeliefert ist, sieht man um so deutlicher: Ohne die Anbindung an die Orthodoxie werden wir nicht auf die Beine kommen. Wenn wir keine hirnlose Herde sein wollen, dann brauchen wir doch ein würdiges Fundament für unsere Einheit.

Wir Russen müssen uns standhaft und mit Hingebung an die geistige Gabe der Orthodoxie halten, die ganz offensichtlich eine der letzten ist, die wir noch nicht völlig verloren haben.

Es ist dieser Geist der Orthodoxie und nicht die imperiale Macht, die den kulturellen russischen Typ herausgebildet hat. Die Orthodoxie, die wir in unseren Herzen tragen und uns in unseren Sitten, unseren Handlungen erhalten haben, wird den geistigen Sinn in uns stärken, der höher steht als alle ethnischen Erwägungen. Wenn wir in den uns bevorstehenden Jahrzehnten weiterhin mehr und mehr von unserer Bevölkerung, von den Territorien und schließlich sogar unsere Staatlichkeit verlieren – dann wird uns nur noch das eine Unvergängliche bleiben: der orthodoxe Glaube und das von ihm ausgehende Weltgefühl.

Die lokale Selbstverwaltung

Das reale Alltagsleben der Menschen hängt zu vier Fünfteln – oder auch mehr – nicht von dem Geschehen auf staatlicher Ebene ab, sondern vom lokalen Geschehen, das heißt von der *lokalen Selbstverwaltung*, die den Lauf des Lebens im Bezirk lenkt. Und genauso reguliert sich auch das Leben in den Ländern des Westens: durch eine effektive lokale Selbstverwaltung, wo jeder die Möglichkeit hat, an den Entscheidungen, die seine Existenz bestimmen, teilzunehmen. Und nur eine solche Ordnung ist *Demokratie*.

Und was waren bei uns die *Räte der Deputierten?* Von Beginn an, seit 1917, wurden diese Räte (eine verzerrte Kopie der vorrevolutionären *Semstwos*) nicht als Vertretungen der gesamten Bevölkerung eingerichtet, sondern um damit politische Ziele zu erreichen: als Instrument der Diktatur bestimmter Schichten (Arbeiter, Soldaten) über andere. Im weiteren Verlauf der Revolution verloren die Räte auch diese Rolle und dienten nur noch als Dekoration für die Macht der kommunistischen Partei. Sie unterwarfen sich nicht nur den örtlichen Parteiorganen, sondern auch den zentralen Instanzen, dem Wirken »von oben nach unten«, entsprechend dem ausschließlich »sowjetischen Vertikalprinzip«, was ihnen auch die letzten Züge einer lokalen Eigenständigkeit nahm.

Beim Umsturz im August 1991 hatte sich die günstigste Möglichkeit geboten, in Rußland eine demokratische und volkstümliche Selbstverwaltung zu schaffen – eine »Demokratie der kleinen Räume«. Sie war auch noch im Oktober 1993, bei der Auflösung der Räte, vorhanden. Aber unsere zentralen Autoritäten unternahmen nicht den geringsten Schritt in dieser Richtung, weil sie andere Überlegungen in ihren Köpfen bewegten. Erste Versuche zur Schaffung einer lokalen Selbstverwaltung wurden durch Rivalitäten, aber auch von der einheitlichen Front der politischen Parteien abgewürgt (wie das ab 1991 in Krasnojarsk geschah: Die Kommunisten und die Demokraten der Partei »Die Wahl Rußlands« stimmten darin überein; und das nicht nur in Krasnojarsk).

Und unsere beiden Staatsdumas verhinderten eine nach der anderen desinteressiert die Ausarbeitung eines wirksamen Gesetzes über die lokale Selbstverwaltung, das dieser legitime Wege und finanzielle Möglichkeiten eröffnet hätte. Die von ihnen schließlich angenommen Gesetzes-Fehlgeburten erschlossen keine dieser Möglichkeiten. Dabei wird doch gemäß der Verfassung von 1993, Artikel 12, »die lokale Selbstverwaltung anerkannt und garantiert«, ihre »Eigenständigkeit«; Dort heißt es auch, daß sie »nicht in das System der staatlichen Macht einzubeziehen ist« – also soll man das doch endlich tun! Aber nein: dort, wo man etwas Ähnliches wie eine Selbstverwaltung zusammenbastelte, blieb sie nur ein simples Anhängsel der staatlichen Verwaltung. (Andererseits ging die staatliche Macht, unüberlegt den Gedanken einer Selbstverwaltung imitierend, das Risiko ein, die eigene Vertikale zu unterhöhlen, indem sie die Wahl von Gouverneuren zuließ und danach in manchen Gegenden auch die der Bezirksadministratoren. Angesichts der gegenwärtigen Lähmung der zentralen Macht kann sich das durchaus belebend und erleichternd auf das Leben in den Gebieten auswirken, wenn auch nur *zeitweilig*. In der weiteren, langfristigen Perspektive jedoch führt das zum Verlust der einheitlichen Verwaltung des Staates, zu Erscheinungen von Separatismus und möglicherweise sogar zum Zerfall. Einen derart unvernünftigen Preis zahlt man nur aus der Furcht heraus, daß eine echte volkstümliche Selbstverwaltung entstehen könnte, aus der Furcht heraus, daß sich abseits der Macht eine vereinigende Bewegung im Volk entwickeln könnte.

Na also! Es ist mehr als notwendig, der volkstümlichen Selbstverwaltung einen *legalen* Weg zu eröffnen. Wenn man das aber schon seit fünf Jahren, seit dem Auseinandertreiben der Räte, nicht getan hat – wie lange sollen wir dann noch darauf warten? Wie es den Anschein hat, wird man sie uns nicht allzu bald zugestehen, wenn aber doch, dann wird es eine beschnittene Selbstverwaltung ohne lokale finanzielle Unterstützung sein. In einzelnen Gebieten werden vielleicht vernünftigere und einsichtigere Gouverneure, die nicht blind für das Elend der Bevölkerung sind, umfangreichere Hilfe leisten.

Aber selbst wenn man uns die Wege zu einer lokalen Selbstverwaltung nicht ebnen sollte, gibt es doch ein vitales Interesse des

Volkes: Um denen gerecht zu werden, die ihre Tatkraft noch nicht eingebüßt haben, muß man selbst (!) die Initiative ergreifen und nicht auf die autorisierenden Gesetze aus dem erstarrten Zentrum warten, das noch lange Zeit brauchen wird, um zur Besinnung zu kommen. Im heutigen Rußland wird noch zu vieles abschlägig beschieden: Man darf nicht – und fertig!

Man muß endlich mit dem Lösen der entscheidenden örtlichen Probleme beginnen. Mit diesem Ziel muß man sich, jeden entstehenden Anlaß nutzend, zusammenschließen, gleichviel, ob es dabei um alltägliche, berufliche, kulturelle oder andere Lebensinteressen geht. Man muß sich in aktiven gesellschaftlichen, berufsspezifischen, kulturellen Gruppen vereinigen und, auch wenn die Anzahl noch so gering ist, an jedem Ort und in jeder Angelegenheit auf kurze oder lange Sicht tätig werden.

Jeder Zusammenschluß dieser Art ist eine Form und ein Mittel, um die gegenwärtige Gefühllosigkeit und den Stillstand dieser leidvollen Zeit zu überwinden.

Zur wichtigsten bewegenden und tätigen Kraft der lokalen Selbstverwaltung zu werden ist eine Aufforderung und eine vielversprechende Aufgabe für unsere Intelligenz in der Provinz, nach der heute, um es vorsichtig zu sagen, niemand mehr ruft, die im Elend lebt, vom Besen der »Reformschocks« beiseite gefegt wurde. Aber diese ehrliche, hochgebildete, strebsame, selbstlos idealistische und hingebungsvolle Intelligenz ist doch die direkte Erbin ihrer Vorgänger aus der Zeit vor der Revolution, ein einzigartiger Reichtum Rußlands.

Jeder noch so bescheidene Herd, jedes Kettenglied, jede an diesem Platz aus sich selbst heraus entstehende Kraft, sei es auf kulturellem, bildendem, erzieherischem oder auf professionellem, ethnographischem, ökologischem Gebiet, sei es auf dem der Bodengestaltung und, warum nicht, auch auf dem des Gartenbaus und Gemüseanbaus – sie alle können effektive Keime einer lokalen Selbstverwaltung und sogar künftige Bestandteile ihrer Struktur sein. Sie müssen zu gemeinsamen Bemühungen zusammenfließen, das lokale Leben auf vernünftige Weise rettend in die eigenen Hände nehmen und es vor jener Sackgasse bewahren, in die unsere Autoritäten und ihre Dekrete so vieles geführt haben. Vielleicht wird es am Anfang nötig sein, sich schon zusammenzuschließen, noch bevor sich die Möglichkeit ergibt, legitime und verbindliche Wahlen zur lokalen Selbstverwaltung durchzuführen.

Man wird uns entgegenhalten: Aber wir haben keine Ahnung, wie man das macht! Unser Volk verfügt doch nur über ein unterentwickeltes Rechtsbewußtsein! Doch das Unglück, in das unser Volk geraten ist, wird sein Rechtsbewußtsein dynamisch wachsen lassen, und es wird sich im Prozeß des Kampfes um die völkische Selbstverwaltung weiter festigen. Nein, nichts läßt sich gleich auf vollkommene Weise schaffen, aber durch allmähliche Annäherungen in Form von Versuchen.

Und auch das könnte man uns entgegenhalten: Aber woher nimmt man die fähigen Leute dafür?

Kann man denn bei uns »an der Spitze« viele solcher Leute sehen?

Noch vernichtender aber ist die Entgegnung: Wie kann man das ohne finanzielle Grundlage schaffen? Wie kann man der neugeborenen Selbstverwaltung ihre finanzielle Unabhängigkeit sichern? Allenthalben hörte ich: »Wir zahlen Steuern, aber wir selbst und unsere Gegend haben nichts davon.« Ja, die Steuern, die vom Besitz, von den örtlichen Unternehmen, dem Gewerbe, vom örtlichen Handel, den Unterhaltungsunternehmen und der Tourismusbranche erhoben werden, müssen *ausnahmslos* der örtlichen Nutzung zugeführt werden (aber auch dort nicht willkürlich, sondern entsprechend den gesetzlichen Vorgaben). Und weiter: Die Steuern dürfen auf Vorkommen von örtlicher Bedeutung erhoben werden, auf Steine, Ton, Quellen, *aber nicht auf die Bodenschätze!* Bodenschätze und Wälder von allgemeiner staatlicher Bedeutung gehören weder dem Dorf noch dem Bezirk, Gebiet oder der autonomen Republik, die das Glück haben, sie zu besitzen – nein! Sie gehören in ihrer Gesamtheit *allein* dem ganzen Staat! Und ferner: Man müßte noch genügend Zeit finden, um mit Hilfe eines allerletzten Gesetzes das Auseinanderreißen des örtlichen Eigentums durch die »Privatisierung« zu verhindern.

Und schließlich: Nicht alle Neureichen haben ein toll gewordenes Wolfsherz. Es gibt unter ihnen, wie es immer in der Rus war, auch stets einige, die sich der Wohltätigkeit verpflichtet fühlen. Unter den neuentstandenen Unternehmern, die sich finanziell behaupten konnten, gibt es auch ehrenwerte Leute, die den guten Initiativen schon mit Spenden helfen. Und andere werden morgen helfen. Diejenigen unter ihnen, die sich ihrer Verantwortung für das Schicksal Rußlands bewußt sind, haben große Möglichkeiten, auf die Qualität unseres Bildungssystems und unserer Kultur Einfluß zu nehmen und sogar mehr als nur das. *Das ganze* Volk wird nie als ein Ganzes tätig werden; deshalb kann man auch nicht vom gesamten Volk sofort und von Anfang an ein bewußtes und aktives Begreifen erwarten. Kleine Bäche machen die großen Flüsse. Verschiedene private Probleme kreuzen sich, vereinigen sich und werden so zu einer einzigen und gemeinsamen Bewegung zusammenfließen.

In den schwierigen Jahren, die wir gegenwärtig durchqueren, in denen der zentralen Staatsmacht die zielgerichtete Verwaltung des Landes für alle sichtbar aus den Händen geglitten ist, wird man Rußland nicht ohne die energische und tatkräftige Teilnahme der Bevölkerung retten können. Wenn wir nicht dazu bereit sind, uns selbst zu organisieren, wird es niemanden geben, bei dem wir uns darüber beklagen können!

Das ist die Probe auf uns selbst, die uns zeigen wird, was wir wert sind und welches Schicksal uns gebührt.

Die Semstwo-Vertikale

Die unverzüglich zu schaffende lokale Selbstverwaltung kann im weiteren zur Grundlage des allmählichen Aufbaus einer *Semstwo-Vertikale* werden.

In dem gewaltigen und vielfältigen Rußland ist es allein die regierende Zentralmacht, die sich von oben nach unten ergießt, und sie ist außerstande, den Wohlstand des Volkes zu gewährleisten. Ein entgegengesetzter, von unten nach oben gehender Fluß ist unerläßlich.

Vor vier Jahrhunderten, noch in der Moskauer Rus, existierte das System der *Geleitbriefe* zwischen einem bestimmten Ort (einer Siedlung, einer Region) und der obersten Macht: Sie betrafen die Verpflichtungen, die der Ort dem Staat gegenüber zu erfüllen hatte, und diejenigen, zu denen sich im Gegenzug die Macht bereit erklärte. Diese Geleitbriefe wurden veröffentlicht, und ihre Lektüre ist sowohl erstaunlich als auch informativ: Wir erfahren, in welch breiterem Maße wir schon vor vierhundert Jahren besonnener, verantwortungsbewußter und vertrauensvoller miteinander umgingen. (Ob die heutige Macht einen solchen Brief, selbst wenn sie ihn unterzeichnete, wohl respektieren würde?)

So also wirkte bereits im 16. Jahrhundert in Rußland die lokale Selbstverwaltung – das *Semstwo.* Sie wurde unter der Petersburger Dynastie abgeschafft, wurde unter Alexander II. wiederhergestellt und führte bis zur Revolution eine belebende Existenz. Den Bolschewisten saß diese völkische Selbstinitiative verquer in der Kehle, und sie trieben diese *Semstwos* überall auseinander. (Aber das historische Gedächtnis unseres Volkes ist derart verdunkelt, und die Furcht der durchlebten Jahrzehnte wirkt noch so stark nach, daß ich sagen hörte: »Was ist das – Semstwo? Wird man uns nicht gewaltsam zwingen, dort einzutreten wie in die Kolchosen?«)

Das Semstwo ist eine Vereinigung aller Menschen, die in einer bestimmten Gegend leben und dort ihrer Beschäftigung nachgehen. Diese Vereinigung steht *außerhalb* der Politik, *außerhalb* der Parteien und *außerhalb* der Nationalitäten, und sie ist weder von parteilichen noch von nationalen Kriterien abhängig, da sie sonst ihren Sinn und ihre Bestimmung verliert.

Das Semstwosystem ist eine Form der *völkischen Selbstverwaltung*, die auf all ihren Ebenen mit den Interessen und Bedürfnissen des Volkes verbunden ist. Ihrem Wesen nach unterscheidet sie sich vom üblichen Parlamentarismus und von dem bei uns heute herrschenden politisierten Wahlsystem dadurch, daß sie den Weg für die wirklichen und repräsentativen Vertreter des Volkes freimacht, die sich ständig vor der Bevölkerung, die sie in dem jeweiligen Rayon gewählt hat, zu verantworten haben.

Ein anderer Unterschied des Semstwoprinzips besteht darin,

daß eine Aufnahme in die Vereinigung nicht aufgrund einer mechanischen Auszählung der Stimmen erfolgt, sondern auf der qualitativen Konfrontation der jeweiligen Standpunkte und der Berücksichtigung des Interesses aller dort vertretenen sozialen Gruppen basiert, entsprechend deren Beitrag, den sie zum Alltagsleben in der Region leisten. Das unterscheidet sich zwar von der gegenwärtigen Praxis, entspricht aber der ursprünglichen russischen Tradition gemeinsamer Absprachen und Entscheidungen: Von der ländlichen Gemeinde bis hin zur allrussischen Regierung muß das Abwägen der richtigen Argumente und nicht die Stimmenzahl entscheidend sein; Meinungsunterschiede darf man nicht einfach mittels einer Abstimmung unterdrücken, vielmehr muß man nach Formen suchen, die nicht auf der einfachen Mehrheit beruhen. Natürlich ist hier die erste Bedingung, daß man das Prinzip ausgewogener wechselseitiger Beziehungen beherzigt sowie die Bereitschaft, den anderen anzuhören und zu verstehen. Ohne sie kann man noch nicht beginnen. Ohne sie wird bei uns nie etwas Gutes entstehen können.

Die Semstwos müssen über die Vollmachten verfügen, die örtlichen Mittel auf entsprechende Weise verteilen zu können: auf das örtliche Bildungssystem, das Gesundheitswesen, die Erhaltung der Natur, auf den Havarie- und Katastrophendienst, die Agronomie, die Melioration, den Straßenbau, die Hilfe für die Bedürftigen, die Landeskunde, die statistischen Erhebungen und noch ein Dutzend andere nützliche Gebiete – dann werden die Semstwos nicht zu einer Macht im buchstäblichen Sinne, etwa wie ein Administrator aus der Regierungs-Vertikale, sondern zu kurierenden, wiederherstellenden, überzeugenden, die Weite des Raums öffnenden Organen für die vernünftigen und aktiven Kräfte der Bevölkerung.

Und indem unter den heutigen Bedingungen das Semstwo für alle Siedlungsformen an Bedeutung gewinnt, stellt sich die Frage, wie man eine völkische Selbstverwaltung auch in den *großen Städten* errichten kann. Wir wollen hier nichts vorschlagen, wir verstehen sehr wohl, daß hier noch nicht alles berücksichtigt werden konnte, und daß das einer besonderen und gründlicheren Studie bedarf. (Beginnend etwa mit der Auswahl von Verantwortlichen in den Verwaltungen für die Häuser, Viertel und Straßen?)

Aber für das Land im *allgemeinen* wären vier Stufen der Selbstverwaltung denkbar: die lokale, die der Kreise, die der Bezirke und schließlich die für ganz Rußland. (Unter Kreise versteht man heute in Rußland, im Unterschied zu den innerstädtischen »Rayons« und »Mikrorayons«, einen gewöhnlichen administrativen *Rayon*.)

Bei den Wahlen zum lokalen Semstwo (eine Gruppe von Dörfern oder kleinen Siedlungen) kann man wahrscheinlich, bei einer homogenen Bevölkerungsstruktur und ohne der Gerechtigkeit zuwider zu handeln, eine Mehrheitswahl durchführen. Im Kreis dagegen ist die Bevölkerung, was ihre Tätigkeit und ihre sozialen Interessen betrifft, schon differenzierter – hier muß man darauf achten, daß alle ihre wesentlichen Kräfte im Kreis-Semstwo repräsentiert sind. Das kann man durch das von altersher bekannte System der »Kurien«, eine ständisch-kooperative Struktur, erreichen: Eine homogene Wählergruppe entsendet ihren Vertreter in die Wahlinstanz. Im untersten Semtswo wird es vermutlich genügen, einen der Ältesten (mit einer Aufwandsentschädigung) und mit ihm zwei weitere Vorstandsmitglieder (ohne Aufwandsentschädigung) zu entsenden. Innerhalb des Kreises setzt die jeweilige Gegend, entsprechend ihren Besonderheiten, die Zahl ihrer Mitglieder in der Kreisversammlung des Semstwos selbst fest (diese werden für ihre Teilnahme nicht entschädigt und sind keine Beamten, sondern freiwillig um das örtliche Wohl bemüht, und so handeln sie auch; lediglich das exekutive Organ, die Semstwoverwaltung, besteht aus einer minimalen Anzahl bezahlter Mitarbeiter). In entsprechender Weise muß auch in den Gebietsversammlungen der Semstwos (nicht wie in den heutigen regionalen Parlamenten, wo die Abgeordneten Gehaltsempfänger der Exekutive und damit abhängig von ihr sind) und in den Gebietsräten der Semstwos verfahren werden. Der Apparat eines Semstwos darf jedoch nicht dessen Budget belasten.

Hier wie anderswo gilt aber die gleiche Einschränkung: Werden sich so viele uneigennützige Menschen finden lassen, die imstande und bereit sind, ihre Kräfte und ihre Zeit für die Rettung des Umfeldes aufzuopfern, in dem sie leben? Finden sie sich aber nicht – dann sind wir als Volk nichts wert, dann werden wir weiter abstumpfen und aufhören, uns weiter diese Sorgen zu machen!

Und ebenso werden an jedem Ort, entsprechend seinen Traditionen und seiner Verständnisbereitschaft, für die Beteiligung am Semstwo bestimmte Kriterien des Alters und der Ansässigkeit gelten, die sich sowohl auf das Wahlrecht als auch auf das Recht, gewählt zu werden, beziehen: ein Mindestalter, das die Verantwortungsfähigkeit des Wählers garantiert, und ein Mindestzeitraum seiner Ortsansässigkeit, der die Teilnahme an den örtlichen Angelegenheiten garantiert (angesichts der heutigen verstärkten Wanderungsbewegung ist die Dauer seiner Ansässigkeit und der Zeitraum, in dem er sich am jeweiligen Ort eingelebt hat, eine wichtige Bedingung). Und noch etwas, das man mir bei meinen Begegnungen und in Briefen an mich vorgeschlagen hat: Für den Fall, daß sich ein Abgeordneter als untauglich erweist, sollte die Prozedur seiner Abberufung erheblich vereinfacht werden. Allein schon diese Regelung erlaubt eine effektivere Kontrolle durch die Bevölkerung.

Ein solches Semstwosystem löst auf entschiedene Weise auch die nationalen Verwicklungen: Sein tatsächlich supranationaler Charakter schließt eine Auswahl der Administratoren nach Kriterien der nationalen Zugehörigkeit, wie das heute, selbst wenn nur eine Minderheit der Titular-Nation angehört, in vielen Autonomien der Fall ist, aus; im Gegenteil, dort wo eine zahlenmäßig starke ethnische Bevölkerung konzentriert ist, wird die lokale Selbstverwaltung natürlich von ihr gebildet. So vermindert eine wahrhafte und nicht nur verbale Demokratie auch die zwischennationalen Spannungen. Alle auf nationalen Kriterien beruhenden Privilegien oder Benachteiligungen werden das Prinzips der Semstwos nur zerstören. Die nationale Kreativität bewahrt sich überall ihre religiösen, kulturellen, allgemeinbildenden und schulischen Besonderheiten. (Möglicherweise erfordert die sehr spezifische Lebensweise räumlich verstreuter kleiner Völker im Norden Sibiriens eine ihnen entsprechende besondere Form der Selbstverwaltung.)

In den letzten Jahren hatte sich in verschiedenen Gegenden Rußlands schon spontan eine Semstwobewegung herauszubilden begonnen, die dann aber wieder abbröckelte; sie fand dort keine Unterstützung, stieß auf den Widerstand der Autoritäten, oder es fehlten ihr die finanziellen Mittel.

Aber wenn, wie auch immer, das Semstwo real zu entstehen beginnt, gleichviel, ob örtlich oder in umfassendem Maße (wie zum Beispiel die bereits existierende Russische Semstwobewegung und einige örtliche Semstwoverbände), lauern bereits neue Gefahren: sowohl solche, die heute noch nicht vorauszusehen sind, als auch solche, die heute schon klar erkennbar sind. Die erste Gefahr ist die Ausnutzung der Semstwobewegung durch die politischen Parteien und einzelne Politiker als mögliche Wahlreserve (Anzeichen dafür sind bereits vorhanden). Die zweite Gefahr ist die Schaffung von Pseudo-Semstwobewegungen, das Benutzen des Begriffs *Semstwo* für irgendwelche anderen Ziele. Die dritte Gefahr besteht schließlich darin, daß die lokalen Mächte durch Zwang und durch Drohungen Einfluß auf den Semstwoprozeß nehmen. (Als ich während meiner Reise durch Sibirien die Zuhörer dazu aufrief, daß sie sich zumindest bei den lokalen Wahlen kein X für ein U vormachen lassen sollten, denn bei den zentralen Wahlen, bei denen man die Kandidaten nicht kennt, könnten sie leichter einen Fehler begehen, antwortete man mir: »Aber gerade bei den lokalen Wahlen, wo jeder jeden sieht und jeder von jedem alles weiß, ist es doch gefährlich, sich zu äußern, man riskiert, Repressalien ausgesetzt zu werden.«) Und noch eine Gefahr: Bei der heutigen Lockerung der Sitten kann die Selbstverwaltung an bestimmten Orten zu einer Form der Selbstherrschaft werden.

Die Einführung des Semstwosystems kann sich nur allmählich vollziehen, so wie ein Baum wächst, und ohne willkürlich gesetzte Termine. Erst nachdem man erfolgreich lokale Semstwos realisiert hat, kann man darangehen, die erprobten Methoden auf die Schaffung eines Kreis-Semstwos und später eines Gebiets-Semstwos zu erweitern und weiter zu entwickeln. (Das stufenweise System zur Einführung von Semstwos in Rußland habe ich bereits in »Wie können wir Rußland wiederherstellen« dargelegt.) Die

Entwicklung dieses stufenweisen Systems wird viele Jahre in Anspruch nehmen: damit für jede Stufe genügend Zeit bleibt, die Aufgaben zu bewältigen und Vertreter für die nächst höhere Stufe heranzubilden. (Natürlich wird man uns auch bei diesem, wie bei jedem anderen vorgeschlagenen System, entgegenhalten: »Es werden sich dabei aber auch Karrieristen und Spitzbuben einschleichen!« Doch das ist eine Philosophie der Hoffnungslosigkeit: Dann brauchte man erst gar nichts zu versuchen, brauchte man erst gar nichts zu unternehmen und könnte die Arme sinken lassen – dann wären wir verloren.)

Aber wenn man den Blick in eine ferne Zukunft richtet, wenn Rußland eines Tages auch Erfolge zu verzeichnen und Erfahrungen mit der Selbstverwaltung gesammelt haben wird, dann, so wollen wir hoffen, werden wir auch von einem Semstwosystem auf der höchsten Ebene reden können, von einer Allrussischen Semstwoversammlung (die mit den *Semskije Sobory*, den Ständeversammlungen in unserer Geschichte gleichzusetzen wäre), entstanden aus den vielerorts gemachten bewußten, uneigennützigen und aufopferungsvollen Erfahrungen der Selbstverwaltung, die mit großer Wahrscheinlichkeit den *wirklichen* Willen des Volkes repräsentieren wird und nicht den vorgeblichen unseres heute so politisierten Parlaments. Sie würde, gemäß ihren Vollmachten und ihrer realen Tätigkeit, eine Krönung der ganzen vertikalen Macht der Semstwos darstellen mit einer sehr großen unteren Breite und mit einer Einschränkung der Kompetenzen aber bedeutendem Gewicht nach oben. (Gemäß der altrussischen Formel: »Dem Zaren die Macht – dem Volk die Meinung.« Und wenn diese Meinung mit Nachdruck geäußert wird, dann kann man sie auch nicht mißachten. Kljutschewski stellt fest, daß in der Moskauer Rus die Ständeversammlungen dem Zaren nicht entgegenstanden, sondern mit ihm zusammenarbeiteten.)

Eine solche Semstwo-Vertikale, unabhängig von der Vertikale der Zentralregierung (bei der sich die Kompetenzen oben konzentrieren und nach unten immer mehr verringern), würde in Rußland eine vereinende Macht schaffen, eine *staatliche Semstwostruktur*, die es erlaubt, sowohl die zentrale staatliche Administration zu erhalten als auch das Leben des Volkes real zu verwalten. Auf jeder Ebene – in den Orten, in den Kreisen, in den Gebieten und auch auf der zentralen Ebene – kontrolliert die Regierungs-Vertikale die genaue Einhaltung der Gesetze durch die Semstwos, und die Vertikale der Semstwos kontrolliert ihrerseits die Regierung auf deren Ehrlichkeit und Offenheit bei der Durchführung jeglicher Maßnahmen. Und auch die Macht des Präsidenten würde sich dann der gewissenhaften Durchleuchtung durch die obersten Instanzen der Semstwos ausgesetzt sehen (was uns heutzutage völlig fehlt!).

Der Staat muß gleichzeitig sowohl von oben als auch von unten errichtet werden.

Und Widerstand?

Die aktuelle Macht berauscht sich an ihrer eigenen profitablen Existenz und kümmert sich nicht im geringsten um die Interessen des Volkes, sie nimmt sie nicht wahr, und es ist kaum zu erwarten, daß sie diese bei den nächsten sozialen Unruhen wahrnehmen wird. Die moralischen Anforderungen stehen höher als alle, die man in gleich welcher Verfassung unterbringen kann, und bis zum Anerkennen seiner Irrtümer und Mißerfolge vermag sich die konstitutionelle Verantwortung der Regierenden nicht aufzuschwingen.

Die Oligarchie ist eine verschweißte Junta, die sich sowohl der Finanzen als auch des nationalen Reichtums bemächtigt hat und jetzt schon eine Macht darstellt, die freiwillig keine alternative Wende zulassen und, wenn sie es für nötig erachtet, ohne Zögern ihre zahlreichen, für diesen Zweck herangebildeten *Spezialtruppen* einsetzen wird. Hoffnungen darauf, daß die aktuelle Macht oder diejenigen, die, mit Milliardensummen korrumpiert, nach *Wahlen* an ihre Stelle treten, Sorge für das Schicksal des dahinsterbenden Volkes tragen werden, sind illusorisch. Das wird nicht der Fall sein. Es gibt nichts Schädlicheres, als sich an Illusionen zu klammern; sie nehmen uns nur die Möglichkeit, Schritte in die richtige Richtung zu machen.

Was können wir, die wir in diesem Teufelskreis gefangen sind, tun? Wie oft habe ich diese beständige Frage in den verschiedenen Gegenden Rußlands gehört. Wie kann man dieses unser Ausgeliefertsein abschütteln? Wie sollen wir unsere *Angst* überwinden? Nicht nur einmal war in der Weltgeschichte der mutige Ruf zu hören: »Freiheit oder Tod!« Ist es nun unser Los, »Unterwerfung oder Tod …« zu ächzen?

Was aber nicht geschehen darf, das ist, mit der Waffe eine Entscheidung herbeiführen zu wollen. Das würde bedeuten, unser Leben bis auf den Grund zu zerstören und das Volk endgültig in den Ruin zu stürzen. Kein kriegerisches Lied hat ein glückliches Ende.

Doch wer sieht das nicht? Man hat uns irgendwelche Brocken von Freiheit hingeworfen, sie uns zugestanden, warum sollten wir uns nicht ihrer bedienen? Da haben Bergleute versucht, unabhängig von den Behörden »Rettungskomitees« zu gründen. Warum nicht auf diese Weise? Vielleicht ist das die angebrachteste Form, wenn man das Volk schon bis zum Äußersten getrieben hat. Unsere Errettung kann nur aus unserer eigenen Aktivität kommen, die von unten nach oben gehen muß.

Ach, wären wir, wären wir nur imstande, uns alle wirklich zu vereinigen: mit friedlichen Mitteln, aber unter Mitwirkung wirklich des *ganzen* Volkes, unseren Zorn auszudrücken und so, daß die Mächtigen an ihrer marmornen Futterkrippe erzittern und erwachen. In anderen Ländern sind es diese Manifestationen der Massen, die den Lauf ihrer Geschichte verändern. Solange wir aber nicht dazu imstande sind, muß die Regel gelten: *Handle dort, wo du lebst, wo du arbeitest!* Geduldig und zielstrebig soweit deine Arme reichen.

Die überwiegende Mehrzahl des russischen Volkes wird heute aufgrund ihrer Hilflosigkeit unterjocht, aufgrund ihrer Ausplünderung und ihres Elends, aber machen wir uns nichts vor, noch schrecklicher ist: Das russische Volk hat in seiner Gesamtheit während des lange andauernden 20. Jahrhunderts sowohl in geistiger als auch in materieller Hinsicht eine historische Niederlage erlitten. Über Jahrzehnte hinweg haben wir für die nationale Katastrophe von 1917 zahlen müssen, und jetzt zahlen wir, ebenso entsetzlich, für das Hinausgelangen aus dieser Katastrophe. Wir haben nicht nur das kommunistische System zerschlagen, wir sind auch dabei, die Reste der Grundlage unseres Lebens zu zerschlagen.

Begreifen – das heißt nicht, hinnehmen und sich unterwerfen. Das heißt vielmehr: zur Besinnung kommen, solange noch nicht alle Fristen verstrichen sind. Noch Zeit für den Ausweg finden und alle Kräfte dafür mobilisieren.

Und vor allen Dingen: für unsere innere Gesundung.

Denn noch schmerzhafter und noch gefährlicher als unser wirtschaftliches Chaos ist unsere geistige Krise. Wenn man zuläßt, daß auch die Seele des Volkes unterminiert wird, dann bedeutet das deren Vernichtung. »Es wäre vergebens, sich ohne Gewissen und ohne Glauben an die Wiederherstellung Rußlands zu machen« (I. A. Iljin).

Wenn wir wirklich fähig sind, uns von der primitiven materialistischen Weltauffassung, daß das materielle Sein das Bewußtsein bestimmt, in der man uns jahrzehntelang erzogen hat, freizumachen, dann müssen wir unweigerlich begreifen und akzeptieren, daß unsere Zukunft, die unserer Kinder und die unseres ganzen Volkes in weitaus tiefer gehendem Maße vor allem von unserem Bewußtsein und unserem Geist und nicht von unserer Ökonomie abhängt.

Man hat begonnen, Rußland auszuplündern und dem Ausverkauf preiszugeben, aber noch weitaus schrecklicher ist das: Woher ist uns dieser grausame, bestialische Stamm der habgierigen, schmierigen Halsabschneider zugewachsen, die sich die Bezeichnung »Neue Russen« zugelegt und sich mit einer derartigen Raffinesse auf Kosten des Unglücks unseres Volkes fett gemästet haben? Doch noch weitaus verderblicher als unsere Not ist die allgemeine Vulgarität, die triumphierende lasterhafte Niedertracht, von der die neue gesellschaftliche Oberschicht durchdrungen ist und die sich aus allen Fernsehern über uns ergießt.

Und diese »Killer«, die man mühelos dingen kann? (Gott sei Dank, daß es kein russisches Wort dafür gibt.)

Und wo ist die letzte Grenze für diesen Niedergang?

An wem kann sich unsere Jugend noch ein Beispiel nehmen? Auf wen kann sie noch stolz sein? …

Sind wir denn noch die, die wir aus der langen Kette der Jahrhunderte kennen? Gehört denn die Devise »So reich wie möglich werden!« zu unserer überlieferten Tradition? Die zügellose Hetze, die unsere Seelen erfaßt hat, der »persönliche Erfolg!«, »Wohlstand um jeden Preis!«, ist das schon von altersher einer unserer Charakterzüge gewesen? Jahrhundertelang hat man über uns gelacht, weil wir einen derartigen Charakterzug nicht besessen haben.

Ist es denn möglich, daß wir dieser neuen ausgebrochenen Verderbnis wortlos die Seelen unserer Kinder preisgeben? Denn man verleitet sie, wird sie verleiten! Wir verlieren schon eine Generation nach der anderen!

Was wir an *Heimaterde* verloren haben, ist für Rußland noch kein wirklicher Verlust. Sogar nach all dem, was von uns abgetrennt wurde, ist die Besiedelung Rußlands noch so dünn, daß das 21. Jahrhundert das nicht hinnehmen wird. Mit den kommunistischen »Großbauten« haben wir das, was die Demographen ein *lebendiges Siedlungsgewebe* nennen, zerstört. Schon bevor sich die Staaten, in denen Millionen Russen lebten, von uns abspalteten, hatten wir bereits im Inneren Rußlands unsere »perspektivlose« Wiege, Rußland selbst, verloren.

Nein, es sind nicht die verlorenen Weiten, die uns den größten Schaden zugefügt haben. Das geistige Leben des Volkes ist wichtiger als die Ausdehnung seines Territoriums und sogar als das Niveau seines ökonomischen Gedeihens. Die Größe eines Volkes läßt sich auch an dem hohen Grad seiner inneren und nicht der äußeren Entwicklung messen.

Und das letzte, was man uns noch nehmen kann – und man nimmt, raubt und zerstört es uns schon tagtäglich durch diese räuberische und verschmutzende Atmosphäre, die uns von allen Seiten umgibt –, das ist der Geist des Volkes. Nach den langen vier Jahren, in denen ich Rußland bereist, in denen ich gesehen und gehört habe, kann ich sogar unter Eid erklären: Nein, unser Geist ist noch lebendig und in seinem Kern noch rein! Allenthalben bei meinen Begegnungen habe nicht ich das gesagt, sondern sagte man es mir und überzeugte mich davon: »Das Wichtigste ist es, die Seele des Volkes zu retten – dann wird alles gerettet sein!«

Ja. Der Geist ist imstande, die Richtung jedes, sogar des verderblichsten Prozesses zu ändern und uns auch vom Rand des Abgrunds zurückzureißen. Manche werden das nicht glauben. Aber wer sich in seinem Leben nicht nur einmal von der Gerechtigkeit und der Macht der über uns wirkenden höchsten Kraft überzeugen konnte, der wird glauben, daß es auch nach dem über uns hinweg gerollten Jahrhundert bei den Russen noch Hoffnung gibt. Sie hat man uns nicht nehmen können.

Was jeder fühlen kann, das ist – daß du kein Strohhalm bist, daß du das, was sich vollzieht, beeinflussen *kannst*, sei es durch Furchtlosigkeit, sei es durch Ausdauer. Wer anders soll den Karren herausziehen? Die Kinder? Die Enkel? Aber wird ihnen das leichterfallen?

Wir werden nie etwas von unseren mächtigen Wohltätern erwarten können, bevor wir nicht daran glauben, daß wir selbst die Lenker unseres Schicksals sind. Nur wenn wir selbst den Willen haben, nicht völlig von diesem Planeten zu verschwinden (aber das droht uns), können wir uns aus eigener Kraft aus der heutigen verderblichen Misere erheben, und wenn wir unsere Haltung ändern: den müde gewordenen Gleichmut dem eigenen Schicksal gegenüber.

Wie können wir unser ewig währendes Laster überwinden – unsere Passivität, unsere Trägheit im gesellschaftlichen Leben?

Übrigens ist jegliches Laster die Kehrseite der Tugend. Der gestrenge Richter über das russische Schicksal, Tschaadajew, schrieb in einem Brief an Tjutschew: »Warum haben wir denn bis heute nicht unsere Bestimmung in der Welt begriffen? Liegt der Grund dafür nicht vielleicht in jenem Geist der Selbstverleugnung, den Sie zu Recht als einen spezifischen Zug unseres nationalen Charakters bezeichnen?« – Kann es nicht sein, das unser Geist der Selbstverleugnung, wie auch andere Keime in unserer Seele, irgendwem in der Welt vielleicht von Nutzen sein können? …

Mein Geist, meine Familie und auch meine Arbeit – gewissenhaft, unermüdlich, ohne Seitenblick auf die besessene Habgier der Betrüger: Wie kann man sich anders herausarbeiten? Und selbst wenn das Beil auf die Köpfe der Betrüger niedersausen sollte (aber nein, es wird nicht niedersausen), auch dann ist ohne Mühe, ohne Arbeit nichts zu schaffen. *Ohne* Arbeit wird *nichts* Gutes sein. Und ohne Arbeit wird niemand unabhängig sein.

Lang ist der Weg, unendlich lang. Wenn wir schon beinahe ein ganzes Jahrhundert lang einen Abstieg erlebt haben – wieviel Zeit werden wir für den Wiederaufstieg brauchen? Allein schon um alle Verluste und alle Krankheiten zu begreifen, werden wir Jahre und Jahre brauchen.

Gleichviel, ob wir uns physisch und als Staat erhalten können oder nicht, die *russische Kultur* wird in dem System der Dutzenden von Weltkulturen als ein besonderes Phänomen mit eigenem Gesicht und eigener Seele als einzigartig bestehen bleiben. Es steht uns nicht an, fatalistisch unser Gesicht zu verlieren, den Geist unserer langen Geschichte hinzugeben. Eher könnten wir vieles von dem, was uns teuer ist, aufgeben, als dafür im Gegenzug Fremdes anzunehmen.

Nicht dem gegenwärtigen Staat – dem Vaterland müssen wir dienen. Das Vaterland ist es, das uns hervorgebracht hat. Es steht höher, weitaus höher als alle vergänglichen Konstitutionen. In welch einem Absturz sich das vielgestaltige Leben Rußlands sich heute auch befinden mag – noch bleibt uns Zeit, uns zu behaupten und uns unserer elfhundertjährigen Vergangenheit würdig zu erweisen. Sie ist das Gemeingut Dutzender von Generationen vor uns und nach uns.

Werden wir nicht zu der Generation, die sie alle verrät.

Personenregister

Anmerkungen

1 In Rußland Bezeichnung für Leute, die in ein fremdes Land fahren, dort Waren einkaufen und diese dann in Rußland verkaufen. (d. Ü.)
2 Stationen, auf denen der Zug nur zwei Minuten hält. (d. Ü.)
3 z. B. wurden Rechtsbrecher dazu verurteilt, in einem Chemiewerk zu arbeiten; danach durften sie dann in beschränkter Freiheit und ohne Bewachung auf den Großbaustellen leben und arbeiten. (d. Ü.)
4 Baikal-Amur-Magistrale. (d. Ü.)
5 Dollars. (d. Ü.)
6 Staatliche Kommission für außerordentliche Situationen. (d. Ü.)
7 Zentrale des KGB. (d. Ü.)
8 Gemeint ist hier die Situation der Februarrevolution 1917. (d. Ü.)
9 Wortspiel mit »privatisieren« und dem russischen Wort »prichwatywatj«, was soviel wie »sich gewaltsam aneignen« bedeutet. (d. Ü.)
10 W. P. Polewanow: »Die Technologie eines großen Betrugs«. M. 1995. S. 8–17. (russisch)
11 »Obschtschaja Gaseta«. 19. 9. 1996. S. 4.
12 »Iswestija«. 30. 8. 1997. S. 1.
13 Hier ist die russische Februarrevolution gemeint. (d. Ü.)
14 Die Presse. (d. Ü.)
15 Financial Times. 1. 11. 1996.
16 »Nesawisimaja Gaseta«. 11. 3. 1998, S. 3.
17 Damals offizielle Umschreibung für die Enteignung der Großbauern zu Beginn der 30er Jahre. (d. Ü.)
18 W. I. Kotow. – In: Das russische Volk – ein historisches Schicksal im XX. Jahrhundert«. ANKO. Moskau 1993. S. 79. (russisch)
19 Die »Wiege« Rußlands. (d. Ü.)
20 »Argumenty i Fakty«. 26. 6. 1994.
21 »Ekspress chronika«. 28. 7. 1992.
22 »Obschtschaja Gaseta«. 13. 11. 1997.
23 Die brutale Unterdrückung jüngerer Rekruten durch die »Altgedienten«. (d. Ü.)
24 »Obschtschaja Gaseta«. 27. 2. 1997.
25 W. I. Koslow, in: »Das russische Volk ...«. S. 66. (russisch)
26 Kontroll- und Zensurorgan für die Presse unter dem Sowjetregime. (d. Ü.)
27 »Inostranez«. 16. 4. 1997; E. Ichlow, Rubrik »Ideologeme«.
28 Auf dem Territorium Rußlands bestehen für nichtrussische Nationa-

litäten 21 Teilrepubliken mit eigener Verfassung und Gesetzgebung. (d. Ü.)

29 Man könnte das durch ein besonderes Abkommen mit der Ukraine ergänzen, demgemäß sowohl die Russen in der Ukraine als auch die Ukrainer in Rußland gleichberechtigt sind und keinen Einschränkungen unterliegen. Und deutet sich mit Weißrußland nicht schon eine gemeinsame Union an?

30 »Slowo«. 10. 3. 1909.

31 W. I. Lenin. Gesammelte Werke. Bd. 45. S. 457–460 (russisch).

32 A.W. Lunatscharski: »Über den Geschichtsunterricht in der kommunistischen Schule«. Petrograd 1918. S. 6. (russisch)

33 A.W. Lunatscharski – In: »Probleme der Volksbildung«, Moskau 1923. S. 103. (russisch)

34 Ein Zauberpferd in einer volkstümlichen Erzählung von Jerchow, das seinen Reiter in einem Augenblick von einem Ort zum anderen trägt. (d. Ü.)

35 A.N. Jakowlew, »Literaturnaja Gaseta«. 15. 11. 1972.

36 Worte aus der »Internationale«. (d. Ü.)

37 Figur aus der russischen Märchenwelt, die ständig auf dem Ofen liegt und alles bekommt. (d. Ü.)

38 Rechtsextreme Organisation vor 1917. (d. Ü.)

39 A. Janow: »Die russische Idee und das Jahr 2000«, New York, Liberty Publishing House. 1988. S. 216. (englisch)

40 A. Katsenelinboigen. – »Wremja i my«. 1987. Nr. 99. S. 108, 118, 124.

41 »Snamja«. 1990. Nr. 1. S. 212–215.

42 1920 in der Emigration entstandene Bewegung, die bemüht war, sich mit dem Kommunismus auszusöhnen. (d. Ü.)

43 »Sowjetskaja Rossija«. 10. 1. 1998. S. 2.

44 Kwas – volkstümliches Getränk. (d. Ü.)

45 Jüdische Enzyklopädie. Bd. 14. Sankt Petersburg. Herausgegeben von der Gesellschaft für jüdische Ausgaben und dem Verlag Brockhaus-Efron. S. 404. (russisch)

46 Ebenda. Bd. 3. S. 480.

47 Terminus des Historikers Lew Gumilow, um die aktiven Perioden im Leben der Nationen zu bezeichnen. (d. Ü.)

48 Wörtlich: Bewohner des offenen Landes, im Gegensatz zu denen der Wälder. Ethnische Slawen, die im 11. Jahrhundert entlang des Dnepr mit dem Zentrum Kiew lebten. (d. Ü.)

49 A. G. Kusmin. In: »Das russische Volk …« S. 28–30, 35. (russisch)

50 »Die Oktoberrevolution im Urteil amerikanischer Senatoren«. Moskau 1927. S. 18. (russisch)
51 Ironische Zusammenziehung der Namen Gaidar und Tschubais. (d. Ü.)
52 »Obschtschaja Gaseta«. 22. 1. 1998. S. 15.
53 »Obschtschaja Gaseta«. 31. 12. 1997. S. 10.